农研智库丛书

农业农村部农村经济研究中心 ◎ 组织编写

发展壮大新型农村集体经济
长治探索

农业农村部农村经济研究中心课题组
长治市发展壮大村级集体经济工作领导小组办公室 编

中国出版集团有限公司
研究出版社

图书在版编目(CIP)数据

发展壮大新型农村集体经济：长治探索／农业农村部农村经济研究中心课题组，长治市发展壮大村级集体经济工作领导小组办公室编. -- 北京：研究出版社，2025.1. -- ISBN 978-7-5199-1696-1

Ⅰ.F327.253

中国国家版本馆CIP数据核字第2024EF4076号

出 品 人：陈建军
出版统筹：丁　波
丛书策划：寇颖丹
责任编辑：寇颖丹

发展壮大新型农村集体经济：长治探索

FAZHAN ZHUANGDA XINXING NONGCUN JITI JINGJI: CHANGZHI TANSUO

农业农村部农村经济研究中心课题组
长治市发展壮大村级集体经济工作领导小组办公室　编

研究出版社 出版发行

（100006　北京市东城区灯市口大街100号华腾商务楼）
北京建宏印刷有限公司印刷　新华书店经销
2025年1月第1版　2025年1月第1次印刷
开本：710毫米×1000毫米　1/16　印张：17.25
字数：329千字
ISBN 978-7-5199-1696-1　定价：59.00元
电话（010）64217619　64217652（发行部）

版权所有·侵权必究
凡购买本社图书，如有印制质量问题，我社负责调换。

《发展壮大新型农村集体经济：长治探索》编委会

主　任：陈耳东　陈向阳

副主任：杨保春　黄国珍

成　员：秦志云　宋旭岗　王慧忠　何安华　郜起珍
　　　　倪坤晓　巩素萍

主　编：秦志云　何安华

副主编：王慧忠　郜起珍　倪坤晓

编　辑：侯振洲　习银生　邓智敏　马霖青　马彬惠
　　　　何安华　杨　悦　张华钦　张　斌　张哲晰
　　　　庞　洁　倪坤晓　秦光远　高　鸣　郭　军
　　　　郭　铖　原瑞玲　聂赟彬　黄　雨　董晓东
　　　　韩艳萍　程江波　王　霞　牛庆波　景旭意
　　　　赵旭彪　焦　毓　常素红　郭　波　李　磊
　　　　任春勤　王小样　秦路军　赵志红　苏华军
　　　　梁　晶

序 一

壮大农村集体经济，是引领农民实现共同富裕的重要途径。发展新型农村集体经济是党中央作出的一项重大战略部署，是建设农业强国，推进乡村全面振兴，以加快农业农村现代化更好推进中国式现代化的强大体制支撑和制度保障。习近平总书记高度重视发展新型农村集体经济，早在2023年参加十四届全国人大一次会议江苏代表团审议时就提出，"巩固和完善农村基本经营制度，发展新型农村集体经济"。党的二十届三中全会提出，要发展新型农村集体经济，构建产权明晰、分配合理的运行机制，赋予农民更加充分的财产权益。贯彻落实习近平总书记重要指示精神和党中央的决策部署，如何更好推进新型农村集体经济高质量发展，已成为当前理论和实践都必须作出科学回答的重大课题。

20世纪80年代以来，我国农村地区全面推行家庭联产承包责任制，逐渐形成和建立了统分结合的双层经营体制，人人有份、户户包地、家家务农成为农村经济最基本的实现形式。随着农村经济社会的发展，家庭经营、集体经营、合作经营、企业经营等多种经营形式共同发展，又成为农村集体经济新的实现形式。如何在坚持家庭经营基础性地位的前提下，巩固和发展农村集体经济，增强农村集体经济的活力，2016年中共中央、国务院印发了《关于稳步推进农村集体产权制度改革的意见》，提出要用5年左右的时间基本完成经营性资产股份合作制改革，明晰集体所有产权关系，发展新型集体经济。到2021年，农村集体产权制度改革确定的清产核资、成员认定、股份合作、组织登记等主要任务基本完成，普遍摸清了家底，明确了成员，理顺了集体产权关系，发展了股份合作，建立起新型农村集体经济组织，探索了农村集体经济新的运行机制。

农村集体产权制度改革"上半篇"文章完成后，如何做好"下半篇"文章，推进新型农村集体经济高质量发展，尽快解决农村集体经济组织实力不强、集体经济发展路径不多、运营机制创新不够、要素支撑不足、资产监管不到位等突出问题，各地都进行了有益的探索，取得了不少成功经验。山西省长治市把发展新型农村集体经济作为实现乡村善治、促进农民增收的有效抓手，始终坚持党建引领、强化内引外联，突破了现有农村集体经济组织发展的瓶颈制约，实施了新型农村集体经济提质增效行动，坚持抱团共富，促进资源要素优化重组和创新配置，探索出了资源利用开发、生产生活服务、产业发展带动、物业经济租赁和文旅融合引领等发展路径，促进了农村集体经济效益提升和实力增强。他们创新经营机制，鼓励通过入股或参股农业龙头企业、村际合作、集体经济组织与农民专业合作社联合共建等多种形式发展集体经济；推动要素集聚，引导和撬动社会资本、土地、人才、科技等要素加速向农村集体经济"洼地"汇聚；应用数字化赋能，完善农村产权交易平台，在拓宽交易范围、规范交易流程上树样板，推动实现集体资产管理信息化可视化。这些有效探索和创新实践，走出了一条符合当地实际的农村新型集体经济发展路径。

《发展壮大新型农村集体经济：长治探索》一书基于对山西省长治市新型农村集体经济发展的全方位系统性深度调研，描绘工作全貌，剖析发展现状，挖掘典型案例，对巩固提升长治市新型农村集体经济发展成果、促进广大农民群众迈向共同富裕具有重要现实意义，也为全国其他地方发展新型农村集体经济提供了有益借鉴。

金文成

2024年10月

序 二

习近平总书记强调，壮大农村集体经济是引领农民实现共同富裕的重要途径；要探索集体所有制有效实现形式，发展壮大集体经济。党的二十大报告提出"巩固和完善农村基本经营制度，发展新型农村集体经济"。习近平总书记的重要论述和中央决策部署为新型农村集体经济发展提供了根本遵循和行动指南。

长治在农村集体经济发展道路上起步较早，做了一些有益探索。上世纪50年代平顺县李顺达在全国率先创办"金星"合作社，毛泽东主席亲笔批示"中国农民的方向"，继此涌现出全国最早的"十个老社"，为我国农村合作经营作出贡献，开创了全国农村集体经济发展先河。改革开放以来，我市先后承担了农村税费、农村集体产权制度、农业社会化服务等13项关键领域的全国改革试点工作，取得一系列成果，持续赋能农村集体经济发展。

近年来，我市紧紧围绕实施乡村振兴战略加快推进农业农村现代化这一主线，以学习运用"千万工程"经验为引领，立足"集体文化底蕴深、农村改革基础好"的两大发展优势，利用革命老区资源优势，以增强农村集体经济造血功能为主攻方向，坚持"富村"与"强村"并行、"造血"与"输血"并重，创新构建"政府+协会+平台公司+农村集体经济组织+农户"的工作架构，高位推进新型农村集体经济提质增效行动。截至2023年底，全市农村集体经济总收入达20.68亿元，年均增速21.14%；全市村级集体经济收入全部突破10万元，农业农村部对我市发展壮大新型农村集体经济工作给予充分肯定。

我们邀请农业农村部农村经济研究中心对我市新型农村集体经济发展

进行专题调研，系统总结我市各县区、典型村的经验做法，编写了《发展壮大新型农村集体经济：长治探索》，为我市持续推动新型农村集体经济向广度延伸、向深度拓展提供参考借鉴。希望通过此书与广大"三农"工作者进行交流探讨，希望我市各级干部要认真研读，拓宽发展思路，携手促进长治新型农村集体经济高质量发展。

陈耳东

2024年10月

前 言

习近平总书记强调，壮大农村集体经济是引领农民实现共同富裕的重要途径；要探索集体所有制有效实现形式，发展壮大集体经济。党的二十大报告提出"巩固和完善农村基本经营制度，发展新型农村集体经济"。2023年中央一号文件提出"巩固提升农村集体产权制度改革成果，构建产权关系明晰、治理架构科学、经营方式稳健、收益分配合理的运行机制，探索资源发包、物业出租、居间服务、资产参股等多样化途径发展新型农村集体经济"，首次从中央层面明确了新型农村集体经济是什么、怎么做。2024年中央一号文件要求学习运用"千村示范、万村整治"工程经验有力有效推进乡村全面振兴，强调"深化农村集体产权制度改革，促进新型农村集体经济健康发展，严格控制农村集体经营风险"。习近平总书记的重要论述和中央决策部署为新型农村集体经济发展提供了根本遵循和行动指南。

近年来，长治市积极探索党建引领新型农村集体经济发展，为推进乡村全面振兴添上浓墨重彩的一笔。长治市紧紧围绕实施乡村振兴战略加快推进农业农村现代化这一主线，以学习运用"千万工程"经验为引领，立足"集体文化底蕴深、农村改革基础好"两大发展优势，利用革命老区资源优势，以增强农村集体经济造血功能为主攻方向，坚持"富村"与"强村"并行、"造血"与"输血"并重，创新构建"政府+协会+平台公司+农村集体经济组织+农户"的工作架构，高位推进新型农村集体经济提质增效行动。截至2022年底，全市农村集体经济总收入达20.36亿元，较2016年增长148%，年均增速21.14%；全市村级集体经济收入全部突破10万元，30万元以上村占比达到58%。

长治市的这一壮阔实践，是深入贯彻落实习近平总书记关于发展新型农村集体经济重要指示精神的集中体现，是推动山西省抓党建促基层治理能力提升专项行动落细落实的生动写照。历史需要客观记录，长治探索亦应深刻总结。适时围绕长治市发展新型农村集体经济开展全方位系统性深度调研，描绘工作全貌，挖掘典型案例，总结经验做法，分析存在的问题及面临的困难，探索针对性发展路径并提出政策建议，对巩固提升长治市新型农村集体经济发展成果、促进农民农村共同富裕具有重要的现实意义。

本书由农业农村部农村经济研究中心课题组、长治市发展壮大村级集体经济工作领导小组办公室共同组织编写。全书分为前言、总报告、专题报告、区县报告、典型村案例、他山之石六个部分。前言部分主要介绍本书的研究背景、研究过程、框架结构和写作分工。总报告包括3篇文章，系统分析了长治市新型农村集体经济发展的现状、问题及建议，总结了其发展经验。专题报告包括6篇文章，从破除发展难题、层级分工实践、特色产业引领、发挥农村集体经济组织"统"的功能、人才引领等方面深入剖析了长治市发展新型农村集体经济的现实探索。区县报告包括12篇文章，全面分析了长治市所有区县新型农村集体经济发展情况。典型村案例包括24篇文章，涉及长治市的12个区县，每个区县精选2个村案例，生动展示了不同类型村庄发展新型农村集体经济的特色和亮点。他山之石包括5篇文章，展现了四川省、浙江省、江苏省发展农村集体经济的创新做法，为长治市持续推动新型农村集体经济向广度延伸、向深度拓展提供参考借鉴。

本书由农业农村部农村经济研究中心研究员何安华和长治市委组织部、市农业农村局主要负责人联合提出本书的研究主题、方案设计、框架结构、主要内容、编写体例等，并指导开展调查研究工作。全书共收录了50篇文章，其中，总报告、专题报告、他山之石分别由农业农村部农村经济研究中心习银生研究员、何安华研究员、高鸣研究员、原瑞玲副研究员、郭军副研究员、倪坤晓副研究员、张哲晰副研究员、聂赞彬助理研究员、庞洁助理研究员、马霖青助理研究员，以及长治市农业农村局、长治市农村集体经济发展有限公司、北京林业大学副教授秦光远、山西大学副教授郭铖等撰写完成。区县报告、典型村案例由长治市农业农村局、各区委、各县委撰写完成。

值此本书出版之际，衷心感谢长治市委、市政府和各县区委、政府以及有关部门给予的大力支持和帮助，感谢被调研乡镇、村组有关同志给予的配合与帮助，感谢出版社责编为本书出版付出的辛苦努力！由于研究任务时间紧，加上作者学识有限，书中内容难免有不妥之处，恳请各位同仁批评指正。

本书编写组

2024年10月

CONTENTS 目录

总报告

长治市农村集体经济发展报告　002
集成创新促发展　长治新型农村集体经济发展经验探析　015
长治市新型农村集体经济发展的现状、问题及建议　022

专题报告

破局农村集体经济发展"五难"的长治探索　032
发展农村集体经济的"层级分工"实践探索　039
特色产业引领集体经济发展的长治实践　047
正确认识统分结合中新型农村集体经济组织"统"的作用　053
人才引领集体经济发展的长治经验　061
强化平台引领　拓宽发展途径　推动全市集体经济高质量发展　067

区县报告

潞州区：坚持三级联动　全面消除集体经济薄弱村　072
上党区：狠抓三项重点　集体经济发展百花争艳　076
屯留区：强党建破难题促发展　探索集体经济新路径　083
潞城区："六措并举"实现集体经济大发展　086
襄垣县：蹚出"五+五代两自主"新路径　089
平顺县：落实四个"强化"　壮大新型农村集体经济　096

I

黎城县：探索4种类型15种模式壮大集体经济	101
壶关县："四动四色"激活村级集体经济造血因子	106
长子县："三项机制、五个创新"促发展	111
武乡县：三级联动平台统领　激发集体经济活力	116
沁　县："三管齐下"激发集体经济发展动能	121
沁源县：突出四个"求"　增强造血功能	125

典型村案例

立足区位优势　激发发展动能	
——潞州区新民村案例	134
商贸立村　三产带动	
——潞州区紫坊村案例	137
加快农旅融合　绘就发展新画卷	
——上党区琚寨村案例	139
传承手工挂面　打造农味品牌	
——上党区团山村案例	141
沼气构筑大产业　强村富民促发展	
——屯留区王庄村案例	143
凝"智"聚"力"促增收	
——屯留区西酪余村案例	145
依托红色文化优势　蹚出产业融合路径	
——潞城区北村案例	147
土地入股稳增收　产业发展促振兴	
——潞城区西流南村案例	150
党建引领增动能　四社联合促振兴	
——襄垣县平安村案例	152
打造乡村振兴产业园　铺就群众增收致富路	
——襄垣县米坪村案例	155
"新农人"带来"新业态"　走出"新路径"	
——平顺县虹霓村案例	158

探索土地"认养"模式　助力集体经济发展
　　——平顺县西青北村案例　　　　　　　　　　　　161
"1+6+N"整村托管　高产高效又省心
　　——黎城县晋福村案例　　　　　　　　　　　　164
建设特色田园小镇　打造强村富民样板
　　——黎城县源泉村案例　　　　　　　　　　　　167
发挥旅游区位优势　集体和家庭"双增收"
　　——壶关县青龙峡村案例　　　　　　　　　　　170
支部领队伍　集体有方向
　　——壶关县北行头村案例　　　　　　　　　　　173
党建引领强治理　产业发展促振兴
　　——长子县西王内村案例　　　　　　　　　　　176
栽好楼宇梧桐树　引来商贸金凤凰
　　——长子县同新村案例　　　　　　　　　　　　178
党建引领促发展　凝心聚力谱新篇
　　——武乡县东胡庄村案例　　　　　　　　　　　180
"小梅杏"种出"大品牌"
　　——武乡县权店村案例　　　　　　　　　　　　183
绿水青山带来金山银山
　　——沁县石板上村案例　　　　　　　　　　　　186
因地制宜发展多元产业　助力集体经济不断增收
　　——沁县罗卜港村案例　　　　　　　　　　　　189
实行土地全程托管　蹚出集体经济发展新路
　　——沁源县东柏子村案例　　　　　　　　　　　192
把握机遇搞产业　创新机制谋共富
　　——沁源县中峪村案例　　　　　　　　　　　　194

他山之石

激活农村产权金融功能　　　　　　　　　　　　　　198
壮大农村集体经济须在生态产品价值实现上下功夫　　203

发展农村集体经济要"强内治、展业态、重合作"　　　　207
用好"地水房景钱业人"　挖掘集体经济发展潜力　　　　210
村级联合发展集体经济可实现抱团共赢　　　　216

附录：中共长治市委办公室　长治市人民政府办公室关于印发《长治市
　　　发展壮大新型村级集体经济专项规划》《长治市村级集体经济提质
　　　增效三年行动方案》的通知　　　　220

总报告

长治市农村集体经济发展报告

长治市农业农村局

长治位于山西省东南部，地处太行山之巅，古称"上党"。辖4区8县和1个国家级高新技术开发区、1个经济技术产业开发区，2436个行政村，3478个集体经济组织，农户81.9万户，农业人口248万人，总面积2093万亩，其中耕地面积537万亩。长治市冬暖夏凉、光照丰富、四季分明，非常适宜农作物生长，孕育了上党党参、沁州黄小米、长子大青椒、屯留尖椒、潞城熬脑大葱、壶关旱地西红柿等17个国家地理标志农产品，拥有上党中药材、沁州黄小米2个中国特色农产品优势区，是全国第一个农业综合标准化示范市、全国休闲农业示范市、国家现代农业示范区。

长期以来，长治一直对发展壮大农村集体经济进行积极探索。20世纪50年代李顺达在全国率先创小西沟金星农林牧生产合作社，毛主席亲笔批示"中国农民的方向"，继此涌现出全国最早的"十个老社"[①]，为我国农村合作经营作出贡献，开创了全国农村集体经济发展先河。改革开放以来，长治先后承担了农村税费、农村集体产权制度、农业社会化服务等13项关键领域的全国改革试点工作，农村改革取得明显成效，部分经验和做法受到国家部委的高度肯定并在全国推广，为农村集体经济发展增添了新的动力。

一、发展情况

（一）长治市村集体经济组织收入现状及2016—2022年变动趋势

1. 村集体经济组织总收入、总支出和总收益处于持续增长态势

2016—2022年，村集体经济组织总收入由8.21亿元增加到20.36亿元，上涨148%，年均增速16.34%；总支出由5.71亿元增加到15.06亿元，上涨163%，年均增速17.54%；总收益由2.5亿元增加到5.1亿元，上涨104%，年均增速12.62%。表明

---

① 十个老社：武乡县窑上沟村王锦云社，监漳村暴银锁社和崔五林社，枣烟村魏名标社；黎城县王家庄董桃气社；平顺县川底村郭玉恩社；壶关县翠谷村冯海科社；长治县南天河村曹林水社；襄垣县长畛村陈二明社和屯留县东坡村王成喜社。资料来源：高洁、辛逸：《长治老区互助组织与社会主义——山西十个农业生产合作社的重新解读》，《中共党史研究》2010年第1期。

农村集体经济发展质量得到明显提升。

2. 村集体经济组织收入构成中经营性收入、补助收入和其他收入占比较大

2022年村集体经济组织总收入达20.36亿元，其中经营收入占22%，发包及上交收入占14%，投资收入占4%，补助收入占27%，其他收入占33%。2016—2022年，长治市集体经济组织经营性收入和其他收入占比有所上升，经营性收入占比上升5个百分点，其他收入占比上升4个百分点；补助收入占比下降10个百分点。说明近年来，农村集体资源、资产面临着重新定价的潜在市场契机。

3. 村集体经济组织支出中管理费用和其他支出占比增加

2022年村集体经济组织总支出为15.05亿元，其中经营支出占12%，管理费用占43%，其他支出占45%。2016—2022年全市农村集体经济组织经营支出占比持续下降，由31%降至12%，管理费用占比和其他支出占比呈增加趋势。表明集体经济组织用于社区治理的支出增加，社会性负担水平提高。

（二）村集体经济组织资产规模及分布变动趋势

1. 2012—2022年村集体经济组织资产、负债及所有者权益均呈大规模增长趋势

2022年村集体经济组织资产总计为340.45亿元，其中组级1.64亿元，占0.48%；村级338.81亿元，占99.52%；2022年农村集体经济组织负债合计125.78亿元，所有者权益合计214.67亿元。从2012—2022年全市农村集体经济组织资产、负债和所有者权益规模变动趋势来看，三者均呈现大规模增长趋势。资产规模增幅达237.6%，负债规模增幅达157.7%，所有者权益规模增幅达312.6%，所有者权益增幅最大。

2. 村集体资产持续增加

2022年底，全市纳入农村集体经济收益分配统计报表的乡镇133个、村3370个、村民小组108个；村集体经济组织资产总额（不包括土地等资源性资产）340.45亿元。村集体经济组织资产表现出以下特点：一是资产高度集中在村级。2022年村级资产338.81亿元，占99.52%，村均资产1005.37万元（按纳入资产清查的村级数3370个计算）；组级资产1.63亿元，占0.48%，组均资产150.12万元（按纳入资产清查的组级数108个计算）。二是固定资产占比近一半。2012年，固定资产47.92亿元，占资产总额的47.53%；2022年，固定资产177.01亿元，比2012年增加129.09亿元，占资产总额的52%。三是经营性资产占比低于非经营性资产。2022年经营性资产总额50.88亿元，占14.95%，非经营性资产总额289.56亿元，占85.05%。

（三）农村集体产权制度改革快速推进

2017年以来，长治市先后开展农村集体产权制度改革试点，覆盖全市12个县（区），改革得到了极大的提速。2022年，全市完成产权制度改革单位共3478个，其中组级108个、村级3370个；在农业农村部门登记赋码的单位3478个，占完成产权制度改革单位数的100%。完成产权制度改革的村占全市总村数的100%。2022年，全市共确认农村集体经济组织成员239.43万人，村级集体经济组织确认成员237.94万人，占99.38%，组级集体经济组织成员1.49万人，占0.62%。全市村集体累计分红1.47亿元、分红村536个，户均财产性收入增加900元。

（四）土地、劳动力等要素市场加快发育

1. 家庭承包耕地土地经营权流转面积增长

2022年，全市农村家庭承包经营耕地面积440.99万亩，比2012年的353.21万亩增加24.85%；集体机动耕地面积33.41万亩，比2012年的3.01万亩增长10倍多；家庭承包经营农户60.48万户，比2012年的65.22万户减少7.27%；颁发土地承包经营权证60万份，比2012年的59.60万份增长0.67%；土地经营权流转面积39.40万亩，比2012年的62.90万亩减少37.36%，占全市农村家庭承包经营耕地面积的8.93%。

2. 集体建设用地出租出让宗数和面积大幅上涨

2022年，全市农村集体建设用地出租出让宗数262宗，是2012年67宗的3.91倍；出租出让面积3950亩，是2012年1836亩的2.15倍；出租出让收入5388.26万元，是2012年1641万元的3.28倍。

3. 宅基地盘活潜力较大

2022年，全市共有宅基地745765宗，其中占有宅基地的农户数共661080户，非本集体成员占有的宅基地宗数14446宗，占全市宅基地宗数的1.94%。从"一宅多户"情况来看，占有一处宅基地的农户数为625775户，占有两处及以上宅基地的农户数为35305户，即"一宅多户"比例为5.34%；其中武乡县"一宅多户"比例最高，为8.90%（见表1）。

表1 全市宅基地拥有情况

县（区）	宅基地宗数		占有一处宅基地		占有两处及以上宅基地		非本集体成员占有宅基地宗数	
	宗数（宗）	占比①（%）	农户数（户）	占比②（%）	农户数（户）	占比③（%）	宗数（宗）	占比④（%）
全市	745765	100.00	625775	94.66	35305	5.34	14446	1.94
潞州区	57437	7.70	53976	98.03	1083	1.97	2211	3.85
上党区	93171	12.49	81043	92.20	6857	7.80	2196	2.36
襄垣县	70808	9.50	51912	97.90	1115	2.10	948	1.34
屯留区	66886	8.97	61635	96.33	2346	3.67	1004	1.50
平顺县	45640	6.12	40531	91.70	3670	8.30	316	1.93
黎城县	45729	6.13	38345	94.06	2421	5.94	740	1.62
壶关县	94950	12.73	80452	95.75	3573	4.25	446	0.47
长子县	96933	13.00	69924	94.51	4062	5.49	1934	2.00
武乡县	57516	7.71	38514	91.10	3763	8.90	2325	4.04
沁　县	37773	5.07	27112	96.80	895	3.20	81	0.21
沁源县	30683	4.11	36367	91.54	3359	8.46	1166	3.80
潞城区	48239	6.47	45964	95.51	2161	4.49	1079	2.24

注：占比①=各地区宅基地宗数/全市宅基地宗数；占比②=占有一处宅基地农户数/(有一处宅基地农户数+占有两处及以上宅基地农户数)；占比③=有两处及以上宅基地农户数/(占有一处宅基地农户数+占有两处及以上宅基地农户数)；占比④=非本集体成员占有宅基地宗数/宅基地宗数。非本集体成员占有的宅基地宗数是指非本集体经济组织成员通过继承农房或其他方式占有的宅基地宗数。

从宅基地闲置情况来看，闲置宅基地25380宗，占全市宅基地宗数的3.40%，其中武乡县闲置宅基地占全市闲置宅基地比最高，为16.1%。闲置宅基地中，空闲废弃宅基地（地上房屋倒塌或无房屋）13107宗，占闲置宅基地宗数51.64%，占宅基地宗数的1.76%（见表2）。

表2 全市宅基地闲置情况

县（区）	闲置宅基地		其中：空闲废弃宅基地	
	宗数（宗）	占全市宅基地宗数比重（%）	宗数（宗）	占全市宅基地宗数比重（%）
全市	25380	3.40	13107	1.76
潞州区	543	0.95	103	0.18

续表

县（区）	闲置宅基地		其中：空闲废弃宅基地	
	宗数（宗）	占全市宅基地宗数比重（%）	宗数（宗）	占全市宅基地宗数比重（%）
上党区	2367	2.54	884	0.95
襄垣县	3719	5.25	3211	4.53
屯留区	2250	3.36	867	1.30
平顺县	1359	2.98	224	0.49
黎城县	2398	5.24	850	1.86
壶关县	3502	3.69	1608	1.69
长子县	2163	2.23	1181	1.22
武乡县	4088	7.11	2781	4.84
沁县	771	2.04	374	0.99
沁源县	1165	3.80	542	1.77
潞城区	1055	2.19	482	1.00

表3 全市宅基地出租、转让情况

县（区）	出租宅基地		转让宅基地	
	宗数（宗）	占全市宅基地宗数比重（%）	宗数（宗）	占全市宅基地宗数比重（%）
全市	1767	0.24	35	0.0047
潞州区	173	0.30	26	0.0453
上党区	411	0.44	0	0
襄垣县	266	0.38	0	0
屯留区	144	0.22	0	0
平顺县	0	0	0	0
黎城县	0	0	0	0
壶关县	0	0	0	0
长子县	31	0.03	0	0
武乡县	656	1.14	5	0.0087
沁县	0	0	0	0
沁源县	8	0.03	2	0.0065
潞城区	78	0.16	2	0.0041

从宅基地利用情况来看，出租宅基地1767宗、533.84亩，占全市宅基地宗数的0.24%；转让宅基地35宗、10.67亩，占全市宅基地宗数的0.0047%。其中武乡县出租宅基地宗数最多为656宗，潞州区转让宅基地宗数最多为26宗（见表3）。

4. 农村劳动力外出务工比例提高

2022年全市农村汇总劳动力131.59万人，比2012年125.83万人增加5.76万人，增长4.58%。农村汇总劳动力中，从事家庭经营劳动力77.77万人，占当年汇总劳动力的59.1%，其中从事第一产业劳动力55.41万人，占从事家庭经营劳动力数的71.25%；外出务工劳动力52.44万人，占当年汇总劳动力的39.85%，其中常年外出务工劳动力数44.45万人，占外出务工劳动力的84.76%。常年外出务工劳动力中，乡外县内务工劳动力22.36万人，占50.3；县外省内务工劳动力14.7万人，占33.07%；省外务工劳动力7.4万人，占16.65%。

2012年、2022年，农村劳动力主要表现出以下变化。一是从事家庭经营劳动力增加。2022年，从事家庭经营劳动力77.77万人，比2012年76.29万人增加1.48万人，增幅1.94%。二是外出务工劳动力增加。2022年，外出务工劳动力52.44万人，比2012年42.15万人增加10.29万人，增幅24.41%。其中，常年外出务工劳动力增加10.87万人，增幅32.37%。三是常年外出务工劳动力中，省外务工人数增加最快。与2012年相比，2022年乡外县内务工劳动力增加4.01万人，增幅21.85%，县外省内务工劳动力增加2.74万人，增幅22.91%；省外务工劳动力增加4.12万人，增幅125.61%。

（五）集体经济"三资"管理工作水平不断提升

2022年长治市2436个行政村全部实行了财务公开，建立了民主理财小组，实行了会计委托代理制，也实现了会计电算化（见表4）。

表4　2012年、2022年村集体经济财务会计管理情况对比

年份	实行财务公开的村		建立民主理财小组的村		实行村会计委托代理制的乡镇数		实行会计电算化的村	
	村数（个）	占比（%）	村数（个）	占比（%）	乡镇数（个）	占比（%）	村数（个）	占比（%）
2012	3468	100	3468	100	147	100	3468	100
2022	2436	100	2436	100	128	100	2436	100

（六）新型农业经营主体和服务主体快速发展

1. 家庭农场

2022年，全市纳入全国农业农村部名录管理家庭农场数量2150个，约为2013年在农业农村部门认定的家庭农场数量的8倍。其中，县级及以上农业农村部门认定的示范家庭农场332个，占家庭农场总数的15.44%，约为2013年被县级及以上农业农村部门认定为示范家庭农场数量的166倍；2022年经营总收入6.38亿元，平均每个家庭农场29.69万元。从家庭农场经营土地情况来看，家庭农场经营土地面积15.22万亩，平均每个家庭农场经营土地70.79亩，其中耕地13.56万亩，占经营土地面积的89.09%。从行业分布来看，一半以上的家庭农场从事农业（种植业），共876个，占家庭农场总数的40.74%。种粮家庭农场数量613个，占家庭农场总数的28.51%。从经营收入看，以微型、小型家庭农场为主，微型（10万元以下）、小型（10万~30万元）、中型（30万~50万元）、大型（50万元以上）家庭农场数量分别为697个、884个、255个、314个，占家庭农场总数的比例分别为32.42%、41.12%、11.86%、14.60%。

2. 农民专业合作社

2022年，全市纳入统计的农民专业合作社8578家，比2013年减少了61家，其中示范社751家，占农民专业合作社总数的8.75%。从成员情况来看，农民专业合作社组织农民功能突出。2013年，农民专业合作社成员数97248个，其中农民成员71537人，占成员总数的73.56%；2022年，农民专业合作社成员数82822人，其中普通农户81246个，占成员总数的98.10%，占比提高24.54个百分点。从行业划分来看，从事种植业和畜牧业合作社占比较高，为71.12%，新行业新业态发展迅速。2022年，从事种植业、畜牧业相关合作社分别为4485家、1616家，占农民专业合作社总数的比例分别为52.28%、18.84%，从事林业、渔业、服务业等行业相关合作社数量占比均在10%以下；开展农村电子商务的合作社33家，是2017年数量的8.25倍；开展休闲农业和乡村旅游的合作社11家，是2017年数量的5.5倍。从联合发展来看，合作社联合与合作趋势显著。2022年，农民专业合作社联合社47家，是2013年数量的2.94倍；农民专业合作社联合会11个，比2013年增加了11个。

3. 农业社会化服务

2022年，全市农业社会化服务组织总数4990个，从业人员20495人、服务营业收入总额3.6亿元，服务对象43.45万个，与2021年相比增幅分别为-5.08%、-6.51%、1.02%、0.97%。开展农业社会化服务的服务主体主要有农民专业合作社、农村集体经济组织、企业、农业服务专业户及其他服务主体。从各类服务组织数量看，农业服务专业户、农民专业合作社两类服务主体数量占比超过85%。2022年，开展农业社会化服务的农业服务专业户、农民专业合作社分别为2819个、1435个，分别占各类服务组织总数的56.49%、28.76%，在各类主体中居于前两位。从服务对象看，小农户是服务重点，农民专业合作社和农业服务专业户服务对象数量最多。2022年，各类服务主体服务小农户38.7万个（户），占服务对象总数的89.07%。农民专业合作社服务对象数量为13.54万个（户），服务小农户12.08万个（户），分别占各类服务主体服务对象总数、服务小农户总数的31.16%、31.21%；农业服务专业户服务对象数量为14.61万个（户），服务小农户13.02万个（户），分别占各类服务主体服务对象总数、服务小农户总数的33.62%、33.64%，在各类服务主体中均居于首位。

从服务能力来看，服务协会单体服务带动能力最强。2022年，服务协会2家，在各类服务组织总数中占比最低，仅为0.04%，但单个服务协会服务营业收入、服务对象数量在各类服务主体中均为最高，平均服务营业收入、平均服务对象分别达到858万元、5706个。2022年，农业生产托管服务面积1329.74万亩次，与2021年相比增长2.34%。农业生产托管服务对象以小农户为主，在农业生产的耕、种、防、收四个主要环节，小农户托管面积分别占全市托管面积的83.04%、76.51%、77.54%、79.43%，对比2021年分别提高0.6个百分点、0.42个百分点、1.62个百分点、1.72个百分点。

二、主要做法

（一）明确政策创设，强化政策支撑

按照"一年全面突破，二年巩固提升，三年积厚成势，十年建成体系"的思路，长治市委、市政府出台《长治市发展壮大新型村级集体经济专项规划》《长治市村级集体经济提质增效三年行动方案》，明确了指导思想、发展目标和主要任务，力争在2035年前完全建立新型村级集体经济发展机制体制。同时配套出台扶持政策，在财政投入方面，市级新增2000万元发展壮大村级集体经济专项扶持资金和1000万元奖励资金。各县（区）结合自身实际，配套扶持资金1.21亿元、奖励资金3100万元。在金融支持方面，金融机构对纳入财政扶持并符合贷款准入条件的村集体经营性、服务类项目，给予了信贷支持，简化了贷款手续并实行优惠利率。在土地政策方面，各县（区）从土地出让收益用于农业农村部分中安排不少于10%的资金扶持发展村集体经济，安排不少于5%新增建设用地指标保障

乡村重点产业和项目。

（二）加强资产监管，实现保值增值

健全一本账，长治市通过全面开展"清化收"工作，村村形成合同管理、化解债权债务和新增地源收费办法，建立健全农村集体资产年度清查和农村集体资产定期报告制度，建立农村集体资产明细台账，及时登记资产存量及变动情况，规范资产管理，织密一张网。长治市潞城区、长子县、襄垣县、黎城县试点先行，完善了农村产权交易平台，在交易范围、规范交易流程上树样板，构建县、乡、村三级服务体系，打通"算、管、易、结"四个环节，实现村集体"三资"管理信息化、规范化、可视化。全市村集体产权平台交易6494笔，成交额8487万元。清理一份合同，针对村集体经济合同存在的租金拖欠、面积不准、口头协议等问题，围绕"摸排情况、决策程序、合同文本、资金收缴、备案管理"五个方面，采取逐村逐份清、逐乡逐镇过的方式，全过程查验评估，整改不规范合同5.3万份，全市2436个行政村平均增收8.4万元，成为村集体收入的重要增长点。

（三）加强试点示范，加快活化利用

长治市委、市政府把发展集体经济作为一项重要任务来抓，通过"456"工作法推动集体经济多元化发展。四联：全市形成了市级统筹、县级负责、乡镇实施、村级落实的市、县、乡、村四级联动工作机制。五加：成立了长治市农村集体经济发展有限公司和长治市农村集体经济发展协会，12个县（区）、62个乡镇也成立了集体经济发展平台公司，构建"政府+协会+平台+合作社+农户"五加工作框架。六型：实践中探索形成"六型"模式，壶关县岭东村资产闲置村的资源利用开发型，黎城县北马村纯农业村百万旱鸭的产业发展带动型，襄垣县侯堡村工矿村的生产生活服务型，潞州区新民菜场城中村的物业经济租赁型，武乡县王家峪村红色村的文旅融合引领型，上党区振兴村产业融合村的联合发展创新型。通过典型引领，辐射带动，全市村集体经济发展形成"宜农则农、宜工则工、宜商则商"的多元化发展态势。

（四）加强实践创新，健全运行机制

长治市坚持党建引领，在村级集体经济发展中坚定地发挥基层党组织的领导核心作用，选优配强集体经济发展"领头雁"，2317个村党组织书记通过法定程序担任集体经济组织理事长，95%的村实现村支部书记、村委会主任、合作社理事长"一肩挑"。探索政经分离，出台《长治市加强农村集体经济组织管理的指导意见》，明晰了村集体组织功能、管理职责等，规范农村集体经济组织运行。70%的村级集体经济组织和村民委员会账户分设，通过事务分离、账户分设、资产分管、核算分立,实现村级集体经济组织与村民委员会会计核算分账管理。加强内部管理,完善集体经济组织成员(代表)大会、理事会、监事会等内部治理结构,建立健全财务预决算、开支审批、收益分配、内部控制等配套管理制度,规范公积公益金提取,规范收益分配。

(五)加强改革探索,深化农村改革

探索股份权能改革试点,在潞城区开展农民持有集体资产股份继承和有偿退出试点,出台《农村集体资产股份继承和有偿退出办法》,探索股权管理和流转的原则和程序;在上党区开展农村集体资产股权抵(质)押贷款试点,出台《农村集体资产股权质押贷款实施办法》,实现股权抵(质)押和村集体授信贷款,解决集体经济发展融资难题,激活集体股权,赋能乡村振兴。深化农村土地制度改革,开展土地确权登记颁证,完善承包合同58万份,为二轮土地承包到期后再延长30年奠定基础;推进农村宅基地制度改革,出台《长治市农村自建房管理条例》《宅基地审批管理办法》,加强规范管理。在壶关县岭东村、襄垣县虒亭村等地开展闲置宅基地盘活利用工作,探索完善集体所有权、农户资格权、宅基地使用权等权利内容的实现形式。

(六)加强项目支撑,壮大村集体经济

始终以项目为抓手发展村集体经济,建立村级项目库,实施"清单化"管理、坚持"图表化"推进、执行"手册化"指导,撬动发展动能。全市2436个行政村储备项目2562个,落地实施产业项目1057个,涉及山区开发、绿化造林、生态保护、乡村基础设施和农业产业化经营等项目。拓宽资金来源渠道,2022年8月召开了全市集体经济项目推介暨签约会,现场签约15个项目,签约额达10亿元。各县(区)政府加大项目扶持力度,各类扶持资金向村级集体经济项目倾斜,做到了发展集体经济项目化,集体经济发展内容项目化。鼓励基层发展模式创新与推广,通过构建"市场主体+村集体+农户"产业化联合体,实施了山西道地药材产业集群、壶关县店上省级农业产业强镇、沁县蔬菜全省农业全产业链等项目,辐射带动村集体经济发展壮大。

三、工作展望

(一)发展目标

按照"一年全面突破,二年巩固提升,三年积厚成势,十年建成体系"的思路,2023年,村级集体经济收入30万以上的行政村超过60%,集体经营收入占集体总收入达到60%以上,村经营性收入稳步提升;全市村级集体经济增长途径多

元，发展动能持续有力，经营机制规范高效。2024年，村级集体经济收入30万以上的行政村超过80%，集体经营收入占集体总收入达到70%以上，全市村级集体经济发展动力明显增强，集体经济组织体系建立健全，治理机制优化完善。预计2025年，村级集体经济收入30万以上的行政村达到100%，基本形成集体产权清晰、资产监管严格、内部治理完善、经营方式多元、收益分配合理、农民群众受益的新型农村集体经济发展格局。

到2030年，全市村级集体经济总收入增速稳定在6%以上，村集体收入构成更加优化，村集体产业更加合理，集体经济组织更加充满活力，基本形成更高水平开放型村级集体经济新体制。

到2035年，全市村级集体经济总收入迈上新台阶，村集体产业质量效益明显提升，产业融合发展水平显著提高，建成新型村级集体经济现代化体系，农民生活更加美好，实现共同富裕取得更为明显的实质性进展。

（二）主要任务

1. 健全经济组织

村（股份）经济合作社要在基层党组织的领导下、村民委员会的支持下，依法依规运行。规范村民委员会事务和集体经济事务分离体制，妥善处理好村党组织、村民委员会和村（股份）经济合作社的关系。发挥好村（股份）经济合作社在管理集体资产、开发集体资源、发展集体经济、服务集体成员等方面的功能作用。

2. 拓展发展渠道

认真总结新型村级集体经济发展的典型经验，大力推广各地创新实践的成功模式，支持和帮助村集体经济组织通过资源开发利用、产业发展带动、生产生活服务、物业租赁经济、文旅融合引领、联合发展创新等模式，拓宽发展壮大新型村级集体经济多元路径。

3. 创新经营机制

鼓励通过入股或者参股农业龙头企业、村与村合作、集体经济组织与农民专业合作社联合共建、异地发展、集聚发展、扶贫开发等多种形式发展集体经济。鼓励有条件的村集体经济组织与其他经济主体发展混合所有制经济项目，利用资源优势、引进资本、引进项目，增强市场适应性和竞争力。

4. 加强政策支持

进一步加大对新型农村集体经济组织扶持力度，落实好用的政策、金融支持政策、税收优惠政策、简化行政审批手续政策等。

5. 加大帮扶力度

党政机关、企事业单位、高等院校要把发展壮大新型村级集体经济作为单位包村干部驻村帮扶工作的重要内容，加大对定点帮扶村发展村级集体经济的帮扶力度。加强城乡之间、区域之间、强村与弱村之间的结对帮扶。

6. 培养经营队伍

创新本土人才培育、创新乡村人才引进、发挥好"三支队伍"（包村领导、驻村工作队和第一书记）作用，培养村集体经营队伍。探索实施经营绩效管理和村干部报酬补贴制度。

（三）发展保障

1. 坚持党的领导

全市各级党委（党组）要从持续深化农村改革和全面推进乡村振兴的大局出发，把发展壮大新型村级集体经济作为新时期"三农"工作的一项重要任务，加强统筹谋划、细化工作举措、强化指导监督，切实负起主体责任、抓好贯彻落实。建立市级统筹组织、县（区）级全面负责、乡镇（街道）组织实施、村级具体落实、部门协调推进的领导体制和工作机制。加强村党组织及其领导的村级组织自身建设，组织群众、宣传群众、凝聚群众、服务群众；实行村民自治，维护村民群众合法权益，开展村级社会治理。按照精简、统一、效能原则，规范整合党政群机构设立的各类村级工作机制，统筹开展村级党的建设、乡村治理和群众工作。

2. 加强部门联动

推进多部门协作机制。组织部门要发挥好牵头抓总作用，加强指导协调，重点落实村级党组织建设、村"两委"干部、党员能力提升培训等工作；农业农村部门负责指导农业产业发展、农技培训、生产托管服务、土地流转、产销对接、农村"三资"管理，开展农村集体资产"清化收"等工作；财政部门负责落实扶持资金；自然资源部门负责做好村级集体经济项目用地指标安排；发改、住建、工信、教育、文旅、科技、人社、水利、税务、乡村振兴等部门要结合各自职能，各负其责、密切协作，做好集体经济发展工作。

3. 加强宣传引导

加大宣传力度。各级宣传部门要加大对村级集体经济发展的宣传和引导，总结推广各村在发展集体经济中关于资产管理、资源开发、内部治理等方面的特色做法，在全市范围内定期认定星级股份经济合作社，组织推介集体经济组织理事长先进典型，营造比学赶超良好氛围。提升基层群众的认识。要充分利用网络电视、农村广播、村宣传栏、张贴横幅标语等形式，对村集体经济发展政策的细节、合同要求等进行宣传解读，提升基层群众对发展村级集体经济的认识，提高基层群众投身建设农村集体经济的积极性，充分发挥基层群众主体作用，形成人人支持、人人参与村级集体经济发展的良好氛围。

4. 鼓励创新突破

鼓励先进。研究制定《关于进一步激励村干部干事创业的实施方案》，对村级集体经济收入增长较快、发展成效明显的村，村党组织书记优先纳入乡镇领导班子推荐人选，特别优秀的，经市委研究同意，参照事业编制享受待遇，并按照不超过当年村级集体经济经营性收入新增部分一定比例提取村干部奖励资金。鼓励各级财政每年安排专项资金，分别用于奖励集体经济发展好的"十强村"、进步快的"十快村"。包容创新。对于村干部出现的一些无心之失，要理解和宽容。客观看待和正确处理他们在推进村级集体经济发展过程中的问题，"既鼓励创新、表扬先进，也允许试错、宽容失败"，形成党员干部想创新、敢创新、善创新的良好风尚。

5. 严格督查考核

建立发展壮大村级集体经济工作目标责任制。将发展壮大村级集体经济情况与县（区）级领导年终考核挂钩、与乡镇党委书记述职评议挂钩、与村党组织书记绩效报酬挂钩，进一步压实工作责任，不断推动村级集体经济壮大提质。

集成创新促发展
长治新型农村集体经济发展经验探析

倪坤晓　何安华　张　斌　习银生

发展新型农村集体经济是促进农民持续增收、实现农业农村现代化的重要途径。党的二十大报告提出"巩固和完善农村基本经营制度,发展新型农村集体经济"。2023年中央一号文件明确提出"探索资源发包、物业出租、居间服务、资产参股等多样化途径发展新型农村集体经济"。近年来,山西省长治市紧紧围绕乡村振兴战略,立足"集体文化底蕴深、农村改革基础好"的两大发展优势,利用革命老区资源优势,高位推进了新型农村集体经济提质增效行动,以增强农村集体经济造血功能为主攻方向,坚持"富村"与"强村"并行、"造血"与"输血"并重,创新构建了"政府+协会+平台公司+村集体经济组织+农户"的工作架构,探索了"政策集成、模式集成、效果集成"三大集成路径,有效推动了新型农村集体经济提档升级。

一、两大优势,发展提速有根基

长治位于山西省东南部,地处太行山之巅,辖4区8县和1个国家级高新技术开发区,2436个行政村、3478个集体经济组织,农户81.9万户、农业人口248万人,总面积2093万亩,其中,耕地面积537万亩。该市农业资源丰富、集体文化底蕴深、农村改革基础好,是全国第一个农业综合标准化示范市、全国休闲农业示范市、国家现代农业示范区,也是中国农村集体经济发展的先发之地。

（一）集体文化底蕴深

长期以来,长治一直积极探索农村集体经济发展之路。长治是革命老区,抗战时期,老一辈革命家在此建立了太行、太岳革命根据地。1943年,为响应党组织关于"组织起来"的号召,李顺达等6户农民商议成立了农业生产互助合作组织——李顺达互助组,这是抗日战争时期全国成立的第一个农业生产互助合作组织,成为中国农村改革的一个标志性事件。1951年,李顺达在互助组的基础上,组织26户农民创办西沟农林牧生产合作社;1954年,该合作社扩大到246户,改名为西沟金星农林牧生产合作社,实现了农业合作化由初级向高级的过渡。①毛主席亲笔批示"中国农民的方向",继此涌现出全国最早的"十个老社",为我国农村合作经营作出贡献,开启了农村集体经济发展的探索与实践之路。

(二)农村改革基础好

改革开放以来,长治先后承担了农村税费、农村集体产权制度、农业社会化服务等13项关键领域的全国改革试点工作,深化改革的一系列成果持续赋能农村集体经济发展。2019年5月8日,长治被确定为全国农村集体产权制度改革试点单位,改革任务涉及12个县(区)、155个乡镇(街道、办事处)、3478个集体经济组织。改革完成后,该市成立了2843个股份经济合作社和635个经济合作社。在政策强力推动下,长治集体经济发展成效显著:2021年,长治农村集体资产339亿元,村均139万元;村级集体经济总收入16.2亿元,村均66万元,集体经济空壳村实现"清零";全市行政村集体收入全部超过5万元,涌现出上党区南宋乡永丰村等一批集体经济强村。截至2022年底,全市村级集体经济收入全部突破10万元,30万元以上村占比达到58%,为农村集体经济高质量发展奠定了坚实基础。

二、三大集成,巩固发展有办法

长治把发展新型农村集体经济作为实现乡村善治、促进农民增收的重要切入点,抓战略、强规划、出政策,稳存量、促增量、挖潜力,创新探索集体经济发展新路径、新模式,有力促进了农村集体经济的总量增长、效益提高、实力增强。

(一)政策集成

一是周密部署,组织有力。长治市委、市政府高度重视农村集体经济发展,市县均成立了发展壮大村级集体经济领导小组,落实四级联动工作机制;出台《长治市发展壮大村级集体经济若干措施》《全市发展壮大新型农村集体经济重点任务清单(2022年)》等文件;组建集体经济工作专班,编制《长治市发展壮大新型村级集体经济专项规划》《长治市发展壮大新型村级集体经济三年行动方案》,做到市县有规划、乡镇有方案、村村有项目;全面开展"清化收"工作,从不规范合同中挖潜力,在陈年旧账中淘金子,向新增地源要效益,村村形成了合同管理、化解债权债务和新增地源收费三个办法,建立健全农村集体资产年度清查和农村集体资产定期报告两个制度,规范集体经济组织运营机制。

二是多管齐下,架构健全。2022年,长治先后成立了市级农村集体经济发展

---

① 李顺达:《新中国农民的一面旗帜》,《山西工人报》,http://www.sxgh.org.cn 2021-09-08/2023-03-22。

有限公司、农村集体经济发展协会,12个县(区)和62个乡镇也成立了平台公司,形成"政府+协会+平台公司+村集体经济组织+农户"的工作矩阵,农村集体经济发展迈入"系统集成、协同高效"新阶段;围绕项目筛选、项目融资、股权投资、委托经营、市场运营等,逐渐构建起政府产业引导、协会抱团聚力、公司市场拓展、集体经济组织牵头抓总、农户主体参与的合作生态;建立联动机制,采取组团、联盟、联合等形式,实行村企联营,推动产业相近、产业互补的村集体经济组织成立联合体,实现抱团发展。先后组建了8个电商产业园、18个产业联合体、62个联合党组织、78家农民专业联合社,带动832个村集体经济在项目规划、生产经营、产品销售等环节取得突破。

三是创新引领,要素集聚。全面梳理各类政策,引导和撬动社会工商资本、土地、人才、科技等要素加速汇聚,集体经济发展的"洼地"效应显现。2022年,市级新增专项资金2000万元、奖励资金1000万元、一产高质量发展资金8000万元;县级新增专项资金1.21亿元、奖励资金3100万元、一产高质量发展资金4.8亿元。乡村振兴重点帮扶县还将整合资金的20%以上用于发展村集体产业项目。全面实施了"本土人才回归工程""乡村振兴万人计划""新农人培训计划"等,采取创业补贴、金融扶持、发放补助等系列措施,20.4亿元社会资本注入3572个村集体经济项目,5246名致富能手、返乡人员等进入村"两委"班子,1356名机关事业单位干部和大学毕业生到村任职和工作,激活农村发展潜能。

(二)模式集成

一是资源资产开发型。农村集体经济组织将集体闲置的建设用地、机动地、四荒地等资源,房屋、校舍、机械设备和公共服务设施设备等资产,以及集体兴办的厂房、仓储设备、商业门面等,采取拍卖租赁、承包经营、股份合作等方式开发利用,增加村集体收入,即发展"资源经济"和"物业经济"。这种发展模式具有操作简单、收益稳定、市场风险较低、村民易于参与和监督等优势。壶关县岭东村作为移民搬迁村,搬迁后将集体山林、道路、村民旧居等资源折价400万元入股凤凰山庄乡村旅游专业合作社,建成了吃住行游购娱为一体的休闲娱乐项目,成为远近闻名的"网红打卡地",带动村集体增收20万元;屯留区西街村投资4900余万元建设西街商贸楼,租赁给浙江客都商贸集团,村集体每年可得租金355万元。

二是居间服务创收型。农村集体经济组织领创各类服务实体,为企业、合作社、个人提供农机作业、冷库仓储、产品加工运输、基础设施建设、家政、物业等服务,目前主要包括两类:生产托管类,为农户提供耕、种、防、收等农业社会化服务；生活服务类，为村民提供保洁保安保育、加工销售咨询等日常服务，增加村集体收入。黎城县晋福村采用"1+6+N"托管模式（1即村集体经济合作社为服务载体；6即提供全托管、半托管6个套餐服务；N即实现地块N种作物轮作），托管服务由1个村扩大至11个村，服务农户1130余户，托管面积由996亩扩大到1.1万亩，集体年增收15万元；襄垣县东周村为农贸市场提供环卫保洁和物业管理服务，集体年增收10万元。

三是产业发展引领型。利用本地中药材、小杂粮、食用菌等特色产业优势，结合农村土地、山水、田园等自然资源和生态环境优势，采取"龙头企业/合作社+村集体+农户"等合作方式，发展种养殖、设施大棚、农产品加工、手工艺品等农业产业，开发农家乐、民宿、休闲农业等新业态，增加村集体收入。潞城区史回镇将产业相近的小常、楼后等8个村的300万元闲散资金和200亩土地，打包入股建立食用菌产业园，实现村集体增收45万元；沁县走马岭村修复茶马古道380米、红色地道1600米，建设休闲度假村，增加集体收入30万元。

四是抱团致富创新型。整合各类资源，引导村集体、企业、社会组织多方合作，打通融资、销售、项目、人才对接通道，以强强联合、以强带弱、抱团取暖等方式，形成企业与村集体产业链上的优势互补、分工合作、共同发展的格局，实现"1+1＞2"的效果。潞城区黄牛蹄乡股份经济联合总社、微子镇股份经济合作联合总社带动30个村级股份经济合作社，发展1.9万亩高粱种植，通过农资集中采购、农机调配使用，为农户提供耕种防收等托管服务，有效降低劳作成本，亩均收益2000元，带动村级集体经济增收3800万元，平均每个村集体增收125万元；乡镇联合社除留下10万元生产基金外，其余收益全部按照高粱交易量和村级股份经济合作社所占股份返还各村级集体经济组织，实现了大村带小村、抱团共致富的模式。

（三）效果集成

一是点燃干部激情。长治大力选拔年轻干部、建立考核激励机制，市县分别制定《发展壮大村级集体经济考核奖励办法》，考核结果实行"三挂钩"：与县乡书记抓党建促进基层治理成效挂钩，与党支部评先评优、评星定级挂钩，与村干部岗位报酬挂钩。特别是对工作不力、成效不明显的县乡党委书记实行"一票否优"，达到了"实干看得见、不干就出汗"的效果。黎城县大胆使用培养潜力大、条件比较成熟的年轻干部，在全县8个镇建立人才服务驿站，鼓励有志之士返乡创业，选拔4名"85后"担任乡镇党政正职，配备29名35岁以下乡镇班子成员，全日制本科以上学历班子成员28名，占比32%；襄垣县设立村党组织书记发展集体经济奖，新增5万元以下的，奖励当年增加经营性收入的5%；5万元及以上的，奖励当年增加经营性收入的10%，极大地激发了村干部干事创业热情。

二是增强干事本领。长治将提升发展经济能力作为村"两委"干部培训的必修课，实施农村"带头人"队伍优化提升行动，采取课堂教学、现场观摩等方式，组织"领头雁"培训班、专项行动能力提升班、高素质农民培训班等，帮助村干部学习先进发展理念。上党区按照"五有三化"（有实训场所、有课程教材、有师资队伍、有经费保障、有考核机制，教材本土化、需求定制化、培训调度化）标准，打造了东贾、西申、东掌、振兴和长乐社区5个实训基地，探索出"领导干部+党校教师+乡土人才+基地+案例"融合实训模式，真正让基层干部听得懂、学得会、用得上。

三是营造赶超氛围。长治依据自然条件、资源禀赋、产业现状等发展实际，将全市村集体经济组织分为197个重点帮扶村、1487个整体推进村、752个先行示范村三类，编写《百村百例》，推出一批集体经济发展观摩学习基地，其中全市11个典型村发展模式入选省级案例，营造了学有标杆、做有示范、干有榜样、赶有目标的浓厚氛围。黎城县确定了17个重点村、24个示范村先行先试，做出样子、创出经验、辐射带动，113个同步推进村积极行动，努力实现建成一批重点村、壮大一批一般村、提升一批薄弱村的目的。

四是实现农民增收。在政策和模式的加持下，长治不断拓宽农村集体经济增收渠道，农民收入持续增长。根据长治市2016—2022年国民经济和社会发展统计公报显示，长治农村居民人均可支配收入从2016年的11863元持续增加到2022年的19437元，增长了63.85%，年均增速8.58%。城乡居民人均收入比从2016年的2.37降至2022年的2.12，低于2022年全国城乡居民人均收入比2.45的水平，农民增收成效显著。沁源县郭道镇在"十三五"期间近50%的村集体经济收入在10万元以下，伴随着集体经济的大力发展，2022年该镇农村集体经济超10万元的达到100%。

三、四大经验，长治样本有启发

长治持续巩固提升农村集体经济发展成果，强组织、搭架构、聚要素，探索了资源资产开发型、居间服务创收型、产业发展引领型、抱团致富创新型等发展模式，点燃了干部激情、增强了干事本领、营造了赶超氛围、实现了农民增收。这些成效主要得益于四个重要经验。

(一) 坚持党建引领，人才是根本

强劲有力的农村基层党组织和优秀人才资源，是确保集体经济依法依规运行，逐步实现共同富裕的先决条件。长治坚持农村基层党组织的领导核心地位不动摇，充分发挥集中力量办大事的制度优势、组织优势，既不越位，也不缺位，围绕巩固党在农村的执政基础谋划和实施集体经济发展，整合政府帮扶资金、引入社会资本、联合各类主体，发展村民、组织村民、带领村民，不断提高集体经济发展的平衡性、协调性、包容性。建立健全人才选拔、使用工作制度，搭建沟通实践平台，充分利用"岗位大练兵"、现场观摩会、知识竞赛等方式，加强人才培养力度，打造一支胜任本职岗位、认真履职尽责的乡村振兴人才队伍。

(二) 强化内引外联，聚力是方向

"有为的政府"和"有效的市场"是打破要素流动壁垒、激发多元主体活力、优化农村营商环境、促进集体经济健康运行的必备条件。长治坚持内引外联，妥善处理政府和市场关系，持续发挥政府"立规矩""定标准""抓实施"的优势，破除束缚集体经济发展的体制机制障碍，激发集体经济发展的持久动力；发挥协会中会员单位的人才、龙头、品牌、资金、人脉优势，帮助农村集体经济组织对接社会资本、参股龙头企业、共建农业产业园等，实现一体化服务、市场化运作、产业化引领、项目化推进、规范化发展；发挥平台公司孵化龙头企业、扶持优质项目的优势，通过借款、参股、奖补、招股等方式，为集体经济组织提供项目资金整合、包装建设、法律咨询、公司管理、电商服务、技能培训等综合服务，推动集体经济提质增效。

(三) 激活集体意识，民主是关键

集体的力量来自成员的共同目标和团结协作，村集体的组织动员力、号召力和凝聚力在长治农村集体经济发展中表现得淋漓尽致。强有力的"两委"班子、运行机制健全的集体经济组织和高度自治的成员群体共同唤醒了集体意识，催生了强大的集体荣誉感和使命感，集体经济组织负责人铆足干劲，以村为业、以村为傲，因地制宜谋划发展项目，探索发展新思路；集体成员自我管理、自我约束，积极参与集体管理与监督，通过入股、托管等方式与集体建立了紧密的利益联结机制。集体尊重成员意志，成员尊重集体决策，两者构建了紧密的荣誉共同体、责任共同体、命运共同体，共商共治、同谋发展。

(四) 坚持抱团共富，共享是手段

共富是目的，共享是手段。抱团发展是突破资源约束、力量限制，顺应时代实现优势互补、共同发展的现实选择。长治在发展集体经济过程中，聚焦缩小发

展差距,坚持"先富帮后富,强村带弱村",探索建立村企联手共建、弱村抱团聚力的发展格局,在促进集体资产保值增值的同时,保障成员财产权益,实现集体与成员共享共富共荣。始终以"抱团发展、百花齐放"为切入点,主动打破农村地域、行业领域、行政隶属等限制,因村制宜、化零为整,引导村庄在围绕飞地抱团、农房盘活、产业联结等方面,创新机制、互联共建、资源共享,推动实现群体共富、城乡共富、区域共富。

长治市新型农村集体经济发展的现状、问题及建议

——对武乡、沁源、长子3县18村的调研

长治市围绕乡村产业振兴，以党建引领为根本，积极探索新型农村集体经济的发展路径和运行机制，农村集体经济发展成效显著。截至2022年底，全市农村集体经济总收入达20.36亿元，比2016年增长148%，年均增速21.14%。为深入了解长治市新型农村集体经济的发展现状，课题组于2023年9月赴长治市开展第4次调研，实地调研了武乡、沁源、长子3县18个行政村（见表1）。18个村覆盖了农业资源村、矿产资源村、旅游资源村、城中城郊村等不同类型，具有较强的代表性。基于此次调研，分析典型村庄农村集体经济的发展现状，总结突出问题，并提出对策建议。

表1 调研样本村分布

村庄类型	武乡县	沁源县	长子县
农业资源村	兴盛垴村、蒋家庄村、郭家垴村、古台村	法中村、箭杆村、马家峪村、贾郭村、长征村	—
矿产资源村	—	东柏子村、中峪村	东郭村、五里庄村、龙泉村、西王内村
旅游资源村	—	闫寨村	—
城中城郊村	魏家窑村	城北村	—

一、发展现状

（一）村级集体经济发展总体较好，但村际差异明显

2022年，18个村的集体经济收入均超过5万元，最低的为9.3万元。各村集体经济发展成效各异。若按集体经济收入50万元以上为发展较强，40万~50万元为中等偏上，30万~40万元为中等偏下，30万元以下为较弱，调研的18个村中，2022年村级集体经济发展较强的村有9个，中等偏上的村有3个，中等偏下的村有4个，发展较弱的村有2个。发展较强的村以矿产资源村、城中城郊村为主。9个村级集体经济发展较强的村中，矿产资源村有6个、城中城郊村有2个，这些村主要是依

托较好的资源和区位优势。例如长子县五里庄村成立人力资源有限公司为村内煤炭企业提供劳务中介服务，2022年村集体经济收入268万元，全部来源于鸿祥福人力资源有限公司。沁源县城北村立足城中村土地资源优势，在发展物业经济的基础上探索特色农业、加工业、养殖业等发展方向，走出了一条多元化发展的乡村振兴路，2022年村集体经济收入达490万元，其中经营性收入60万元。发展中等偏上的村多因项目启动较早，已获得较好的效益。例如武乡县兴盛垴村作为一个脱贫村，近年来通过村企共建逐步开展多元化经营，集体经济实现了跨越式发展，2022年收入40万元，其中经营性收入11万元。随着新的项目效益不断显现，村集体收入有望稳步提升。发展中等偏下的村则是项目启动较晚，但也已初见成效。例如沁源县马家峪村2020年开始发展蛋鸡养殖产业，已见成效。2022年该村集体经济收入约30万元，其中经营性收入27万元。发展较弱的村的集体经济收入来源较为单一，且目前效益还未充分显现。如沁源县闫寨村发展红色教育前的集体经济收入全部来自土地出租收入，2022年集体经济收入18万元。箭杆村2019年开始发展党参种植，到2022年，村集体经济收入约9.3万元，主要来自土地租金和扶贫资金入股分红。

（二）村庄立足资源禀赋，探索出切实可行的发展路径

调研村庄基本依托当地的资源条件、产业基础，积极寻求市场机会，探索出不同的村级集体经济发展路径。

一是农业资源村依托农业资源发展特色种植养殖业，一些村庄在此基础上延伸产业链，谋求一二三产业融合发展。调研的9个农业资源村中，其中4个村主要从事种植养殖业。如沁源县法中村2022年根据昼夜温差大的气候特点，利用40余亩集体机动地建成冬季草莓育种基地，培养早熟、成活率高的草莓品种，建设冬季草莓育苗基地。5个村在特色农业的基础上积极发展农产品加工、乡村旅游等相关产业。如武乡县郭家垴村2019年开始与县龙头企业德红农牧有限公司合作发展菊花种植，2022年种植规模达到2400亩（全部流转自农户土地），并积极推进菊花旅游项目和加工项目，探索"药用链条+旅游链条"联动发展。

二是矿产资源村依靠矿业积累的资金，或围绕当地企业发展相关工业和服务业，或从事农业规模经营和服务。调研的6个矿产资源村中，2个村积极围绕当地企业提供产品和服务。如沁源县中峪村2021年组织村民入股2000余万元成立村办企业为煤矿和周边企业提供基建服务，已建成搅拌站投入运营。4个村庄探索发展了其他产业。如沁源县东柏子村内有一座煤矿场，煤矿场租赁土地、房屋、场地的租金是该村集体经济收入主要来源。由于村内劳动力几乎都在煤矿场务工，种地意愿低，为了解决"谁来种地"问题，2019年村集体流转全村农户土地400亩实行规模经营，此后逐步扩大经营规模，流转镇内5个村2000亩地并为镇内6个村的1100亩地提供土地托管服务。

三是旅游资源村依托红色旅游资源积极发展红色教育服务。沁源县闫寨村位于县城东南8千米处，村内有太岳军区司令部旧址、太岳区党委旧址，2020年被中共中央组织部确定为红色村庄。2023年，闫寨村股份经济合作社投资6万元成立沁源县闫寨红色乡村教育服务有限公司，主要提供红色教育服务，当年承办了沁源县科级干部学习贯彻党的二十大精神专题研讨班，共计400余人参加，收入17万元。

四是城中城郊村利用区位条件好、地价高的优势积极发展物业服务、乡村旅游等服务业，积累资金后再探索其他增长点。如沁源县城北村位于县城中心区域，该村立足区位优势，确定了以商贸服务业发展为主的发展思路。2012年村集体投资3500万元建成4500平方米的常青商城，商城内出租商铺110间，吸纳商户130余户，每年为村集体稳定创收300余万元。此外，该村还探索发展农业规模经营，2022年盈利30余万元；成立醋厂，2022年盈利约30万元。

（三）村庄的农村集体经济已经形成稳定的经营模式

按照依托主体力量的不同，可以把18个村的农村集体经济经营模式划分为村企共建模式和自主经营模式。

1. 村企共建模式

18个村中，有6个村采取村企共建的模式。村企共建中，村集体和企业各有分工，共同促进集体经济发展。其中，企业主要承担以下职能：一是项目引入。企业作为市场主体，对市场信息必须保持敏感，更能将有市场潜力的项目带给农村集体经济。武乡县兴盛垴村集体经济发展中，山西太行沃土农产品有限公司带来的羊肥小米种植项目充分利用了当地独特的小米种植条件，在村内投资建设了小米产学研基地、青少年研学基地，并与兴盛垴村合作发展民宿。武乡县德红农牧有限公司在郭家垴村发展药用菊花项目，通过村企合作带动村集体经济有了明确的发展方向。二是产品销售。企业可以帮助农村集体经济组织开拓市场，促进农产品销售和推动农业产值提升。在村企共建模式下，企业往往负责产品销售环节，如兴盛垴村的羊肥小米种植项目、郭家垴村的药用菊花项目、沁源县箭杆村的党参种植项目中，产品销售都由合作企业负责。三是技术支持。企业可以为农村集体经济组织提供先进的农业技术。在郭家垴村，德红农牧有限公司负责提供药用菊花的种植技术、产品加工等关键环节的技术支持，解决了农民发展产业项目的技术短板。箭杆村党参种植所需的种子、种苗、肥料、技术指导由合作企业林溪种植有限公司提供。法中村由于缺乏种植技术无法自主经营，于是引入好草莓公司经营草莓基地。四是管理方式。企业可以引入科学的管理方式提升集体资源的利用效率。如魏家窑村引入旅游公司弥补村级集体经济组织经营能力的不足，通过专业化管理显著提高了客流量和盈利能力。五是资金投入。企业注入资金为村级集体经济发展增添了动能。沁源县长征村在发展中药材产业的基础上开发特色民宿，所需资金量较大，于是引入企业投资300万元，解决了资金不足的难题。

在村企合作中，一般要求村干部拥有丰富的社会网络和较高的社会活动能力。武乡县兴盛垴村支书已连任两届，担任支书之前在乡政府做司机，接触企业家的机会较多，这样的经历使该村更容易引入农业龙头企业并达成稳定合作，也为村集体自主发展产业时寻求产品销路提供了有利条件。村干部的谈判能力对达成更好的合作条件非常重要。沁源县法中村发展草莓产业时，村集体投入350万元建成种植条件较好的草莓育苗基地。近年冬季草莓育苗市场行情好、盈利空间大，虽然村集体以基地设施入股能够获得更多的收入，但最终因未能与企业达成入股协议而选择了出租。

2. 自主发展模式

18个村中，有12个村采取自主经营。其中，7个村主要开展生产经营活动，经营领域涉及农业、工业和服务业；4个村主要从事集体资源资产租赁活动；1个村主要从事中介服务。自主经营模式要求村干部具有一定的识别市场机会和企业经营管理能力：一是识别市场机会。有经营活动经验的村干部可以帮助农村集体经济组织寻找市场机会，发现有市场潜力的项目，推动集体经济持续增长。武乡县蒋家庄村集体创办4家企业并取得良好的经济效益，与村干部识别市场机会的能力密不可分。该村支书于1995年开始任职，之前在乡政府担任农业技术员，熟悉小米优质品种和种植技术。沁源县长征村支书针对当前居民养生保健需求日益旺盛的趋势，结合本村土地资源优势发展中药材种植，开发药茶、药皂加工并跨界发展民宿。东柏子村基于村内及周边村劳动力大都在煤矿务工，缺乏种地意愿的问题，以流转土地进行规模经营和土地托管服务为集体经济的主要方向，既增加了村集体收入，又解决了"谁来种地"的问题。二是村办企业经营。自主经营模式下，村干部要负责村办企业的日常管理，确保其规范运作、公正分配利益，促进社员的积极参与。武乡县蒋家庄村的4个村办企业均由村干部负责经营管理，其中小米加工厂由村委会副主任负责，服装加工厂由村妇女主任负责，油料加工厂由一名村委会委员负责，辣椒加工厂由一名支部委员负责，均取得良好的经济效益。长子县龙泉村灯笼厂由一名村党委干部负责经营，本人入股60万元，村支书负责监督，本人入股20万元。由于村干部在工厂中有大额股份，所以其经营企业的积极性较高，将生产流程设计为7个环节，有的由农民在家分散做工，有的在厂部集中加工，建厂当年就实现盈利40万元。

（四）地方政府在集体经济发展中发挥了重要作用

一是注重规划引领。长治市委组织部牵头制定《长治市发展壮大村级集体经济若干措施》《全市发展壮大新型农村集体经济重点任务清单（2022年）》等文件，从统筹产业布局、夯实人才支撑、加大财政扶持、用好土地政策、创新金融服务等方面制定33条具体措施，推动群众致富、集体增收。武乡县、沁源县、长子县都出台了发展壮大村级集体经济的专项规划、实施方案等，强化规划引领，确保方向正确。

二是做多集体资产。全面开展农村集体资产"清化收"。长治市政府下发《关于开展农村集体资产"清化收"工作的实施方案》，大力推进"清化收"工作。截至2022年12月底，全市2436个行政村全部完成"清化收"工作，共清理不规范合同53497份，化解债务40.3亿元，清收债权35.1亿元，新增资源资产收费8643.1万元。调研村中，武乡县郭家垴村通过"清化收"收回债务10万余元。沁源县中峪村通过"清化收"收回集体土地930亩，其中550亩土地向农户出租，年租金收入6万元；法中村新增集体土地200亩左右，年租金收入7万元；长征村新增荒山荒坡200亩，年租金收入10万元。

三是搭建服务平台。①成立农村集体经济发展协会。协会由政府指导，龙头企业牵头，旨在建立政府、金融、企业、村集体经济组织等多方沟通桥梁，构建从产业培育、人才引进、培训指导、合作交流到金融、税收、用地等方面一体化的综合服务体系，推动各类资源互联互通，撬动农村集体经济发展壮大。②组建农村集体经济发展有限公司。市级成立农村集体经济发展有限公司，采取股权投资、直接投资、吸引社会资本等多种方式扶持集体经济项目，联合市融资担保公司、市产业转型发展基金理事会等机构引导社会资本推动新型农村集体经济壮大提质。③县和乡镇成立平台公司。在12个县（区）和62个乡镇成立平台公司。如武乡县2022年注资2000万元成立村级集体经济发展平台公司，公司建立村级资源资产互联网交易平台，探索运用市场化手段盘活集体资产新路径。

四是强化主体引育。长治市落实村党支部书记担任集体经济组织负责人要求，建立集体经济发展创收奖励制度，对村集体经济经营性收入较上年度增加5万元以下的，奖励村党组织书记当年新增经营性收入的5%，5万元及以上的奖励10%。实施"本土人才回归工程""乡村振兴万人计划"，沁源县将242名农村产业带头人、致富能手及外出务工经商人员等优秀人才纳入村级后备干部人才库。

五是村级项目入库。武乡县建立了农村集体经济项目库和专家库，按照村级申报、乡镇初审、专家评审、县级联审的程序，238个农村集体经济项目入库，实现所有项目统一调度和管理。沁源县农村集体经济项目库中包括集体经济项目231个，其中在建项目68个，已建项目86个，拟建项目77个。长子县农村集体经济建设项目库中包括集体经济建设项目280多个，其中壮大集体经济重点项目89个。

六是提供资金支持。各县设立了发展壮大农村集体经济扶持奖励资金，如武乡县设立发展壮大村级集体经济扶持奖励资金1000万元，制定专项扶持奖励办法，对全县经济总量增长明显、增幅明显的村给予扶持奖励。蒋家庄村利用县级扶持壮大村级集体经济专项资金50万元投资成立辣椒加工厂。郭家垴村2023年获得县级扶持壮大村级集体经济专项资金50万元用于发展药用菊花产业。调研的18个村中有5个村获得各级乡村振兴示范村扶持资金。武乡县兴盛垴村2023年利用县级乡村振兴示范村扶持资金100万元投资建设13个蔬菜大棚，年租金4万元。古台村2022年获得省级乡村振兴示范村支持资金1000万元，解决了梅杏产业资金来源问题。2020年以来，长治市委组织部累计争取中央及省级、市级财政项目扶持资金近2亿元，为发展壮大村级集体经济提供了有力保障。

二、面临问题及建议

（一）政策方面

一是集体经济协会和平台公司的作用尚未充分发挥。古台村反映与县乡一级平台公司对接不畅，尚未享受相关服务。兴盛垴村反映股份经济合作社与长治市集体经济协会的合作尚未开展，协会作用有待进一步发挥。二是集体经济发展中办理相关手续困难。兴盛垴村反映发展民宿办理房屋安全鉴定时，需要委托第三方机构花费1万元。三是支持政策宣传有待加强。兴盛垴村反映因不了解相关政策而错失了一些项目申报机会，需要构建更加便捷的政策宣传平台。四是个别政策执行中存在偏差。兴盛垴村反映产业项目发展需要一个过程，但目前对集体经济的考核过于注重短期成效，导致村干部压力过大。

提出建议：一是充分发挥农村集体经济协会和各级平台公司的作用。加强协会与县乡村各级集体经济公司之间的合作，提高平台公司整合资源的能力。二是简化办理相关手续的流程。如优化民宿发展的手续流程，简化安全鉴定等相关手续。三是强化相关政策宣传。建立更为便捷的政策宣传平台,通过多种渠道向农民和集体经济组织传达政策信息,确保他们能够及时了解并申请相关政策支持;设立专门的政策宣传团队,定期走访农村,举办宣讲会议,解答农民疑虑,提高他们的政策认知度。四是优化政策执行评估机制。加快研究制定长治市农村集体经济发展考核评价指标体系,科学评价和考核市、县、乡、村各级部门和干部的工作业绩,为晋升、奖励等提供依据。

(二)人才方面

一是缺乏技术型人才。蒋家庄村反映集体经济发展缺乏必要的技术型人才,导致该村从武汉购进的设备因不会使用而闲置半年。二是缺乏管理型人才。郭家堖村、古台村都反映缺少高质量管理人才是制约集体经济经营效益提高的主要因素。三是缺乏劳动力。由于乡村基础设施和公共服务落后,即使提供较高工资仍留不住年轻劳动力。郭家堖村反映产业发展依靠的劳动力年龄较大,均在50岁以上。古台村反映该村人口大量流失,村中老年人口居多,不利于产业发展。

提出建议:一是通过组织技术培训班、鼓励农村集体经济组织以与当地高校、研究机构合作的方式解决技术人员短缺问题。二是建立乡村职业经理人、乡村运营师等的引入、激励机制,缓解农村集体经济发展中经营管理人才短缺问题。三是多种方式探索解决农村劳动力短缺问题,提供更具吸引力的就业机会,留住年轻劳动力。鼓励农村集体经济组织发展符合当地实际的产业,减少对劳动力的过度依赖。

(三)用地方面

一是土地性质划分与实际不符。法中村反映有关部门将荒地划为林地、耕地,导致荒地长期闲置。长征村反映耕地利用规划与实际情况不符,将质量差、产量小、不适合耕种的荒地划入了耕地范围。二是不同部门对土地性质的划分不一致。箭杆村反映自然资源部门与林业部门对耕地、基本农田、林地的划分不统一,同一地块在不同管理部门咨询会有不同说法,村干部不清楚该地块能否被用来发展种植业。三是土地性质变更信息公开滞后。贾郭村反映有关部门将土地性质更改后未及时通知村里,影响集体土地资源的有序开发。

提出建议:一是完善土地利用规划,确保规划与实际情况相符。提倡尊重历史、兼顾实际,避免简单地将荒地划分为林地或耕地,根据土地的实际用途和潜在发展需求进行科学划分。二是从顶层上推动不同部门之间加强协作协调,推进土地性质划分一致,减少对农村集体经济发展的用地制约。三是建立土地变更的信息公开制度，让农民和村集体能够及时了解土地性质的变化，避免在土地开发过程中出现混乱。

（四）资金方面

部分村由于集体经济薄弱、缺乏抵押品等原因无法获得金融机构贷款，限制了生产规模的扩大。马家峪村反映该村发展蛋鸡养殖中受资金约束无法兴建原料仓库，不得不常年以高于应季的价格回收群众玉米加工饲料。村干部曾试图向当地银行申请贷款，但由于村集体经营规模小、抗风险能力差而未能获得贷款。

提出建议：一是政府提供更多的专项资金支持农村集体经济发展，如仓储基地建设资金、技术升级资金。二是推动农村金融机构提供更加灵活的金融服务，结合农村集体经济的特点和需求，降低贷款门槛，提高资金流动性。三是鼓励农村集体经济组织通过合作、联合的方式共同投资抱团发展。

（五）技术方面

有些农村集体经济组织面临技术瓶颈，导致资源优势无法有效转化为经济优势。法中村反映由于缺乏草莓育苗技术，难以独立运营草莓育苗大棚，抑制了集体经济发展。古台村反映目前该村产业科技水平低，没有引进农业高新技术，只是简单的农产品初加工，附加值较低。

提出建议：一是设立农业技术咨询服务机构，为农村集体经济组织提供定期的技术咨询服务，解决实际生产中的技术难题。建立农业科技示范园，为农民提供实地学习机会，传授先进种植和管理技术。二是利用现代通信技术，建立远程技术咨询平台，方便农民随时获取专业意见。

（六）销售方面

乡村振兴战略下，各地积极鼓励发展农村特色产业，大量农特产品进入市场，使集体经济组织面临的产品市场竞争不断加剧。武乡县蒋家庄村反映由于市场竞争激烈，加之品牌建设滞后，该村生产的小米和辣椒酱销售越来越难，近两年村办企业盈利能力明显下降。

提出建议：一是加强品牌建设，提升产品的知名度和认可度。通过差异化的营销策略，如特色包装、宣传活动、社交媒体宣传等，提高产品在市场中的竞争力。二是考虑与其他农业企业、合作社、零售商等建立合作关系，共同应对市场竞争。三是鼓励支持农村集体经济组织借助电商平台、网络直播等方式拓展销售渠道，适应现代消费模式转型趋势。

（七）管理方面

一是部分农村集体经济组织的凝聚力不足。武乡县魏家窑村反映村民对集体事务关心程度不高，很难动员村民投入集体经济发展中来，甚至召集村民开社员大会也存在困难。二是个别村集体经济管理存在不够规范之处。龙泉村灯笼厂股权设置中，村集体和村民各占40%、60%的股份，村民股最初由16名原始股东出资，但企业允许社员后期随时入股，使原始股东的股份不断稀释，不利于企业稳定经营。

提出建议：一是强化村内组织文化，通过组织集体活动、培训等方式，增强村民对集体的归属感和认同感。二是引导村庄制定集体义务劳动措施，调动村民参与集体经济发展的热情，建立激励机制，对积极参与者和有突出贡献者进行经济激励或荣誉嘉奖。三是审查并修订股权设置规定，避免后期随时入股而导致股权不稳定等问题。应设定固定的初始股权入股期限，或者参照现代企业制度的增资扩股的管理方式。

（八）合作方面

在村企合作模式中，由于村集体和企业之间存在信息不对称，存在企业侵害村集体利益的情况，甚至导致合作难以持续。法中村反映村企合作中，企业可能不会如实向村集体报送项目成本、利润，而村集体又无法进行有效监督，导致村集体不得不取消入股，而采取资产出租的合作方式，降低了村集体的收益。

提出建议：一是引导支持村集体和企业构建互利互信的紧密型利益联结机制，政府聘请第三方机构加强对村企合作利益事项的监督，如对合作项目的信息披露、财务管理等。二是提升村"两委"干部的财务和项目管理水平，提高他们甄别企业报送信息和监督企业经营活动的能力。三是建立定期的沟通和仲裁机制，加强村企双方的沟通，增进信任。

专题报告

破局农村集体经济发展"五难"的长治探索

何安华

长治市位于山西省东南部，辖4区8县和1个国家级高新技术开发区、1个经济技术产业开发区，面积共2093万亩，有2436个行政村、3478个集体经济组织，农户81.9万户，农业人口248万人。该市是农村集体经济的发源地，20世纪50年代李顺达在全国率先创办西沟金星农林牧生产合作社，毛主席亲笔批示"中国农民的方向"，继此涌现出全国最早的"十个老社"，开启了全国农村集体经济发展的积极探索。近年来，长治市以党建引领为根本，聚力构建发展壮大新型农村集体经济新格局。2016—2022年，全市农村集体经济总收入由8.21亿元增加到20.36亿元，上涨148%，年均增速21.14%，其中，经营收入占比从17%提高到22%。2022年，全市村级集体经济收入全部突破10万元，30万元以上村1417个，占比58.2%；半数村社有经营收益，其中经营收益超过10万元的村占比32.6%，逐渐走出了具有长治特色的新型农村集体经济发展之路。积极响应"全党大兴调查研究"的号召，2023年3—7月，课题组三次赴长治市调研，走访该市全部县（区）。从全国层面看，发展壮大农村集体经济有"五难"，长治市4区8县在破解"五难"上各有探索创新，取得较好成效，形成了不少好经验好做法。

一、破解"产业培育难"问题

发展农村集体经济必须以产业为基础，选准、选好适宜的产业方可兴业强村。不少村社之所以集体经济薄弱，根源在于没能培育出可形成稳定而持续收入的产业。破解"产业培育"难题，长治市主要采取三策，做到市县有规划、乡镇有方案、村庄有项目。

一是编制规划，培育壮大优质产业。市级层面编制了《长治市发展壮大新型村级集体经济专项规划（2022—2025年）》《长治市发展壮大新型村级集体经济三年行动方案》，并制定了年度重点任务清单。12个县（区）按照市级要求，再分别编制专项规划，明确主导产业，力求既兼顾当前又考虑长远，确保可操作性。潞城区布局特色种植园区、设施农业园区、三产服务业3大主导板块，规划中药材、高粱、大葱、设施蔬菜、旱地西红柿、冬播谷"5+1"六大特色产业，使集体经济发展方向更加聚焦。长子县推动形成一镇（乡）一主导产业的布局。沁源县各乡镇制定了集体经济发展方案，181个行政村全部制定了发展壮大村级集体经济计划。

二是村庄分类，因村施策精准定位。通过典型引领，在全市形成"宜农则农、宜工则工、宜商则商、宜游则游"的村级集体经济多元化发展态势。如壶关县岭东村（搬迁村）重在盘活闲置资源资产；黎城县北马村（纯农业村）引进百万旱鸭养殖项目；襄垣县侯堡村（工矿村）瞄准生产生活服务；潞州区新民村（城中村）投建农贸市场大兴物业经济；武乡县王家峪村（红色村）大力发展红色旅游；上党区振兴村（产业融合村）创新三产融合发展，各村按照不同路径发展各具特色的新型集体经济。有的地方对辖内村庄进行分类，如黎城县探索形成生产服务、产业发展、乡村建设带动和资源开发经营等四种类型15种模式的"黎城方案"，选定17个重点村、24个示范村先行先试、做出样子、创出经验、辐射带动，113个同步推进村也积极行动起来。

三是建立村级项目库，常态储备择优支持。通过村级申报、乡镇审核、区县把关、专家评审的方式，建立村级集体经济项目库，推行"清单化"管理、坚持"图表化"推进、执行"手册化"指导，成熟一个实施一个，各类扶持资金向村级集体经济项目倾斜。长治市2436个行政村共储备项目2562个，落地实施产业项目1057个，涉及山区开发、绿化造林、生态保护、乡村基础设施和农业产业化经营等项目。其中，屯留区209个行政村，入库项目291个，包括生产服务项目241个、生产加工项目7个、旅游开发项目5个、特色种养项目38个；潞城区入库的在建、拟建项目161个，做到全区8个乡镇（街道）和145个行政村（社区）"乡乡有产业、村村有项目"。

二、破解"集体资源资产匮乏"问题

开发集体资源和经营集体资产是村级集体经济收入的重要来源，但不少村庄缺少甚至没有可利用的资源资产用于集体经济发展，出现"巧妇难为无米之炊"的困境。为破解"集体资源资产匮乏"困局，长治市全面开展了"清化收"工作，村村形成合同管理、化解债权债务和新增地源收费办法，建立健全农村集体资产年度清查和农村集体资产定期报告制度，建立农村集体资产明细台账，及时登记资产存量及变动情况，规范资产管理，采取逐村逐份清、逐乡逐镇过的方式，全过程查验评估。截至2022年底，全市2436个行政村全部完成"清化收"工作，共清理不规范合同53497份，化解债务40.3亿元，清收债权35.1亿元，新增资源资产收费8643.1万元;全市村级集体资产338.81亿元,按纳入资产清查的村级数3370个计算,村均资产1005.37万元,约为全国已完成产权制度改革村量化资产平均水平的2倍。

开展"清化收"工作既要维护村集体和其他利益相关者的合法权益不受损,又要程序规范和避免引发社会矛盾。长治市12个县(区)各有探索。潞州区成立"清化收"工作复杂疑难问题研判处置领导小组,下设复杂疑难问题研判处置专班,专班成员由政法、纪检、公安、检察院、法院、司法局等部门抽调业务骨干组成,在查阅资料和一线调研后提出复杂疑难问题解决方案,形成了强占集体资产类问题解决的模板,即"下发书面通知要求腾退—现场执法强制腾退—行政处罚打击—刑事手段打击"。上党区确立了"1231"工作思路,坚持摸清家底、甩清包袱、百姓认可、轻装增收的"一个原则",用好律师团队和会计团队"两支队伍",分类实施清欠一批、核销一批、挂账一批"三个一批",实现真实反映农村"三资"情况的"一个目标"。从实施效果看,"清化收"工作摸清了集体家底,增加了集体家产,为发展集体经济提供了决策依据。

二、破解"人才引育难"问题

乡村振兴,人才是关键。随着越来越多的年轻人外出务工,农村普遍出现劳动力、人才严重缺乏的现象,尤其是越偏远的山村,人口流失越严重,已经不是生产、经营等专业人才普遍缺乏的问题,劳动力都已渐显不足。人才"培育难、引进难、留下难"已成为制约村级集体经济发展的重要因素。调研发现,不少村庄空心化、老龄化现象严重,如漳河村有365人而常住人口109人,石板上村有348人而常住人口约120人,走马岭村有1058人而常住人口约500人,西青北村有611人而常住人口约200人,西沟村有1926人而常住人口约600人。据一同调研的当地干部反映,好一点的村常住人口能占到1/2,多数村在1/4~1/3,年轻人大多进城务工了,留下六七十岁的老人在村里生活。人口外流情境下,谁来发展村级集体经济?

在市县层面,长治市各县(区)的举措可归结为实施情怀引才、政策揽才、主动借才的"三才"策略。长治市实施了"本土人才回归工程""乡村振兴万人计划""新农人培训计划"等举措,2843名致富能手、2085名外出务工经商人员、333名机关选派干部进入村"两委"班子,110名农业技术人才和486名"农创客""田秀才""土专家"等实用人才在乡村汇聚。平顺县实施"乡村振兴百名新农人"计划,通过县级安排部署、乡级广泛动员、村级主动出击,回引产业发展、乡村旅游、家政服务、商贸物流、电子商务等方面的194名优秀人才进入"乡村振兴新农人"库。武乡县从县农业农村局、县农业技术推广服务中心、县现代农业发展中心等县直部门选聘32名农业专家，负责指导全县村集体经济项目，提供政策咨询，确保村集体项目"落地生花"。

在村级层面，聘请职业经理人或与专业运营人才（团队）合作是长治市各村破解人才难题的普遍趋势。一些村已经有所探索，另一些村也正在向这个方向努力。一是用好本土留守人才。这类人才多是愿意留在村里继续从事种养殖业的职业农民。如平顺县西青北村有211户611人，实际常住人口仅200余人，村内有闲置土地，村集体从农户手中流转土地7亩，将闲置土地变"散"为"整"，委托给农民专业合作社集中管理种植，并向专业合作社支付经营收益的20%作为管理费用，即"八二分成"。二是引进职业运营人才或团队。能引进这类人才的村多是文旅资源、集体资产较为丰富的村，重在加快提升村庄资源资产的价值实现。平顺县虹霓村有着丰富的文旅资源，采取免费提供办公场所、帮助申请县级专项扶持资金等方式引来"归农小都"、四海伟业公司等一批优秀的新农人团队。其中，村集体以闲置资源入股，与四海伟业公司联合成立虹霓翠锦策划管理有限公司，村集体负责提供场地和资源，虹霓翠锦公司负责策划宣传、招商引资和开展"一对一"电商技能培训，帮助吸引人流，培育农民网红，盈利的40%归村集体，60%归四海伟业公司。三是探索项目制职业经理人。这是聘请职业经理人运营的升级版，多是村内同时实施多个集体经济项目，分别聘请专业化的职业经理人去打理，各个项目单独核算。较为典型的是襄垣县平安村，该村由4个村合并而成，有1个集体经济合作联社和4个分社，围绕"一社一个特色产业"形成了集肉鸡养殖、肉牛养殖、生物肥发酵、食用菇种植、土地托管等于一体的绿色循环生态产业链，采取分项目聘请职业经理人方式，按项目设定运营绩效目标，提供相应奖励或惩罚，最大化各个项目的集体收益。

四、破解"资金短缺"问题

虽然《中华人民共和国民法典》规定了农村集体经济组织为特别法人，依法取得法人资格，但当下的农村集体经济组织仍不是完全的市场主体，与企业相比，它们在市场经营活动中较难获得信贷、资质等方面的同等认可。调研了解到，由于金融机构有终身问责制，负责人害怕村集体还不上贷款而普遍不敢放贷，即便村集体有资产也不被认可为有效抵押物。一些村庄原本就是经济薄弱村，自身经济积累少，又贷不上款，对投资者吸引力也不强，发展集体经济面临资金困难的难题。破解资金短缺难题，长治市重在用好财政资金、金融资金和社会资本"三笔钱"。

一是强化财政支持，突出"奖""补"作用。2022年，长治市级新增专项资金2000万元、奖励资金1000万元、一产高质量发展资金8000万元；县级新增专项资金1.21亿元、奖励资金3100万元、一产高质量发展资金4.8亿元。县级层面，长子县扶持村级集体经济发展，设立1000万元专项扶持资金、200万元专项奖励资金；对村级集体经济年收入达到50万元（含）以上的示范村，一次性奖励5万元；达到30万元（含）以上的试点村，一次性奖励3万元；达到15万元（含）以上的同步推进村，一次性奖励2万元；对作出突出贡献的强村一次性奖励3万～5万元。襄垣县也设立1000万元专项扶持资金，采取贷款贴息、以奖代补等方式进行重点扶持；设立500万元专项奖励资金，分别从村级集体经济收入总量、增幅两个方面制定奖励标准，按等次奖励2万～10万元。通过财政奖补激励，全面激发各村发展村级集体经济的热情。

二是创新金融支持，引入资金活水。长治市各县（区）鼓励金融机构结合主导产业特性，对纳入财政扶持并符合贷款准入条件的村集体经营性、服务类项目给予信贷支持，简化贷款手续，实行优惠利率。平顺县以创建国家现代农业产业园为契机，用好用足国家现代农业产业园"兴药贷"贴息资金，加大贴息力度，扩大贴息范围，增加信贷额度。上党区开展农村集体资产股权抵（质）押贷款试点，出台《农村集体资产股权质押贷款实施办法》，实现股权抵（质）押和村集体授信贷款。沁源县建立了金融服务村集体经济组织发展的5个工作机制，包括会商研判机制、跟踪入企服务机制、督导协调机制、脱贫小额信贷助力机制、争取上级政策求突破机制，对县级以上农业龙头企业贷款额度在50万元以上，用于农业生产发展的按照基准利率的30%予以贷款贴息扶持。总体上，金融支持农村集体经济发展虽仍面临不少体制机制障碍，但已迈出了积极探索的步子。

三是撬动社会资本，村企合作共赢。发展农村集体经济，不能仅靠财政资金和金融资金，还需要让社会资本参与进来。社会资本通过控股、参股、入股等方式与村级集体经济组织合作，互利共赢。黎城县整合省级乡村振兴示范创建资金1000万元，其他各类资金2000余万元，完善源泉河谷内6个村的基础设施；吸引河北万景文旅集团企业投资22亿元，采取EPCO模式，由企业统一规划、统一建设、统一经营、统一维护，打造以源泉村为龙头的太行丹泉田园小镇，连片带动周边五十亩村、东骆驼村、源庄村、石壁底村发展水产养殖、庭院经济、农家乐、康养服务等。村集体获得固定年度分红，例如源泉村在寨上高端民宿、水磨面坊、玉泉醋厂等项目上分别获得分红45万元、10万元和20万元。平顺县龙镇村深化村企合作，以200亩土地入股占10%，引进企业出资5000万元占90%，扩建香菇大棚260座并由企业具体经营，村集体按股分红可增收16万元。

五、破解"产品和服务卖难"问题

除了通常说的"人、地、钱"等基础要素之外，市场也应视作农村集体经济发展的重要因素，特别是对依靠产品或服务产销为收入来源的村级集体经济组织而言，市场要素的重要性更为显突。一些村的集体经济收入主要依靠资源发包，不愿探索自主经营或合作联营，原因之一是没能充分识别市场空间，担忧生产的产品和服务卖不出去、卖不上价。破解村集体生产的产品和服务卖难问题，长治市开展的一些探索是可学习借鉴的。

一是发展电商，助力营销村集体生产的产品。主要是依靠电商、微商网络销售，延展村集体生产产品的销售半径。如武乡县全县建设乡镇（村）电商服务站233个，覆盖率86.6%，建设农村物流配送点260个，覆盖率96%，探索出三种模式：①"多店带一村"。有着"三晋第一微商村"之称的岭头村搞起了脱水野菜加工厂、秋梨膏加工厂，请村里从事网络销售的村民代销产品，增加村集体经济收入。②"一店带一村"。长蔚村依托"米淘庄园粮油旗舰店"抖音店，年销售小米收入1500多万元。③"一企带多村"。依靠电商龙头企业带动一村甚至多村，如山西太行沃土农产品有限公司帮助周边的兴盛垴村、暴家峪村、铺上村等代加工和线上销售小米。

二是面向周边企业，订单生产低值易耗产品。襄垣县米坪村利用被10余家大中型工矿企业环抱其中的区位优势，建设服务周边企业的"园中园"，订单加工工衣、毛巾、手套、口罩等劳保用品，为企业生产矿井下使用的钢丝网、金属制焊网和菱形网等，带动集体增收40余万元。

三是探索土地"认养"模式，提升土地价值。平顺县西青北村以每亩每年800元从农民手中流转土地7亩并委托种植合作社管理，规划66块小菜地，每块地约60平方米，采取按块租赁、土地认养方式，让"城里人"种地、"庄稼人"收租，推出三种认养模式：①自主种植模式，由村集体提供水、肥料、种子、种苗、农具等基础条件，收取认养费600元/块·年，认养者自耕、自种、自收、自主管理。②托管种植模式，由认养者自选种植种类，蔬菜成熟时由认养者自己采收，村集体按认养者要求代为管理，收取认养费1200元/（块·年）。③网络认养模式，认养者在网络上付款、选地、管理，在手机上安装App终端便可对菜园实现24小时监控，随时查看蔬菜长势和病虫害，见证蔬菜成长轨迹，村集体代为完成种植、浇水、除草、采摘并将农产品邮寄到认养者家里，收取认养费1200元/（块·年）。"小菜园"很受青睐，已有10个团体、单位，30余人认养。

四是发挥村集体"统"的功能，开展农业生产托管服务。由村集体负责组织协调，雇用农机手具体实施，帮助解决外出务工农户在车间和田间两头跑的麻烦事。黎城县晋福村探索出"1+6+N"农业生产托管模式，以村集体经济合作社为载体，整合周边乔家庄、李庄等6个村的40余台大型农机具、30余名农机手，根据选用的农资和服务环节，定制全托管、半托管且定价在每亩355元至370元的"A、B、C、D、E、F"6种套餐，提供规模化机械化托管服务，实现地块"N"种作物轮作。托管服务由1个村扩大到11个村，服务农户1130余户，托管面积从996亩扩大到1.1万亩，村集体年增收15万元。

发展农村集体经济的"层级分工"实践探索

习银生

发展壮大农村集体经济是实现共同富裕的重要途径。党的二十大和2023年中央一号文件都对发展新型农村集体经济提出了明确要求。山西省长治市把发展壮大农村集体经济作为全面推进乡村振兴的重要抓手，创新构建了"政府+协会+平台公司+村集体经济组织+农户"的工作矩阵，通过建立平台公司发挥其项目运作与市场对接的作用，以及成立协会发挥其沟通服务的桥梁作用等，弥补了政府在发展集体经济中的短板，形成了政府引导、平台聚力、协会服务、村集体主体牵头、农户参与的合作生态，农村集体经济发展迈入"系统集成、协同高效"新阶段，初步探索出了一条发展壮大新型农村集体经济的新路径。

一、主要做法

（一）政府——建立联动机制，完善政策体系

长治市充分发挥政府在发展农村集体经济中的主导作用，坚持把发展壮大农村集体经济作为增强基层党组织政治功能和组织功能，促进农民增收、农业增效、农村发展的重要基础，建立了市级统筹组织、县级全面负责、乡镇组织实施、村级项目落地的四级联动机制，不断强化政策支撑，为发展壮大集体经济创造了良好的环境氛围。一是健全工作联动机制。市级成立重大村级集体经济工作领导小组，统筹全市集体经济工作的组织领导、系统谋划、协调推进、督促落实；县级把农村集体经济作为"一把手"工程；乡镇成立工作专班，建立领导班子成员"一对一"包村机制；落实村党组织书记担任集体经济组织负责人要求。从而构建起市县乡村四级联动、部门协同、分级负责、齐抓共管的领导体系。建立考核激励机制。市县分别制定《发展壮大村级集体经济考核奖励办法》，考核结果与县乡书记抓党建促进基层治理成效挂钩，与党支部评先评优、评星定级挂钩，与村干部岗位报酬挂钩，实行县乡党委书记"一票否优"。二是强化政策支持。市委、市政府出台《长治市发展壮大新型村级集体经济专项规划（2022—2025年）》《长治市村级集体经济提质增效三年行动方案》等文件，各县（区）制定了发展壮大村级集体经济专项规划、实施方案和重点任务清单等一系列政策，同时市

县两级还配套出台扶持措施，在财政投入方面，市级新增2000万元发展壮大村级集体经济专项扶持资金和1000万元奖励资金。各县（区）结合自身实际，配套扶持资金1.21亿元、奖励资金3100万元。在金融支持方面，金融机构对纳入财政扶持并符合贷款准入条件的村集体经营性、服务类项目，给予信贷支持，简化了贷款手续并实行优惠利率。在土地政策方面，各县（区）从土地出让收益用于农业农村部分中安排不少于10%的资金扶持发展村集体经济，安排不少于5%新增建设用地指标保障乡村重点产业和项目。在人才政策方面，实施"本土人才回归工程""乡村振兴万人计划""新农人培训计划"等。三是规范管理强基础。组织开展农村集体资产"清化收"，全面摸清家底，推动形成合同管理、化解债权债务和新增地源收费3个办法，规范合同、债券事务、新增地源3个台账，建立农村集体资产年度清查、定期报告两个制度，推进农村产权流转交易和农村集体资产监管两个平台建设，规范资产管理。截至2022年底，全市2436个村全部完成"清化收"工作，共清理不规范合同53497份，化解债务40.3亿元，清收债权35.1亿元，新增资源资产收费8643.1万元。四是深化改革激发动力。探索股份权能改革试点，如潞城区开展农民持有集体资产股份继承和有偿退出试点，出台《农村集体资产股份继承和有偿退出办法》，探索股权管理和流转的原则和程序；上党区开展农村集体资产股权抵（质）押贷款试点，出台《农村集体资产股权质押贷款实施办法》，实现股权抵（质）押和村集体授信贷款，解决集体经济发展融资难题，激活集体股权，赋能乡村振兴。深化农村土地制度改革，开展土地确权登记颁证，完善承包合同58万份，为二轮土地承包到期后再延长30年奠定基础；推进农村宅基地制度改革，出台《长治市农村自建房管理条例》《宅基地审批管理办法》，加强规范管理。在壶关县岭东村、襄垣县虒亭村等开展闲置宅基地盘活利用工作，探索完善集体所有权、农户资格权、宅基地使用权等权利内容的实现形式。

（二）协会——发挥桥梁作用，构建服务体系

协会一般具有服务行业发展，增进行业共同利益，维护会员合法权益的职能。2022年9月，长治市率先成立了全省首个农村集体经济发展协会，这是长治市委、市政府组织动员社会各方面力量，服务和推动农村集体经济发展的一次新尝试。协会登记机关为长治市行政审批服务局，接受市农业农村局的业务指导，接受市民政局的监督管理。协会的性质是由有意愿为长治村集体经济发展贡献力量的企业、高校、科研院所、金融机构等自愿结成的产业性、非营利性社会组织。其宗旨是发挥桥梁纽带作用，履行产业培育、人才引进、培训组织、优化合作等功能，为村集体经济服务。业务范围包括：为各类村集体经济组织提供政策解读服务,向政府有关部门提供政策建议;协助政府进行全市村集体经济发展产业调查和分析,收集整理国内各地村集体经济信息,为成员提供信息服务;开展人才交流、研讨等活动,协助村集体经济组织引进人才;搭建产学研销交流平台,指导村集体组织发展产业;开展有关村集体经济的培训、研究、相互参观和学术交流活动,宣传推广村集体经济典型案例;开展村集体经济的各类技术指导服务。因此,协会实际上是为本村集体经济发展提供各类服务的社团组织,有助于弥补政府在农村集体经济发展中存在的服务不足的缺陷。

协会现有专职人员10人,成立以来开展的工作主要有:一是开展调研。深入11个县、213个村、40家企业及会员单位调研,分析研判农村集体经济发展形势。二是开展项目资金对接。发挥协会桥梁作用,联络协会中的金融企业会员单位和市农村集体经济发展平台公司,为农村集体经济项目提供资金对接服务。截至2023年3月底,已完成2个项目资金对接,包括长子县南陈镇千亩蔬菜大棚500万元资金与市平台公司成功对接、长子县石哲镇邢家庄村农业生产托管服务中心100万元资金与中国银行长治分行成功对接。三是进行产业发展帮扶。利用协会会员单位众多的优势,为农村集体经济组织进行产业帮扶项目对接。截至3月底,已完成6个项目对接,如武乡县蟠龙镇2000亩党参苗育苗与振东中药材进行对接等。

(三)平台公司——以资金项目为抓手,推进集体经济提质增效

长期以来,农村集体经济发展缺资金、缺路径、缺动力的问题突出。一方面,农村集体经济组织的特殊法人性质导致其贷款难长期难以解决。《农村集体经济组织法》规定:"农村集体经济组织以农民集体土地所有权为基础设立,集体土地所有权不得转让,农村集体经济组织不得破产。"因此,农村集体经济组织在贷款时缺乏有效抵押物,其不得破产的规定也使得金融机构在发生贷款风险时无法清算贷款对象的财产,因而缺乏给农村集体经济组织贷款的积极性。另一方面,村集体经济组织缺乏专业化的经营管理人才与队伍,往往难以形成科学的发展思路,找不到合适的发展路径和项目。再者,村级事务多而杂,集体经济发展缺乏有效的激励机制等,也使村干部缺乏发展集体经济的动力。此外,政府统筹整合用于村级集体经济发展的财政资金也需要找到合适的项目和村集体进行投资运营。针对上述情况,2022年5月以来,长治市创新成立了市、县、乡三级农村集体经济发展平台公司,平台公司为国有独资,由财政出资,不以营利为目的,主要职能是以壮大集体经济和共同富裕为目标,整合协调政府部门的资金资源,通过股权投资、直接投资、吸引社会资本投资等,从事市内农村集体经济发展项目、农村资源开发等方面的投资建设和运营管理,促进农村集体经济发展提质增效。截至2023年3月底，除1个市级平台公司外，12个县（区）和62个乡镇也相应成立了县乡级平台公司。

从运营情况看，市县级平台公司做法类似，一般都要成立项目专家委员会，实行项目经理人制度，并建立了完整的业务流程和工作机制。主要承担的工作包括：一是利用政府财政资金分类施策。支持具有区位优势明显的城中村、城郊村、公路沿线村、工业园区周边村等村集体，发展物业经济和城镇配套产业；支持资源优势村发展设施农业、特色种养、乡村旅游、农产品加工等业态。如市平台公司扶持了平顺连翘、花椒，潞城熬脑大葱等地区特色产业项目；对边远无资源村，采取强村带弱村等办法，或通过统筹整合项目和资金资源，进行重点扶持。如利用奖补资金投资3000万元实施新果品市场冷库项目，采取"公司+村集体"联投联建模式，吸纳33个村集体参与项目投资建设，预计将带动每村每年增收2.5万元。二是探索发展飞地经济。实施批量带动型集体经济项目，吸纳薄弱村共同参与项目投资建设，稳定获取投资收益。如实施电动车充电站项目，平台公司向村集体招股，通过平台公司运营，村集体参股的模式，一次性带动多个薄弱村集体长效增收。三是拓宽资金渠道。加强同金融机构合作，推动银行、担保公司等对集体经济组织实行优惠政策，切实解决村集体融资难、融资贵问题。设立农村集体经济发展基金，统筹整合实现扶持资金形成资金池，筛选优质项目建立项目库，对入库优质项目进行资金支持。四是加强市县平台公司协作。发挥市县平台公司各自优势，推动建立协调联动、规范高效地实现平台公司合作的机制，汇聚工作合力。市平台公司先后四次组织召开市县平台公司工作推进会、交流会、现场会，建立起平台公司常态化联系协调机制。同时，市县乡三级平台公司开展合作，如市县平台公司合作的沁源县好乐草莓种植和育苗项目、市乡平台公司合作的沁县南里镇饲料厂等项目已落地实施。同时，加强同龙头企业合作，采取"平台公司+村集体+龙头企业"的模式，吸引宇辰蛋鸡、好乐草莓等社会资本参与村集体经济发展。2023年3月底，市平台公司已在7个县（区）落地扶持项目9个，总投资3053.58万元，已完成投资1414.5万元，项目涵盖农产品生产加工、农业生产服务、产业配套设施建设等多个领域。

乡级平台公司尚处于起步阶段，是在乡镇政府支持下，由村级股份经济合作社作为法人股东联合注册成立，整合各村资源和上级资金，通过村级集体经济联合自主经营，实现优势互补和抱团发展，带动村集体经济发展。如壶关县店上镇引导7个村集体组建成立了全县首家乡镇平台公司——红太阳农旅开发有限公司，沁县南里镇政府支持11个村股份经济合作社联合成立了南里上农科技发展有限公司。平台公司设立股东大会，选举执行董事、监事，聘用总经理，实行经理人制度。以红太阳平台公司为例，公司的主要工作包括：一是整合资源要素。整合了11个村和1个移民小区产业资金共计740万元，集中流转土地1700亩，吸引在外人才、专家和大学生村官加入公司。二是招商引入企业。公司为企业提供土地流转平整、通水、通电、通路等服务，引进了4家企业与1个农科院，落地种植、育苗、加工、科研、培训、直播带货等6个项目。三是撬动社会资本投资。公司投资107万元购置13辆农机，撬动资金400万元购置整合50辆农机开展农业全程托管和秸秆综合处理服务。通过企业入驻发展既带动了村集体经济发展，也拓宽了农民就近就地就业与增收渠道。2022年该平台公司业务收入86万元，7个村集体与1个移民小区共获分红23.4万元。

（四）村集体经济组织——发挥主体牵头作用，多途径壮大集体经济

村集体经济组织是发展壮大集体经济的主体，承担着管理集体财产、开发集体资源、发展集体经济、服务集体成员等职责。长治市充分发挥党建引领作用，建立集体经济发展创收奖励制度，开展乡村党组织书记擂台赛和新型农村集体经济"亮晒评"活动，激发村集体经济组织内生动力，多途径多措施发展壮大新型农村集体经济。在实践中，一些村通过成立公司专业化开展项目运营，一些村充分发挥主观能动性，根据各地自然条件、资源禀赋、产业现状等，因村制宜谋振兴，探索出了多种集体经济发展模式。一是资源开发利用型。通过拍卖租赁、承包经营、股份合作等多种方式，对村集体闲置的建设用地、机动地、四荒地及房屋、厂房、仓储设施、商业门面、机械设备等闲置资产等进行盘活利用，增加村集体收入。如长子县丹朱镇同新村立足城中村地理位置优越的特点，将村级发展与县城改造整体规划相结合，兴建综合建材市场，通过对外出租商铺，大力发展物业经营，2022年商铺租金为村集体增收400万元。二是产业发展带动型。采取"龙头企业+村集体""农民合作社+村集体"等形式，大力发展种植养殖、设施大棚、农产品加工、手工艺品等特色产业，增加村集体收入。如武乡县上司乡蒋家庄村创办了小米加工厂、服装厂、老油坊和葱丝辣椒厂4个村办企业，2022年村集体经济收入40万元。潞城区神泉村依托蛋鸡养殖与西红柿种植有机循环发展，年增加村集体收入50万元。三是居间服务创收型。以生产托管为主，为农户提供耕、种、防、收等社会化服务；以生活服务为主，为村民提供保洁保安保育、加工销售咨询等社会化服务，增加村集体收入。如黎城县晋福村采用"1+6+N"托管模式（1即村集体经济合作社为服务载体；6即提供全托管、半托管6个套餐服务；N即实现地块N种作物轮作），托管服务由1个村扩大到11个村，托管面积由996亩扩大到1.1万亩，集体增收15万元。四是文旅融合引领型。利用农村土地、山水、田园等特色自然资源和生态优势，开发农家乐、民宿、休闲农业等新业态，增加村集体经济收入。如沁县走马岭村修复茶马古道380米、红色地道1600米，建设休闲度假村，增加村集体收入30万元。五是抱团联合发展型。探索联村党建等模式，创新村村联合、村企联合、村社联合机制，整合各类集体资源、资产、资金，创新利益联结机制，通过资源优势互补，强村带弱村，化零为整，变单打独斗为抱团发展。如潞城区黄牛蹄乡股份经济联合总社、微子镇股份经济合作联合总社带动30个村发展1.9万亩高粱种植，带动村级集体经济增收3800万元，村均集体增收125万元。

（五）农户——完善利益联结机制，保障农民就业增收

发展农村集体经济，农户是否积极参与，能否保障农民利益是关键。长治市在发展集体经济中，注重完善利益联结机制，健全完善村级集体经济分红机制和风险防控机制，把分红率和分红占比纳入典型选树、评优评先、专项考核，让村民能够实实在在参与项目建设，通过土地流转、承包经营、务工就业、参股入股等方式，多渠道实现就业增收。例如壶关县集店镇岭东村与长治市岭源公司合作成立了长治首家乡村旅游专业合作社——凤凰山庄，村集体将集体山林、道路、村民旧窑洞等资源折价400万元入股合作社，建成休闲娱乐项目。岭东村股金分红每年9.2万元，群众务工收入达60余万元，土地流转年收入8万余元，村民实现了薪金、股金、租金三金分红。沁源县中峪乡中峪村以村股份经济联合社为平台，创立村办企业，经营商砼搅拌站项目，吸纳303个农户参股筹资2020万元参股企业，村集体经济年收入可达900多万元，参股股民户均可增收2.1万元，全体村民作为合作社社员也可以社员股参与分红，实现村民筹资、人人入股，收益分红、全村受益的村集体经济发展目标。壶关县红太阳平台公司在项目实施中，多种方式带动农户参与，农户通过土地流转、承包种植、务工等获得收入，其中土地流转户均收入2500元，承包种植户均受益10万元，参与务工人均增收1.2万元。

二、主要成效

（一）村级集体经济收入快速增加

2022年，全市村集体经济组织收入达到20.36亿元，比2016年增长148%，年均增速21.1%。其中经营收入占22%，比2016年上升5个百分点；发包及上交收入占14%，投资收益占4%，补助收入占27%，其他收入占33%。

（二）集体经济薄弱村全面消除

2022年，全市197个薄弱村全部实现收入突破10万元。至此，全市村级集体经济年收入10万元以下村全部消除。年收入30万元以上的村1417个，占比58.2%。涌现出了一批明星村。如上党区振兴村、潞州区新民村被评为全省村级集体经济发展"十佳村"，另有4个村被评为全省村级集体经济发展先进村，11个村入选全省集体经济百佳案例。

（三）村集体经济资产规模不断扩大

2022年，全市农村集体经济组织资产总额（不包括土地等资源性资产）340.45亿元，比2012年增长237.6%，年均增速达到12.9%。

（四）经营能力不断提高

2022年，全市有经营收益的村占总村数的50%。经营收益小于10万元的村占总村数的17%，比2016年下降了10个百分点；10万~50万元的村占25%，50万~100万元的村占4%，100万元以上的村占3.6%。

（五）集体经济"三资"管理工作水平不断提升

2022年，长治市2436个行政村全部实行了财务公开，建立了民主理财小组，实行了会计委托代理制，并实现了会计电算化。"清化收"工作基本完成，农村集体"三资"监管平台和产权交易平台建设加快推进，实现村集体"三资"管理信息化、规范化、可视化。全市村集体产权平台交易6494笔，成交额8487万元。95%的村实现村支部书记、村委会主任、合作社理事长"一肩挑"。

（六）集体经济带动农民增收的能力逐步增强

2022年，全市实行分红的村集体占村集体经济组织总数的22%，分红1.47亿元，户均财产性收入增加900元，村民正越来越多地共享村级集体经济发展成果。

三、问题及建议

长治市发展农村集体经济的层级分工实践探索取得了初步成效，但尚处于探索初期，尤其是平台公司在定位和运营上还存在一些问题和困难，需要采取措施加以解决。

（一）平台公司定位"难"

目前，市、县、乡三级成立了农村集体经济发展有限公司，但作为新生事物，仍受制于诸多方面。比如，平台公司与金融机构、村级集体经济组织在合作机制构建、整合涉农资金等方面职责定位尚不清晰，建议上级部门给予科学准确的定位，以解决平台公司发展村集体经济项目资金的可持续性。

(二) 平台公司优质项目数量不多

各级平台公司虽然积极调研并建设了一批集体经济项目，但总体看，预期收益稳定、投资风险小的项目不多，大部分项目不具备实施条件。一方面，由于大部分集体经济项目都是农业类项目，投资收益较低、实施期限较长，市场波动影响较大；另一方面，农村基层专业化管理人才和产业人才紧缺，很多项目缺乏必要的人才基础，管理还不够规范，项目实施存在一定风险。此外，各村资源条件和产业基础差异较大，适合的发展路径各不相同，也给平台公司区分不同情况，并采取针对性的帮扶措施带来了挑战。建议加强调研，研究制定平台公司农村集体经济项目实施办法，强化项目管理，完善激励考核机制，拓展业务范围，继续实施批量带动型集体经济等项目，进一步探索发展飞地经济。允许平台公司参与承接环境卫生、道路养护、园林管护、家政服务、保洁保安等业务，大力发展农村物业经济和劳务经济。按照局部试点、逐步铺开的原则，探索实施一批可复制、可推广的平台公司产业项目带动集体经济发展的有效路径。

(三) 不同层级平台公司协作有待加强

目前，市、县、乡各级平台公司的发展情况和工作思路不尽相同，主要通过现场会、交流会等方式开展信息交流，还没有形成成熟稳定的合作机制。建议加强对市、县、乡三级平台公司的统筹协调，研究制定实施办法，完善协作机制，加快建立完善农村集体经济大数据平台，打造优势互补、协同高效、要素聚集、资源共享的平台合作体系。

(四) 专业人才储备不足

各级平台公司普遍存在专业人才缺乏问题，特别是商业项目运营人才匮乏。如市平台公司现有干部职工22人，但缺乏相关领域的专业人才，大部分没有农村工作经历，对农业农村实际情况和相关政策知识、产业知识缺乏充分了解，一定程度上制约了公司业务推进。建议加大相关专业人才培训和招引力度，将平台公司的人才引进纳入市、县、乡各级人才培训和招引范围，在人员编制、待遇等方面给予适当倾斜。

特色产业引领集体经济发展的长治实践

原瑞玲

发展壮大新型农村集体经济是实现共同富裕、提升农村公共服务能力、完善乡村治理的有效手段,是近年来中央对深化农村改革和实施乡村振兴战略提出的一项重要任务。党的二十大报告提出要"全面推进乡村振兴,坚持农业农村优先发展,巩固拓展脱贫攻坚成果,加快建设农业强国,扎实推动乡村产业、人才、文化、生态、组织振兴",并进一步提出要"巩固和完善农村基本经营制度,发展新型农村集体经济"。乡村振兴的关键在产业,产业振兴的关键在集体经济。如何发展壮大村集体经济,是基层党组织建设的一个热点,也是当前工作的重点。近年来,山西省长治市立足"集体文化底蕴深、农村改革基础好"两大发展优势,依托地域、资源禀赋条件,大力发展果蔬种植、禽类养殖等特色产业,探索形成了一系列特色产业引领集体经济发展的新路径和新模式,有力地促进了农村集体经济总量增长、效益提高、实力增强,为发展特色产业、壮大农村集体经济提供了长治经验。

一、基本情况

长治市位于山西省东南部,地处上党盆地区域,是典型的雨养农业、旱作农业区,辖4区8县和1个国家级高新技术开发区,2436个行政村、3478个集体经济组织,农户81.9万户、农业人口248万人,总面积2093万亩,其中,耕地面积537万亩。近年来,长治市立足本地资源优势,坚持把发展特色产业作为壮大新型农村集体经济的有力抓手,"一村一策"确定主导产业,"一村一品"赋能集体经济,探索形成三资优势撬动、产业项目带动、集体创业推动、政策扶持联动的"四轮驱动"模式,走出了一条机制健全、模式新颖、参与广泛的产业引领集体经济发展之路。2021年全市村级集体经济收入全部突破10万元,30万元以上的村占比达到56%,实现了农民增收有保障、农村发展有后劲、农业增效有路子。

长治市为加快推进第一产业高质量发展,提出了六大工程,九大行动,并从组织、人才、资金全方面保证实施,在优惠政策引领下,长治市第一产业取得大幅发展。2022年全市第一产业增加值97.1亿元,同比增长5.7%,占地区生产总值的比重为3.5%。粮食生产获得丰收。2022年全年全市粮食种植面积384万亩，产量124.2万吨，同比增长1.7%。其中玉米110.5万吨、小麦1.9万吨、谷子3.9万吨、豆类1.5万吨。蔬菜面积产量双增长。长治市将发展蔬菜产业作为长治市推进一产高质量发展的六大工程之一，扩大种植面积形成规模效应，大力发展设施农业，引导蔬菜走特色化发展道路。壶关旱地西红柿、长子旱地辣椒、屯留区麟绛红尖椒、上党区设施西红柿、沁县朝天椒等特色蔬菜产业大力发展，2021年长治市蔬菜播种面积为40万亩，同比增长44.4%。蔬菜及食用菌产量为105万吨，同比增长32.1%。种植结构以茄果类和瓜菜类为主，占蔬菜总产量的64%，其中茄果类产量增长量最多，同比增加12万吨，同比增长32.3%。中草药材迅猛增长。长治市作为省政府重点打造的药茶基地，2021年长治市中草药材播种面积达22.7万亩，同比增长15.1%，产量4.6万吨，同比增长78.8%。园林水果明显增长。武乡县贯彻三年梅杏发展计划，上党区2018年以来持续进行调产，果树种植面积大增，长治市2021年园林水果面积7.1万亩，较上年增长8.8%，产量4.6万吨，较上年增长92.0%。农产品精深加工快速发展。长治市立足特色农产品的资源优势和资源禀赋，重点打造药茶、中药材、酿品、肉制品、果蔬食品、功能保健品等农产品精深加工十大产业集群，优化农产品结构，推动农业提档升级。2021年前三季度农产品精深加工产业集群产值总量162.1亿元，同比增长97.7%，增量位居全省第一。

二、主要做法

（一）政策引领，找准发展方向

习近平总书记在2020年底的中央农村工作会议上强调，要加快发展乡村产业，顺应产业发展规律，立足当地特色资源，推动乡村产业发展壮大，优化产业布局，完善利益联结机制，让农民分享更多的产业增值收益。2021年3月1日，山西省委农村工作会议对推动第一产业高质量高速度发展和乡村产业振兴作了具体部署。4月12日，长治市农村工作会议上，对长治市推进第一产业高质量发展作了进一步安排。为认真贯彻落实中央一号文件和中央、省市农业农村工作会议精神，长治市先后制定印发了《关于加快推进第一产业高质量发展的实施方案》《长治市支持第一产业高质量发展补贴政策》，明确提出要重点抓好稳粮保增收、特色蔬菜提标扩面、中药材产业绿色发展、畜牧养殖业转型升级、干鲜果产业提质增效、林草产业生态修复六大工程，推进六大产业齐力发展。按照省委、省政府构建"南果中粮北肉东药材西干果"产业布局，长治市作为省政府重点打造的药茶基地，出台一系列政策并付诸实践。壶关县石坡乡双井村瞄准党参种植技术简单、规模种植效益显著、市场前景较好,号召村民流转土地种植党参,使原有土地发挥出了更高的效益。襄垣县虒亭镇司马村作为农村综合改革试点试验村,在县农村综合改革办公室带领下,司马村实施了牡丹、丹参、草莓高架大棚项目。充分发挥了国家现代农业示范区、"上党中药材"全国特色农产品优势区、全国休闲农业和乡村旅游示范市、全省绿色有机旱作农业示范区"四大品牌优势",积极开展全国绿色有机旱作农业示范市创建。市财政列出专项经费支持绿色有机旱作农业发展,长子县、沁源县、黎城县等县(区)对绿色有机旱作农业示范创建工作予以奖补,潞城区对示范区土地流转和有机肥采购给予补贴。沁源县、襄垣县、上党区、壶关县等县(区)财政对"三品"认证给予专项资金补贴,引导绿色有机农产品品牌发展。

（二）项目开路,增添发展动力

长治市建立全市村级集体经济项目库,2436个行政村储备项目2562个,落地产业项目1057个,涉及山区开发、绿化造林、生态保护、乡村基础设施和农业产业化经营等方面。突出产业赋能集体经济,重点实施山西高粱产业集群、山西谷子产业集群、山西道地药材产业集群,平顺西沟中药材、长子宋村设施蔬菜国家级农业产业强镇等一批特优农业项目,确保新型农村集体经济收入稳步增长。积极构建农业招商工作机制,完善农业产业项目招商工作指引,不断吸引农业示范项目、优质资本、先进技术、高端人才集聚,为乡村振兴注入强劲动能。黎城县西井镇东骆驼村围绕"产业振兴"这个核心,因地制宜,实施"蛋鸡养殖"项目,由村集体成立了养殖专业合作社,负责项目运营管理,进行规模化养殖、科技化养殖、绿色化养殖。平顺县西沟乡以建设红色西沟、生态西沟、富裕西沟为抓手,致力于中药材产业发展、"中药材+旅游"融合发展,突出产业富民强镇这一根本,以"一带四沟"为全乡中药材种植布局。将平龙线沿线9个村5000亩规划为中药材标准化示范种植基地,沿线交叉的四道沟5个村3000亩规划为新品种新技术推广种植基地,实现全乡中药材种植"一带不断线,四沟全覆盖"。长子县立足县域优势,依托自然资源,重点抓好鲍店丰鑫源种植园、丹朱万亩优质青(尖)椒种植、南漳酒村现代农业产业园、南陈苏里产业融合示范园、常张乡蔬菜种植园区等项目,着力建设一批特色鲜明、优势集聚、市场竞争力强的蔬菜种植基地。

（三）创新模式,促进多方共赢

一是健全利益联结机制。充分发挥财政资金的撬动吸附作用,引导工商资本以租赁、托管、入股等方式参与集体经济发展特色产业,探索保底收益、按股分红等新型合作发展方式。如潞城区潞华街道张家河村以村集体股份经济合作社作为股东入股,通过"财政补贴资金股权化+分红"的模式,实施"相互持股"的合作开发模式,实现土地流转有"租金"、承包管理有"酬金"、参股经营有"红利"。上党区南宋镇东掌村利用煤矿改制的资金和村民个人入股资金注册成立公司,公司每年的经营收入按照投资资金占比进行分红,个人入股部分每年按保底10%进行分红。二是创新合作模式。采取"龙头企业+村集体""农民合作社+村集体"等形式,大力发展种养殖、设施大棚、农产品加工、手工艺品等特色产业,增加村集体收入。平顺县龙溪镇龙镇村积极盘活村级集体经济各类生产要素,深化"村集体+能人大户""村集体+龙头企业+农户"合作经营模式,做强做大特色养殖、香菇种植及光伏发电产业,不断壮大村级集体经济。对于村情相近、资源相连、产业相同的村,通过采取"党建引领+企业带动+集体经济组织+专业合作社和农户"的发展模式,推动强强联合、以强带弱、抱团发展,增加集体收入。

(四)融合发展,实现产业致富

围绕特色农产品上下游产业链条,支持村级集体经济发展农产品初深加工、仓储保鲜、包装销售等延伸产业,把集体经济组织嵌入产业链条,分享增值收益。武乡县故城镇权店村围绕"强党建、抓产业,促增收"的发展思路,打造了集梅杏育苗,梅杏嫁接、杏仁、杏脯加工包装销售和梅杏园赏花、采摘为一体的产业链条。屯留区上村镇王庄村探索发展以"上联养殖、下联种植、中联清洁能源进村入户"为特点的有机循环农业,村集体建设农业种植大棚和现代化高标准养殖大棚,大力发展辣椒、土豆、娃娃菜、高粱、黑糯玉米等绿色旱作经济作物和生猪养殖产业,延伸沼气产业的上下游链条。上游的养殖场畜禽粪污进入沼气站后,转化为沼气和沼渣沼液,沼气入网进入千家万户,沼渣沼液转化成高效有机肥,发展下游蔬菜种植。上党区八义镇师庄村依托稼保农业开发有限公司发展辣椒种植和深加工,形成辣椒的种植、生产、加工、销售产业链,加快了辣椒产业化发展步伐。平顺县西沟乡着眼药旅融合的发展思路,申家坪村的百亩芍药基地、西沟村的百亩黄芩套种油葵基地、石匣村的百亩油牡丹基地、赵店村的百亩党参基地、三里湾村的百亩板蓝根套种蔬菜基地、石埠头村的百亩柴胡套种玉米基地、覆盖全乡的千亩沙棘基地、万亩连翘基地、万亩山桃基地,将中药材和旅游打造成了相互交织、共同发展的产业链。武乡现代农业产业示范区以拳头产品小米为内核,以太行沃土为链主企业,从纵向和横向一起发力,全方位构建特色鲜明、结构合理、链条完整的"米"产业链,拉长做深小米产业链条培育,促进一二三产业融合发展。

三、经验启示

（一）坚持系统谋划，齐抓共管

一是科学规划定思路。为深入实施"特""优"战略，夯实现代农业发展基础，推进全市第一产业高质量、高速度发展，2021年长治市政府出台了《关于加快推进第一产业高质量发展的实施方案》《长治市支持第一产业高质量发展补贴政策》，2022年制定了《长治市支持第一产业高质量发展补充政策》，按照"一镇一业""一村一品"产业布局总方向，引导各行政村合理确定主导产业，利用资源优势、地域优势、文化优势等培育壮大主导产业，形成"有代表、有主导、有特色、有优势"的新型农村集体经济发展壮大格局。二是加强服务强保障。长治市坚持以提升组织力为重点，建立市委出题、县委答题的"双破题"机制，领导小组统筹协调、工作专班具体承办的"双运行"机制，县委书记、县长齐抓共管机制，让党政同责真正见效。选优配强村级集体经济组织"领头雁"，开展党组织书记星级评定，健全完善村党组织、村委会、村集体经济组织工作体系。针对村级集体经济壮大提质过程中出现的规模体量小、组织化程度弱、市场对接渠道窄等制约瓶颈，长治市建立市级统筹组织、县级全面负责、乡镇组织实施、村级项目落地的四级联动机制，12个县（区）和62个乡镇分别成立了以村集体股份合作社为主导的市场主体和产业联盟，形成了"政府+平台+协会+合作社+农户"工作矩阵，通过政府引导、平台聚力、协会服务、联建共建，多途径多措施发展壮大新型农村集体经济。

（二）坚持党建引领，凝心聚力

长治市坚持农村基层党组织的领导核心地位不动摇，充分发挥集中力量办大事的制度优势、组织优势，既不越位，也不缺位，围绕巩固党在农村的执政基础谋划和实施集体经济发展，整合政府帮扶资金、引入社会资本、联合各类主体，组织村民、带领村民，不断提高集体经济发展的平衡性、协调性、包容性。聚焦"强化基层党建、盘活资产资源、加强示范引领"关键环节，在突破产业发展上"做足文章"，在发展壮大村集体经济上"提振动能"，采取"党建+产业项目"形式，不断引进多种乡村振兴产业项目。以党建为统领，以党员为骨干，以群众为基础，以发展产业为支撑，群策群力、因地制宜。

（三）坚持要素聚集，抱团发展

一是整合要素，盘活资产。通过全面梳理各类政策，让工商社会资本、土地、人才、科技等要素汇入发展农村集体经济的洼地。成立县级农村集体经济发展有限公司,着眼于发展壮大农村集体经济、有效促进农民增收,聚焦于资源承载、资金整合、项目建设、产业投资,将全县农村集体资产、资源、资金捆绑整合,运用市场化手段,不断增强农村集体经济发展后劲和活力。市县平台公司发挥项目融资、产业投资、资产运营、兜底服务等职能,金融部门向集体经济组织授信,有效盘活农村集体资产。二是抱团发展,合作共赢。市场主体通过组团、联盟、联合等形式,组建电商产业园、产业联合体、联合社,带动村集体经济在生产经营、产品销售等环节取得突破,实现"产、供、销"产业链相互衔接、系统配套,形成上下游有效联动、区域互促发展的有机整体。

正确认识统分结合中新型农村集体经济组织"统"的作用

倪坤晓

农村基本经营制度是党的农村政策的基石。2021年，我国国民经济和社会发展第十四个五年规划明确提出，要巩固完善农村基本经营制度，发展多种形式适度规模经营，健全农业专业化社会化服务体系，实现小农户和现代农业有机衔接。随着农村集体产权制度改革的基本完成，新型农村集体经济组织"统"的功能逐步强化、促进农民农村共同富裕的优势不断显现。但同时，各地新型农村集体经济组织"统"的能力差异较大，资产管理水平也存在明显差距。基于此，本文系统梳理了双层经营体制中"统"的发展历程，分析了新型农村集体经济组织"统"的功能作用，并结合目前可能存在的问题，提出了相应的政策建议，以期为正确认识统分结合中新型农村集体经济组织"统"的作用，巩固和完善农村基本经营制度提供经验参考。

一、双层经营体制中"统"的发展历程

农村双层经营体制是20世纪80年代初期农村全面推行家庭联产承包责任制后逐渐形成的经营制度形态[①]，其内涵和外延随着农村改革的深入推进不断拓展和完善。

一是双层经营体制概念的提出。1983年中央一号文件《当前农村经济政策的若干问题》最早明确了双层经营体制的特征[②]，即"分散经营和统一经营相结合的经营方式具有广泛的适应性，既可适应当前手工劳动为主的状况和农业生产的特点，又能适应农业现代化进程中生产力发展的需要"。1991年11月，党的十三届八中全会通过《中共中央关于进一步加强农业和农村工作的决定》，首次明确将双层经营体制作为一项基本制度，提出把以家庭联产承包为主的责任制、统分结合的双层经营体制，作为我国乡村集体经济组织的一项基本制度长期稳定下来，并不断充实完善，强调这两个经营层次相互依存、相互补充、相互促进，

---

① 孔祥智：《把准新时代创新农村双层经营体制的核心》，《农村经营管理》2018年第11期。
② 孙中华：《关于稳定和完善农村基本经营制度的几个问题》，《农村经营管理》2009年第11期。

明确了在家庭承包经营制度下农村集体经营的必要性,即"要在稳定家庭承包经营的基础上,逐步充实集体统一经营的内容。一家一户办不了、办不好、办起来不合算的事,农村集体经济组织要根据群众要求努力去办"。

二是双层经营体制走上法治化轨道。1998年10月,党的十五届三中全会通过《中共中央关于农业和农村工作若干重大问题的决定》,提出实行土地集体所有、家庭承包经营,使用权同所有权分离,建立统分结合的双层经营体制,理顺了农村最基本的生产关系,阐释了家庭承包经营与集体统一经营的关系,家庭承包经营是集体经济组织内部的一个经营层次,是双层经营体制的基础,不能把它与集体统一经营割裂开来、对立起来,认为只有统一经营才是集体经济。1993年,家庭联产承包被写入《宪法》,当年的修正版第八条规定农村中的家庭联产承包为主的责任制和生产、供销、信用、消费等各种形式的合作经济,是社会主义劳动群众集体所有制经济;1999年《宪法》修正版明确规定农村集体经济组织实行家庭承包经营为基础、统分结合的双层经营体制,使双层经营体制具有了法律效力;2002年《农村土地承包法》明确规定要稳定和完善以家庭承包经营为基础、统分结合的双层经营体制,赋予农民长期而有保障的土地使用权;2007年《物权法》明确了土地承包经营权的用益物权属性,我国农村基本经营制度的法律框架基本形成。①

三是双层经营体制内涵的"转变"。2008年10月,党的十七届三中全会通过《中共中央关于推进农村改革发展若干重大问题的决定》,进一步拓展了双层经营体制中集体经营的内涵,创新提出"两个转变",明确家庭经营要向采用先进科技和生产手段的方向转变,增加技术、资本等生产要素投入,着力提高集约化水平;统一经营要向发展农户联合与合作,形成多元化、多层次、多形式经营服务体系的方向转变,发展集体经济、增强集体组织服务功能,培育农民新型合作组织,发展各种农业社会化服务组织,鼓励龙头企业与农民建立紧密型利益联结机制,着力提高组织化程度。这标志着统一经营的实现方式得以完善与创新,统一经营的职能逐渐让渡给农民专业合作社、农业产业化龙头企业等经济组织。2013年11月,党的十八届三中全会通过《中共中央关于全面深化改革若干重大问题的决定》,提出"四种经营"共同发展,坚持家庭经营在农业中的基础性地位,推进家庭经营、集体经营、合作经营、企业经营等共同发展的农业经营方式创新。坚持农村土地集体所有权,依法维护农民土地承包经营权,发展壮大集体经

---

① 苑鹏:《关于农村统分结合的双层经营体制的若干问题探究——习近平总书记关于稳定和完善农村基本经营制度的重要思想》,《农村经济》2017年第10期。

济。同年12月，习近平总书记在中央农村工作会议上强调，要加快构建以农户家庭经营为基础、合作与联合为纽带、社会化服务为支撑的立体式复合型现代农业经营体系。2017年，党的十九大报告再次提出巩固和完善农村基本经营制度，深化农村土地制度改革，其基础应该建立在拓展之后的双层经营体制上。

四是赋予双层经营体制新的内涵。2018年9月，习近平总书记在中央政治局第八次集体学习时提出要把好乡村振兴战略的政治方向，坚持农村土地集体所有制性质，发展新型集体经济，走共同富裕道路，并强调要突出抓好农民合作社和家庭农场两类农业经营主体发展，赋予双层经营体制新的内涵，不断提高农业经营效率。2019年，习近平总书记参加十三届全国人大二次会议河南代表团审议时再次强调，要完善农村集体产权权能，发展壮大新型集体经济，赋予双层经营体制新的内涵。2022年，党的二十大报告明确指出，要巩固和完善农村基本经营制度，发展新型农村集体经济，发展新型农业经营主体和社会化服务，发展农业适度规模经营。同年，习近平总书记在中央农村工作会议上指出，要依靠自己的力量端牢饭碗，依托双层经营体制发展农业，发展生态低碳农业，赓续农耕文明，扎实推进共同富裕。可见，农村双层经营体制在坚持集体所有、家庭经营的基础上，其表现形式根据不同发展阶段的生产力水平进行了调整和完善，具有广泛的适应性和旺盛的生命力，使农村基本经营制度保持更加持久的制度活力（见表1）。

表1　文件和讲话中涉及双层经营体制的内容

时间	文件/讲话	特点	内容
1983年	中央一号文件《当前农村经济政策的若干问题》	最早明确双层经营体制的特征	联产承包制采取了统一经营与分散经营相结合的原则，使集体优越性和个人积极性同时得到发挥
1991年	党的十三届八中全会通过《中共中央关于进一步加强农业和农村工作的决定》	首次明确将双层经营体制作为一项基本制度	把家庭承包这种经营方式引入集体经济，形成统一经营与分散经营相结合的双层经营体制，使农户有了生产经营自主权，又坚持了土地等基本生产资料公有制和必要的统一经营
1998年	党的十五届三中全会通过《中共中央关于农业和农村工作若干重大问题的决定》	阐释了家庭承包经营与集体统一经营的关系	农村集体经济组织要管理好集体资产，协调好利益关系，组织好生产服务和集体资源开发，壮大经济实力，特别要增强服务功能，解决一家一户难以解决的困难
1999年	《宪法》修正版	使双层经营体制具有了法律效力	农村集体经济组织实行家庭承包经营为基础、统分结合的双层经营体制

续表

时间	文件/讲话	特点	内容
2008年	党的十七届三中全会通过《中共中央关于推进农村改革发展若干重大问题的决定》	创新提出"两个转变",拓展了集体经营的内涵	以家庭承包经营为基础、统分结合的双层经营体制,是适应社会主义市场经济体制、符合农业生产特点的农村基本经营制度,是党的农村政策的基石,必须毫不动摇地坚持
2013年	党的十八届三中全会通过《中共中央关于全面深化改革若干重大问题的决定》	提出"四种经营"共同发展	坚持家庭经营在农业中的基础性地位,推进家庭经营、集体经营、合作经营、企业经营等共同发展的农业经营方式创新
2018年	2018年9月,习近平总书记在中央政治局第八次集体学习时的讲话	赋予双层经营体制新的内涵	要突出抓好农民合作社和家庭农场两类农业经营主体发展,赋予双层经营体制新的内涵,不断提高农业经营效率
2022年	党的二十大报告《高举中国特色社会主义伟大旗帜 为全面建设社会主义现代化国家而团结奋斗》	巩固和完善农村基本经营制度	巩固和完善农村基本经营制度,发展新型农村集体经济,发展新型农业经营主体和社会化服务,发展农业适度规模经营

注:根据文件和讲话原文整理。

二、新型农村集体经济组织"统"的功能作用

习近平总书记在《摆脱贫困》一书中曾指出,要摆正"统"与"分"的关系,"所谓'分',就是以家庭为主要的生产经营单位,充分发挥劳动者个人在农业生产中的积极性;所谓'统',就是以基层农村组织为依托,帮助农民解决一家一户解决不了的问题"。家庭经营和统一经营是密不可分的有机整体,"分"是"统"的基础,"统"是"分"的保障。实践中,"统"的方面,应围绕一家一户办不了、办不好、办起来不合算的生产经营环节,逐步培育新型服务主体;"分"的层面,承包户可通过入股、订单等方式,与作为"统"的合作社、龙头企业建立稳定的利益联结机制。①具体而言,新型农村集体经济组织"统"的功能主要体现在两个方面:一是村集体层面的"统"。即村集体利用荒山荒坡等未承包到户的土地、集体经营性建设用地、集体废弃厂房等集体资源,采取承包、出租、入股等方式,通过直接经营或合作经营,发展集体经济。二是农户层面的"统"。即村集体发挥组织协调作用,可以为农户或其他经营主体提供农业生产社会化服务;同时,也

---

① 叶兴庆:《从三个维度看我国农业经营体制的40年演变》,《农村经营管理》2018年第9期。

可以精准"牵线搭桥",引导农户与农户、农户与其他主体开展联合与合作,开展土地流转、构建利益联结机制,实现小农户与现代农业的有机衔接。

(一)代营集体资源资产

农村集体经济组织利用荒山荒坡、商铺矿山等生产要素,或自主经营,或以入股、承包、出租等形式交由企业或个人进行经营,村集体获得经营收益、分红收益、承包收益和租金收益等。如山西省壶关县小山南村立足城边村优势,积极盘活集体资产,把无用的荒山变成光伏发电的基地,把闲置的厂房变成经商办企的宝地,把废弃的陶窑变成休闲旅游的福地,不仅解决了当地村民的就业问题,也为村集体收入注入了活水。

一是开发荒山搞光伏。为发挥村内2亩荒山荒坡的经济价值,2019年,小山南村争取县乡村振兴局补贴资金90万元、乡镇扶持资金9万元,整合集体闲置资金11万元,共计110万元,建设规模100千瓦的村级光伏发电站,发电站并网后,收益全部归集体所有,年收益12万余元。二是出租厂房引项目。陶窑废弃后,村集体原有的2700平方米制坯厂房也闲置多年。为盘活集体资产,2020年,小山南村投资10万元对制坯厂房、场地进行翻新,利用城边村优势,吸引迅佑生物科技、老工匠卤肉加工、黑小计面包加工、紫丰有机肥料等产业落地运营,每年为村集体交纳场地使用费4万元。三是改造陶窑兴文旅。2019年,村集体确定了"开发旧陶窑,发展新业态"的产业发展思路,积极回引在外经商能人王红梅返乡创业,围绕陶文化发展乡村旅游。村集体以陶窑旧址入股,占股4.5%;部分村民集资450万元对陶窑旧址进行改造,占股75.5%;王红梅以技术入股,占股20%。经过改造,陶窑旧址焕发了新的生机,形成了集餐饮住宿、陶艺体验、古陶展销于一体的陶文化体验园——梅苑山庄。由于特色突出、环境别致,梅苑山庄一经推出就获得市场认可,年收入达到266万元,村集体获得股份分红12万元。

(二)开展农业生产托管

农村集体经济组织创办经营服务实体,为农户提供产前、产中、产后等环节的服务,实行土地托管,村集体负责组织协调,农机大户具体实施,帮助小农户解决一家一户办不了、办不好、办起来不合算的事。如山西省黎城县晋福村为解决外出劳动力增多、种地劳动力短缺等问题,探索了"1+6+N"农业生产托管模式。一是创新服务载体。晋福村以村集体经济合作社为载体,整合周边乔家庄、李庄等6个村的40余台大型农机具、30余名农机手,提供规模化机械化托管服务。依据确权登记面积签订托管合同,不改变土地性质、不改变承包关系、不改变土地用途,土地托管给村集体经济合作社,村集体经济合作社组织农机手签订作业合同，保证作业质量达到种植要求，收获的粮食归农户所有。二是提供套餐服务。根据选用的种子、化肥、农药等农资的不同和服务环节的不同，制定了355元至370元六种套餐。农户通过黎城县数字化农业生产托管服务平台，足不出户即可通过手机与服务组织完成线上托管、网签托管合同、标记托管地块、建立托管任务目标，服务组织按照连片地块统一进行规模化作业，数字农业托管服务平台自动汇集作业轨迹信息、作业面积信息、作业过程照片等。三是实现作物轮作。从农资供应、耕种、植保、田管、收割、收储、烘干到销售全程服务，实行精耕细作管理，积极推行玉米、小麦、大豆（葵花）轮作，大豆、玉米带状复合种植，实现耕地效益最大化。

三、面临的问题

新型农村集体经济组织在"统"的方面发挥了重要的作用，但仍面临一些问题亟待解决。

（一）农村集体经济组织"统"的能力差异较大

从各地实践看，农村集体经济组织"统"的功能能否有效发挥，很大程度上取决于该集体的带头人和集体积累。一个好的集体经济组织带头人能及时发现集体优势、捕捉机遇，为集体寻找到合适的发展道路，影响着集体发展的方向。而集体的原始积累则为发展提供了强劲资本和动力，影响着发展的质量和深度。目前，各地农村集体经济组织"统"的能力差异很大，存在明显的"强村弱村差异"，即区位优势好、经营性资产多的村可通过自主经营或合作联合的方式开发集体资源资产，也可发展农业社会化服务，强化"统"的功能；集体经济基础较为薄弱的村，一般无法发挥"统"的功能，过度依赖政府财政和政策扶持，自主造血能力差。

（二）农村集体资产管理水平有差距

管好用好农村集体资产是完善农村基本经营制度、实现乡村全面振兴的重要基础。农村集体经济组织依法代表集体成员行使集体资产所有权、享有独立经济活动自主权，承担着管理集体资产、开发集体资源、发展集体经济、服务集体成员等职能，因此，农村集体经济组织发挥"统"的功能的过程，也是其管理开发集体资源资产的过程。从实践看，农村集体经济组织在代营集体资源资产时，存在的不同程度责任意识淡化、经管人才缺乏、专业知识不足、管理手段落后、制度落实不到位等问题，导致农村集体资产管理水平整体不高。

(三)农村集体经济组织大多无力开展托管服务

农业生产托管顺应了农业劳动力缺失和机械化快速发展的趋势,是小农户衔接现代农业的有效选择。开展农业生产托管服务,要求农村集体经济组织具备一些基本条件,如具有一定服务能力、可提供有效稳定托管服务,拥有与其服务内容、服务能力相匹配的专业农业机械和设备以及其他能力,具有独立、健全的财务管理、会计核算和资产管理制度,等等。除上述基本条件外,当地农户还应具有较高的托管意愿,即愿意将农业生产中的耕、种、防、收等全部或部分作业环节委托给农业生产性服务组织,并且托管服务面积要达到一定的数量要求。从实践看,多数农村集体经济组织无能力开展农业生产托管服务,这种服务模式很多是"倒逼"型的,即村域或镇域内多数农户的自主耕作意愿不强烈,又不愿意流转出土地经营权,为解决"无人种地"的困境,一些有能力的农村集体经济组织承担起了"统"的功能,为农户提供相应的农业生产服务。

四、对策建议

新时期,要坚持巩固和完善农村基本经营制度,不断发挥新型农村集体经济组织的重要作用,发展壮大农村集体经济、加强集体资产管理、构建多元服务体系,持续夯实"统"的根基、强化"统"的功能、叠加"统"的效应。

(一)发展壮大集体经济,夯实"统"的根基

发展壮大新型农村集体经济是巩固完善农村基本经营制度的重要内容。一是培育农村集体经济组织带头人。通过案例式、交流型的培训,让村干部"脑洞大开",更新知识、改变观念,提高自身经营管理水平和业务素质,拓宽农村资源挖掘、产品推介、劳动力转移等发展思路。完善集体经济组织带头人激励机制,对表现突出、成果突出的优秀人才,给予激励奖励,在实用技术、经营管理专业人才评选认证时给予倾斜。二是千方百计增加集体收入。充分发挥农村集体资源、区位、交通、土地等优势,坚持宜农则农、宜工则工、宜商则商、宜旅则旅,因地因村因势探索有利于集体经济发展的不同组织形式和经营管理模式,通过区域联动、强弱联动、村企联动、跨乡跨村联动,发展农业产业、资产经营、资源开发、服务创收等模式,促进集体资产保值增值,为有效发挥农村集体经济组织"统"的功能奠定物质基础。

(二)加强集体资产管理,强化"统"的功能

加强农村集体资产管理是巩固提升农村集体产权制度改革成果的一项重要任务。一是健全监管体系。依托集体资产监督管理平台,加强农村集体资产数字

化监督管理，形成和提升产权明晰、权责明确、经营高效、管理民主、监督到位的资产运行机制和事前、事中、事后全程覆盖的监管体系，保障集体资产不流失。构建"多维一体"的合力监管体系，不断强化民主监督、监事会监督、社会监督、审计监督、部门监督，形成"大监督"工作格局。二是防范经营风险。坚持稳字当头、稳中求进，加强对农村集体经济投资决策行为的指导，推行村级财务预决算制度，控制筹资成本和风险，防止盲目决策、个人专断，防止出现大规模债务风险。认真把好"四关"，建立完善项目库、把好立项关；持续清理不规范合同、把好合同关；推进村级财务规范化管理、把好财务关；发挥政策性农业保险作用，把好风险关；为充分发挥农村集体经济组织"统"的功能提供制度保障。

（三）构建多元服务体系，叠加"统"的效应

一是将农村集体经济组织作为服务的重要力量。聚焦服务粮食生产，聚焦服务小农户，充分发挥农村集体经济组织的资源优势、组织优势和居间服务优势，鼓励引导有条件的农村集体经济组织开展农业生产性服务，探索"农村集体经济组织+服务主体+农户""服务主体+农村集体经济组织"等模式，弥补其他服务主体的不足。二是充分整合其他经营主体的力量。鼓励龙头企业、专业合作社、家庭农场等经营主体以资金、技术、服务等资源要素为纽带，加强与银行、保险、邮政、供销社等机构深度合作，提高生产、金融、信息、销售等农业社会化服务的供给能力，逐步构建起"以公共服务机构为依托、合作经济组织为基础、龙头企业为骨干、其他社会力量为补充"的多层次、多形式、多主体、多样化的新型农业社会化服务体系。

人才引领集体经济发展的长治经验

聂赟彬

人才是强国的根本,人才资源是第一资源。乡村人才队伍,是农村生产力中最先进、最活跃的组成部分,是农村经济发展的中坚力量,是农民增收致富的"领头雁",是调整农村产业结构、推进农业产业化进程、增加农民收入、壮大村级集体经济的基本前提。长治市以习近平新时代中国特色社会主义思想为指导,认真学习领会党的二十大精神、习近平总书记关于农业农村工作系列重要讲话及习近平总书记视察山西重要讲话重要指示精神,按照省委、市委关于抓党建促基层治理能力提升工作部署,紧盯重点任务,主动开展工作,全面推动全县村级集体经济壮大提质。为此,我们通过对长治市12个县(区)的深入调研,听取了各方面意见,收集了大量信息,并对收集到的各种意见和信息进行了认真整理和分析研究,形成了此篇综合报告。

一、长治市现状概述

长治位于山西省东南部,地处太行山之巅,古称"上党"。辖4区8县和1个国家级高新技术开发区、1个经济技术产业开发区,2436个行政村,3478个集体经济组织,农户81.9万户,农业人口248万人,土地总面积2093万亩。全市共确认农村集体经济组织成员239.43万人,其中,村级集体经济组织确认成员237.94万人,占成员总数的99.38%,组级集体经济组织成员1.49万人,占成员总数的0.62%。2022年村集体经济组织总收入达20.36亿元,其中经营收入占22%,发包及上交收入占14%,投资收入占4%,补助收入占27%,其他收入占33%。长治市村集体经济收入来源包括经营收入、发包收入、投资收益、征地补偿收益、其他收入五个方面,其中以经营收入(光伏电站收益)、发包收入(集体土地、房产、加工厂房租赁收益)和征地补偿收益为主。

二、典型做法

(一)落实优惠政策,鼓励乡村人才投身农村经济发展热情

长治市通过县级安排部署、乡级广泛动员、村级主动出击,全面实施"乡村振

兴百名新农人"计划，助力村级集体经济发展迈上新台阶，回引产业发展、乡村旅游、家政服务、商贸物流、电子商务等方面的194名优秀人才进入"乡村振兴新农人"库。在政策扶持、资金支持、技术帮扶、信贷贴息、包联服务等方面持续发力，引导扶持"乡村振兴新农人"积极参与发展村集体经济，最大限度地盘活村集体闲置资产资源，村集体以入股、租赁、合作经营等方式与"乡村振兴新农人"建立利益联结机制，共同发展壮大村级集体经济。

（二）"两委"主动作为，组织乡村人才抱团发展夯实村级集体经济基础

为规范市场运营，便于管理，村"两委"开始四处寻找合适的合作企业，并发动在外经商创业有人脉关系的村民一并加入。通过招投标的方式，与专业公司合作签订经营合同，引进专业管理团队进行市场化运营、统一化管理。鹿家嘴美食汇小吃街开园当日客流量达2000人次，营业额达11万元。开业以来，摊位入驻率始终保持在100%，销售辐射区域不断扩大，直接带动本村就业人员200余人。2020年，仅此一项村集体经济增收150余万元，真正成为鹿家庄村集体经济发展的新引擎，实现了发展壮大村级集体经济、带动村民致富增收双赢目标。虹霓村抓住"自媒体"红利契机，加大力度回引"新农人"，集体以闲置资源入股，与四海伟业联合成立虹霓翠锦策划管理有限公司，运用"村集体+企业"的发展模式，进行专业化管理、集约化运营。村委负责提供场地和资源，虹霓翠锦负责策划宣传、招商引资以及开展"一对一"电商技能培训，帮助吸引人流，培育农民网红，公司盈利的40%归村集体所有，60%归四海伟业公司，村集体和企业成为"经济共同体"，风险共担、利益共享。村集体与"新农人"合作，将闲置停车场改造为"轻奢露营基地"，将旧电站改造成为"虹霓居民宿"，将农家小院改造为研学基地，将老旧石头院、石头房改造为太行人家特色民宿群，大幅提升资源使用价值，逐步成为热搜网红打卡地。全村培育村民网红28人，拍摄了以山水风光、田园生活、移风易俗等为主题的一系列公益短视频，2022年共吸引游客8万余人次，截至年底吸引游客1.3万余人次。

（三）夯实发展基础，搭建乡村人才带动村级集体经济发展平台

村"两委"牵线搭桥，协调组织擅长经营管理、具有种养技术的乡村能人组建农民专业合作社，增强抗市场风险能力，抱团发展增收致富；村"两委"充分发挥其组织协调作用，积极支持配合和参与协会、公司、企业的市场化管理，在不断培育、发展壮大协会、企业和市场经济中增加集体经济收入。萝卜港村依托村内资源，探索产业发展新模式，2017年萝卜港村采取"两委+合作社+贫困户"的

方式，成立了沁县北神山畜禽养殖专业合作社，利用村内荒山、荒坡发展规模养殖肉牛，年均存栏80余头，肉牛养殖为村集体年均增收20万元。王桥镇党委以村"两委"换届为契机，鼓励本地籍企业家返乡创业，选用了本村的优秀企业家、村级致富带头人回村担任村党总支书记、村委主任，同时选优配强村"两委"干部。米坪村周边企业较多，工人上班都需要佩戴手套等劳保用品，生产工人手套产品市场非常可观。村"两委"干部通过多次实地走访、电话咨询，结合当时疫情防控的社会背景，物流滞缓、劳动力滞留，抓住周边企业需求这个关键点，立即盘活场地、购入设备，于2022年3月正式开工。两个月后，随着工人们的熟练度提高，工资由原来的日工资（每日60元）变为计件工资（每日90～100元），其余村民看到了切切实实的收益，越来越多的人加入进来，目前劳保厂有工人20人，月产量1.8万件，年收入可达到20余万元。

（四）强化技能培训，增强乡村人才壮大村级集体经济"造血"功能

农业、林业、扶贫、劳动保障、妇联等职能部门协调联动，结合农村农业产业特点，依托职业学校、示范基地、专家学者等，采取"请进来"和"走出去"相结合的方式，开展生猪养殖、家禽养殖、食用菌种植、蔬菜种植培训，通过集中开班、进户到场（果场、养殖场）现场面授指导和送科技下乡等形式，大力开展农村实用技术培训、农村劳动力转移培训等工作，培养了大批种养能手、加工能手、经营能人和农村经纪人。平顺县推行导师帮带，精准滴灌培养。目前，153名导师"一对一"帮带年轻干部，通过面对面教、手把手带，以老带新，互促成长。先后组织村干部在县域内，赴太原市、晋城市及周边县（区）现场考察集体经济发展项目，学习先进经验，开阔工作思路。落实报酬待遇，激励担当作为，副职干部报酬由人均4300元提升到8000～15000元，鼓励村干部全身心投入村级集体经济发展中。

三、取得成效

（一）村集体经济组织收入和资产持续增加

2016—2022年全市农村集体经济组织经营收益小于10万元的村占汇总村数的比重总体呈下降趋势，由27%降至17%，减少10个百分点，表明农村集体经济均衡发展水平得到明显改善。2022年底，全市纳入农村集体经济收益分配统计报表的乡镇数133个、村数3370个、村民小组数108个；农村集体经济组织资产总额（不包括土地等资源性资产）340.45亿元。从2012—2022年全市村集体经济组织资产、负债和所有者权益规模变动趋势看，三者均呈现大规模增长趋势。资产规

模增幅达237.6%，负债规模增幅157.7%，所有者权益规模增幅达312.6%，所有者权益增幅最大。

（二）群众幸福感得到新提升

"新农人"作为用村民乐于接受的形式和通俗易懂的语言，引导村民增强对社会主义核心价值观的认同，带动提高了乡村社会文明程度和村民文化素养，起到了凝聚人心、淳化民风，弘扬文明新风、移风易俗的重要作用，为全县农村党组织打造了村集体与"新农人"合作样板，走出了一条发展壮大村级集体经济的新路径，为因地制宜振兴乡村提供了有益探索。

四、启示经验

（一）完善乡村人才管理服务体系

充分发挥党委政府在乡村人才队伍建设中的主导作用，按照实用、实际、实在的原则，在建立种植、养殖、加工人才队伍信息的基础上，农村致富带头人、能工巧匠，从事营销、农机、建筑、经纪人和外出务工返乡人员、退伍转业军人、回乡创业的大学生也应纳入统计，进行管理。采取领导与个人、单位与协会结对子的联系办法，加强县、镇两级领导、涉农部门与乡村人才的联系，帮助他们解决实际困难和现实突出问题。对乡村人才准备干事创业的，应在审批办证、立项、土地、信息提供、良种供应、产品销路等各方面给予优惠和扶持，为其创业提供全方位和强有力的支持，鼓励各类实用人才创办农业科技示范基地、新技术试验基地，优良种苗繁育基地等，让其依靠科技创业致富。对乡村人才发展农业产业给予一定资助，为其优先办理贷款，对家庭式的农产品生产，可为其办理农村小额贷款，确保农民在开发农业生产、从事农民合作组织等方面得到资金保证，支持乡村人才队伍发展壮大村级集体经济，带动村民增收致富，增加集体经济收入。

（二）铺好乡村人才的创业带富路

立足村级资源优势探索发展模式，将乡村人才队伍与村级集体经济发展壮大紧密结合起来，采取承包、租赁、股份合作等多种形式，着力构建新型农业经营体系，坚持家庭经营在农业中的基础性地位，推进家庭经营、集体经营、合作经营等共同发展的农业经营方式创新。通过建立集体与村民之间多种形式的利益纽带，促使形成人人关心、支持、参与村级集体经济发展的良好氛围。鼓励外出务工经商能人带资金、带项目回乡创业，或领办集体经济项目；引导工商资本到农村发展适合企业化经营的现代种养业，向农业输入现代生产要素和经营模式。

大力推行"公司+基地+农户"的发展模式，充分发挥乡村人才作用，选用部分辐射面广、经济效益高、政治素质过硬的大户作为专业示范户，取得效益后再向农户推广，由点到面，让更多的农民朋友掌握新技术，走上共同发展致富道路，更好地推动村级经济建设，增加集体收入。

（三）有针对性开展乡村人才培训

根据农村实用人才的素质和需求，综合采取联合、异地、就地等方式，多形式、多层次进行培训，提升农村实用人才素质。按照"政府推动、部门监管、学校培训、地方扶持、农民创业"的思路，以培育创业农民为目标，以提升农民创业理念、增强创业意识为重点，以提升农民创业能力为核心，开展创业培训，达到"培育一批创业带头人、拓展一项产业、带动一方农民、发展一片经济、消除一批空壳村"的人才效应和社会效应。一是充分发挥县职校、就业再就业培训中心等乡村人才培训主阵地作用开展"规模化"进行培训，将农村富余劳动力、高中毕业生纳入培训范围，使其掌握一技之长。二是依托技能型个体工商户、私营企业等开展"作坊式"培训，会同相关职能部门，将县内大型的汽车修理店、家电维修店、私营企业等定为乡村人才实践锻炼基地，按照一户技能型个体工商户带1至2名学徒、一家私营企业带3至5名学徒方式，签订合同，加大乡村人才培养力度。三是依托示范基地开展"田间地头"培训，由农业、畜牧和科技等单位牵头，通过邀请各类技术专家、选派技术人员到田间地头进行现场授课、指导等形式，对乡村人才骨干和党员群众进行培训，并发挥乡村"田秀才""土专家"的作用，以"一对一"结对帮带等形式开展乡村人才培训。四是对年轻技术素质较高的乡村人才重点培养，符合条件的及时吸收加入党组织。

（四）建立健全乡村人才考评机制

建立以品德、知识、能力、贡献为要素的符合乡村人才特点的评价体系，给予乡村人才人人出彩的机会。一是建立农村实用人才等级评定标准和职称评定制度，使有一技之长并发挥突出作用的"土专家""田秀才"得到相应的待遇，增强其责任感。二是创新选拔任用机制。把政治坚定、熟悉农业、作风扎实的优秀农村实用人才选拔到领导岗位，对具有管理能力的优秀农村实用人才，可根据工作需要和本人条件，按法定程序聘用他们从事相应管理工作或担任相应领导职务。

（五）加大对农村人才的宣传力度

注重挖掘、宣传典型，通过多种形式，重点宣传农村致富带头人、创业能人、优秀村干部的典型事迹，大力弘扬他们扎根农村、无私奉献的创业精神，宣传在农村经济发展中起带头作用的先进人物，宣传实用人才在促进农业开发、农村经济发展、带动农民致富奔小康中的巨大作用，扩大乡村人才的影响力和知名度，提高他们的社会地位，增强其荣誉感，让人才真正感受到党和政府对他们的关心、爱护和重视，从而使他们扎下根来，尽展其能，为当地的农业发展和经济建设再创佳绩。形成全社会关心支持乡村人才和村级集体经济发展，人人争先致富、人人争做贡献的良好局面，真正达到树起一个典型、带动一个产业、致富一方群众，壮大一批村级集体经济的目的。

强化平台引领　拓宽发展途径
推动全市集体经济高质量发展

长治市农村集体经济发展有限公司

2022年，市委、市政府部署开展"抓党建促基层治理能力提升"专项行动，将壮大提质作为农村集体经济重点任务之一，印发《全市发展壮大新型农村集体经济重点任务清单（2022年）》，提出"探索成立长治市农村集体经济发展有限公司，以股权投资、委托经营等方式，有机统筹整合村（股份）经济合作社的集体土地、集体资产、财政扶持资金，统一开展商业运营，推动资源变资产、资产变股权、股权变资金、资金变项目、项目变收益，提高农村集体经济发展水平"。在此背景下，长治农发公司于2022年5月挂牌成立，注册资本10亿元，市政府授权市财政局履行出资人职责。

长治农发公司成立以来，坚持因地制宜、项目引领，先后实施集体经济发展项目15个，项目计划总投资5741.9万元，已完成投资4384.1万元。项目涵盖特色农产品生产加工、农业机械化服务、新能源产业等多个领域，形成有力的项目支撑体系，为我市农村集体经济发展奠定坚实基础。相关项目实施后，带动全市55个村集体增收208万元以上，同时带动280余个村民劳动就业或发展生产增收。

一、谋篇布局，明确平台引领工作思路

结合长治市农村集体经济发展实际，长治农发公司经过认真分析研究，提出了"推动解决农村集体经济基础薄弱、经营性收入占比偏低、发展水平不高的问题，促进长治市农村集体经济发展提质增效"的工作目标；明确了"集体经济联合发展的组织平台、优质项目引领带动的孵化平台、资源要素乡村汇集的撬动平台、各级资金高效利用的整合平台"四个定位；将全市村集体划分为区位优势村、资源优势村和边远无资源村三类，确立了借款、参股、奖补、招股四种扶持模式；提出了"围绕农村资源开发利用、农业产业提质增效、薄弱村集体批量扶持三方面发力，构建新能源、农业、乡村文旅、物业服务、工程建设五大业务板块，通过小微项目引领示范、中大项目批量带动、推广复制整体提升三个阶段，推动全市农村集体经济壮大提质"的工作规划。

二、精准施策，项目扶持务实有效

发展特色产业。围绕平顺县连翘、花椒，潞城区熬脑大葱等地区特色优质农产品资源，因地制宜实施产业提质增效项目，帮助当地扩大产业规模，壮大产业优势。

发展农业生产服务。实施农业无人机租赁、南涅水村农机服务、潞城云岩山机田证一体化、农业生产托管合作等项目，推动提升我市农业生产机械化、现代化水平，积累耕种管收全流程农业生产托管经验，为推广农业生产托管服务奠定基础。

推动村企合作。实施草莓种植及育苗、饲料加工厂等项目，帮助村集体同好乐草莓、宇辰农业等农业产业化重点龙头企业合作，引导民营资本带动村集体共同发展、实现共赢。

盘活闲置资产。通过车厢沟村连翘初加工、青仁村鲜食玉米加工、西酪余村面粉厂等项目，有效盘活当地闲置的厂房、学校，帮助村集体增加了资产经营和物业出租收益。

发展租赁经济。实施撬装加油设备租赁项目，帮助村集体稳定获取设备租金，进一步拓宽了村集体增收渠道。

发展飞地经济。针对部分薄弱村资源条件差、产业基础弱、发展路径窄的问题，抓住新能源产业发展机遇，规划实施新能源充电站项目，目前已建成并运营3座充电站，还有一批正在规划建设。将来充电站运行稳定后，公司将通过吸纳村集体投资、整合村集体扶持资金等办法，吸收一批村集体成为项目股东，带动村集体获取长期稳定的分红收益，帮助一批村集体异地增收、飞地发展。同时，实施充电站项目也完善了城市基础设施服务体系，减轻了政府在新基建方面的投入压力。

三、开拓创新，探索批量带动村集体发展的有效途径

为快速带动更多村集体发展增收，长治农发公司加强调查研究，积极寻找新基建项目、城市服务项目、优质产业项目等与集体经济发展的交汇点、结合面，不断创新扶持机制，探索更多批量带动村集体发展的有效途径。公司研究推进了潞州区新能源环卫车辆租赁、公交充电站改造联营、潞城区艾草深加工等项目，还主动对接大疆、中建材、中石油、中国通号等国内大型企业，洽谈了无人机飞防、新能源特种车辆交通充电网建设、乡村分布式光伏建设等优质项目，目前相

关工作正在推进。将来这批项目实施后,将通过物业出租、资产参股、居间服务等多种方式,带动一批村集体实现稳定增收。

四、上下联动,市县统筹工作机制逐步形成

为推动构建市县联动的平台公司规范运行体系,长治农发公司从建立市县平台公司联动协调工作机制、深化市县业务合作两方面着手。先后5次组织召开平台公司工作推进会、现场会等会议,帮助各县(区)交流学习先进经验,加强对县级平台公司的业务指导,有效增强了市县平台公司工作联系。农发公司还充分发挥县、乡等平台公司深入基层、了解基层的优势,在项目的发掘、实施等方面开展深入合作,先后与沁源县、潞城区等县级平台公司合作实施2个项目,与沁县南里镇平台公司合作实施了1个项目,还有一批合作项目正在推进。协调机制的建立完善、合作项目的有序实施,有效深化了各级平台公司合作,为凝聚合力、统筹推动全市集体经济发展奠定了有力基础。

五、强化监管,确保项目安全有序运行

为加强项目管理,规范项目实施,长治农发公司研究制定了《农村集体经济项目资金管理办法》《专家评审管理办法》《投资决策委员会制度》等制度办法,建立了从项目申报、资料审核、尽职调查、专家评审到投资决策、跟踪管理的一整套业务流程。针对集体经济项目建设在农村、运营在农村,项目运营中的实际困难和难以预料的问题,公司创新制度机制,将既有农村工作经验又有集体经济管理经验的村党支部书记引入专家评审委员会,负责在项目评审时提出可能遇到的问题、困难,确保项目评审更全面、更可靠。公司实行项目经理人制度,为每个项目安排一名经理人,负责项目的全流程跟进、全过程监管,确保责任到人、监管到位。公司还为每个项目设立共管账户,全程监管资金的使用流向,针对大额资金支出实行审批制,确保资金使用安全可控。此外,公司定期开展监督检查,确保项目风险及时发现、及时处置。

成立长治农发公司是市委、市政府推动全市集体经济壮大提质的重要部署,为更加高效地整合涉农领域的政策、资金、资源提供了坚强的组织保障。农发公司成立以来,立足平台职能定位,进行了一系列积极探索,也取得了一定的工作成效。随着工作的不断深入,农发公司将进一步发挥好平台作用,引导和撬动更多资金、资源投向农业农村,通过更多切实有效的扶持办法和模式,推动长治市集体经济壮大提质。

区县报告

潞州区：
坚持三级联动　全面消除集体经济薄弱村

中共长治市潞州区委

> ● 内容提要
>
> 潞州区坚持三级联动，建立"三个一"工作体系，成立一个"清化收"工作复杂疑难问题研判处置领导小组、下设一个问题研判处置专班、形成一套强占集体资产类问题解决模板，严格落实"四包一"工作机制，为发展壮大农村集体经济提供组织保障；坚持"五个一"工作举措，出台一系列发展政策、编制一个专项规划、设立一个区级平台公司、优选一批特色项目、甄选一批典型案例，充分激发农村集体经济发展的内生动力。截至2022年底，全区农村集体经济总收入2.9亿元，全面消除了收入10万元以下的集体经济薄弱村，全区155个农村集体经济组织收入均在10万元以上。

潞州区以乡村振兴为引领，以"清化收"工作为突破，着力盘活集体资产资源，加大资金、项目和政策的支持力度，发展壮大农村集体经济工作取得了一定实效。

一、基本情况

潞州区是长治市的政治、经济、文化中心，下辖3镇、13街道、1个旅游发展中心，155个农村集体经济组织，126个行政村，总面积380.6平方千米、常住人口90万，其中农村人口24.5万人。截至2022年底，全区农村集体经济组织总收入2.9亿元，全面消除了收入10万元以下的村集体组织，全区155个农村集体经济组织收入均在10万元以上，其中，村级集体收入10万~50万元（含10万元）64个，村级集体收入50万~100万元（含50万元）49个，村级集体收入100万元以上42个；按行政村统计，全区行政村126个，年收入均在10万元以上，其中，收入10万~50万元（含10万元）48个，收入50万~100万元（含50万元）36个，收入100万元以上42个。2022年底，全区农村集体总资产88.3亿元，其中，货币资金10.9亿元、应收款项40.2亿元、固定资产33.7亿元。

二、工作亮点

(一)三级联动,组织保障

潞州区建立健全了处级领导包镇、街道(中心),镇、街道(中心)领导包村的工作机制。将发展壮大农村集体经济情况纳入乡村振兴实绩考核,街道(中心)党(工)委书记抓基层党建述职评议考核和处级领导包联镇、街道(中心)及包联农村集体经济组织综合实绩考核评价。建立健全了农村集体经济实绩专项考核体系,加大了对村党组织书记发展农村集体经济的考核力度,考核结果与星级评定、报酬待遇、评优评先、选拔任用挂钩。一系列机制体系,三级联动,为发展壮大农村集体经济提供了组织保障。

(二)专班推进,形成模板

在"清化收"工作进入关键阶段时,区委、区政府成立"清化收"工作复杂疑难问题研判处置领导小组,领导小组下设复杂疑难问题研判处置专班,专班成员由政法、纪检、公安、检察院、法院、司法局等部门抽调业务骨干组成,逐镇逐村一线研判疑难复杂问题。专班通过翻阅原始资料、询问当事人或知情人、听取前期处置进展情况等方式,对疑难复杂问题进行了逐一分析研判并提出解决方案,形成了强占集体资产类问题解决的模板,即"下发书面通知要求腾退—现场执法强制腾退—行政处罚打击—刑事手段打击",有效推动了疑难复杂问题的解决。2023年底,对各镇街上报的108个疑难复杂问题,已处置86个,正在由有关部门调查处置的22个,强力推动全区农村集体资产"清化收"工作深入开展。

(三)财政统筹,专项扶持

潞州区级财政设立了1000万元发展壮大农村集体经济专项扶持资金和200万元发展壮大农村集体经济专项奖励资金,出台了具体扶持和奖励办法,对农村集体经济组织发展壮大项目进行扶持,对农村集体经济经营性收入增幅明显的农村集体经济组织和带头人予以奖励,充分激发了农村集体经济组织的内生动力和活力。

三、主要做法和成效

(一)编制完成发展壮大农村集体经济专项规划

按照《长治市发展壮大新型农村集体经济重点任务清单(2022年)》文件要求,着眼全区农村集体经济组织发展现状,结合区位特征,把发展壮大农村集体经济的切入点放在规划编制上。公开遴选熟悉潞州区经济社会现状及发展方向、拥有工程咨询甲级有资质的大洲设计咨询集团有限公司作为编制单位，参与编制《长治市潞州区发展壮大农村集体经济专项规划（2022年—2025年）》。相关人员深入镇（街）村（社区），广泛与基层干部群众调研座谈，力求规划既兼顾当前又考虑长远，确保可操作性。目前，规划已编制完成并颁布实施。

（二）出台一系列发展壮大农村集体经济政策

潞州区委、区政府高度重视农村集体经济发展壮大工作，精准施策，先后制定出台了《长治市潞州区发展壮大村级集体经济实施方案》《关于持续推动村级集体经济发展壮大的实施意见》《长治市潞州区关于发展壮大农村集体经济提质行动的意见》等一系列发展壮大农村集体经济指导性政策文件，在政策上保证了发展壮大农村集体经济工作的推进。

（三）高位推动"清化收"工作

领导高度重视，成立了领导小组，出台实施方案，召开了专题会议进行动员部署，定期听取工作进展情况报告，研究解决工作中出现的各类问题。要求各镇街（中心）把"清化收"工作作为一把手工程，亲自安排部署，自上而下形成一层抓一层、层层抓落实的工作网络，确保"清化收"工作取得实效。先后制定《潞州区农村资产清查和定期报告制度》《潞州区村（居）民委员会、农村集体经济组织账务分设工作实施办法（试行）》《潞州区村级党务、村务、财务公开事项目录》《潞州区农村集体债权债务化解办法》《潞州区合同编码规则》《潞州区农村集体土地租金参考指导价》等相关制度和指导性意见，推动了"清化收"工作的扎实规范开展。

在"清化收"工作中，截至2022年10月底，全区共排查合同5347份，涉及金额87845.73万元，其中，排查出不规范合同2385份，涉及金额18661.05万元；清理不规范合同2163份，涉及金额10248.82万元，占应规范合同总数的90.69%。通过"清化收"工作，全区农村集体经济组织仅通过合同清理和新增地源收费增加收入8224.5584万元，平均每个农村集体经济组织增加收入53.06万元，"清化收"工作取得明显成效。

（四）稳步推进发展壮大农村集体经济项目建设

潞州区高度重视发展壮大农村集体经济项目建设，始终坚持项目引领，不断推动农村集体经济发展壮大。组建成立了长治市潞州区发展壮大农村集体经济有限公司，镇街层面，主要涉农镇街也在加紧制定具体实施方案，谋划成立事宜。据不完全统计，全区农村集体经济组织共谋划发展壮大农村集体经济项目

86个，主要集中在文旅康养、物业经济、物流、农贸市场建设、特色种养殖、5G农业等项目，总投资12.1亿元左右，其中，2022年签约开工项目10个。

（五）编写收集推荐典型案例工作有序推进

截至2022年底，全区收集整理发展壮大农村集体经济典型案例15个，经过梳理甄选，汇编成册，下发各镇街（中心）及所属农村集体经济组织，供学习借鉴，进一步推动全区农村集体组织发展壮大。2022年，全区共向市委组织部推荐报送发展壮大农村集体经济典型案例8个，入选省级发展壮大农村集体经济典型案例1个。

四、下一步工作打算

2022年，潞州区发展壮大农村集体经济工作虽然取得了一定成效，但仍存在一些不足。一是缺乏懂经济会管理的领头人。农村集体经济组织管理人员以村干部兼任为主，懂经营、会管理、能带富的领头人少，专业技术人员更是缺乏。二是农村集体经济普遍存在产业层次低的问题。全区农村集体经济除少数农村集体经济组织有企业项目外，大部分农村集体经济组织依靠土地发包、资产租赁，发展模式单一，收入渠道狭窄，市场竞争力和抵御市场风险能力较差。三是受限于城市发展规划。随着城市化进程的推进，城中村由于受城市规划的限制，可利用的土地资源较少，加之受"禁养区"、整体规划的影响，发展农业类产业项目，尤其是发展养殖类产业空间较小，发展壮大农村集体经济面临诸多困难。

下一步，潞州区将重点谋划三个方面的工作。一是巩固农村集体产权制度改革成果，抓好政策落实，积极探索盘活农村集体资产新路，激发内生动力，发展壮大农村集体经济。二是及时收集和总结发展壮大农村集体经济工作中涌现出的典型案例，做好推广宣传，发挥好示范带动作用。三是强化学习交流，及时组织镇、街道（中心）党政主要负责人，村党组织书记及所属农村集体经济组织负责人开展各种形式的学习交流，引导基层干部进一步解放思想、拓宽视野，提升发展壮大农村集体经济的能力水平。

上党区：
狠抓三项重点　集体经济发展百花争艳

中共长治市上党区委

> ● 内容提要
>
> 　　上党区围绕"三项重点"任务，确立"1231"工作思路，扎实推进"清化收"工作，让集体"家底"更厚实、"家业"更殷实；坚持"三精"策略，精心培育乡土人才，精准建立实训基地，精细强化技能培训，打造"育才""引才""留才"蓄水池；实施"511"发展战略，因地制宜划分资源型、城中村型等5种村庄发展类型，拓展资源产业升级型、社会服务创收型等10种发展模式，完善集体经济专项考核、优才返乡创业等10项制度保障，新型农村集体经济呈现出"百花争艳"的良好发展态势。2022年，全区村集体经济收入达38470.52万元，较2021年增长23.8%。

　　抓党建促基层治理能力提升专项行动开展以来，上党区始终把发展壮大农村集体经济作为提升农村基层党组织组织力的重要工作来抓，结合实际情况，坚持科学谋划、突出重点、分类指导、因村制宜的原则，实施"511"农村集体经济提质工程，推动农村集体经济提档升级。

一、基本情况

　　上党区作为长治市"四区"之一，地处上党盆地南缘，面积483平方千米，辖1个街道6镇3乡，181个行政村，254个集体经济组织，总人口约32万人。近年来，区委着力加强对发展壮大农村集体经济工作的组织领导和统筹协调，建立了区级全面指导、乡镇（街道）组织实施、村级具体落实、部门统筹推进的工作机制，成立了区发展壮大村级集体经济工作领导小组，组建了区乡两级发展壮大村级集体经济工作专班，党政主要负责人担任组长，印发了《长治市上党区发展壮大村级集体经济实施方案》，编制了《长治市上党区发展壮大新型村级集体经济专项规划（2022—2025年）》，明确强化党建引领，构建起村级集体经济发展新格局。

上党区的农村集体经济收入情况。2022年，全区村集体经济收入达38470.52万元，较2021年增长23.8%。其中，经营性收入占比27%。全区181个行政村，集体经济收入在100万元以上的村86个，50万~100万元的村41个，10万~50万元的村54个。全区农村集体经济收入来源主要有三个：一是煤矿分红型，即村集体在煤矿参股分红；二是资源占用型，即煤矿、洗煤场等企业占用村集体土地或开采村内地面及地下资源给村集体适当费用，这些村主要集中在南部乡镇；三是资产出租型，较典型的为韩店街道韩店村的商铺租赁收入。

上党区发展农村集体经济有四大依靠。一是依靠区位优势。位于区、镇政府所在地和北部临市的村庄，通过兴建标准厂房、门面房、专业市场、仓储设施、职工生活服务设施或盘活村集体闲置的学校、厂房、建设用地等，通过承包、租赁、股份合作经营等方式，增加村集体收入。位于城乡接合部的村庄，通过组建专业的家政公司和物业管理公司，承接行政、事业单位或小区的家政物业服务等方式，增加村集体收入。二是依靠自身资源。拥有煤炭资源的村要着力转型发展，向可持续发展领域转变；拥有民俗传统文化、山水自然风光、红色革命遗址、历史人文资源等优势的村，发挥其资源优势，打造红色村庄、旅游村庄、民俗村庄，村经济合作社直接或间接参与运营管理，增加村集体收入。三是发展居间服务。没有区位优势和资源优势，但农用地较多的村庄，村集体可开展居间服务，采用"农村集体经济组织+农户或农村集体经济组织+服务主体+农户"的方式，通过集中为农户提供农业生产托管服务，推动农业生产规模化、产业化、机械化，村集体通过统购统销、居间服务获得收益。四是上级资金帮扶。2022年，全区加大财政帮扶力度，投入2306.73万元用于农村集体经济发展，其中，中央及省级资金500万元，市级资金49.18万元，区级资金1757.02万元，较上年增幅360%。

二、主要做法

上党区围绕"三项重点"任务，"清化收"厚植家底家产，"511"模式拓展发展路径，"乡土人才"提供智力支持，积极发展壮大村级集体经济。

（一）"清化收"摸清"家底"，增加"家产"，夯实发展基础

确立了"1231"工作思路扎实开展"清化收"工作。"1"是坚持"一个原则"，即摸清家底、甩清包袱、百姓认可、轻装增收，通过理顺债权债务关系，甩掉影响集体经济发展的包袱，轻装上阵、心无旁骛发展集体经济。"2"是用好"两支队伍"，一支是律师团队，区级由司法局牵头成立专业律师团队对乡镇（街道）难以认定的合同、纠纷等集中攻坚、予以裁决，乡镇（街道）用好法律顾问，对本乡镇

（街道）的合同纠纷、债权债务、文件规定等出具法律意见书，确保"清化收"工作在合法的轨道上运行；一支是会计团队，各乡镇（街道）用好会计服务中心和村级报账员队伍，聘请专业的会计师事务所，对本乡镇（街道）的"清化收"工作从账务上严格把关、合法处置、及时统计。"3"是"实施三个一批"，即清欠一批，全面清收机关、事业单位及干部职工欠款，村干部、党员带头还款，担保人协助追收欠款，通过法律程序依法清收欠款。核销一批，遵循"核销、存证、留权、力催"的原则，账面核销、凭证保存、保留权利、机会成熟大力催交；核销方案必须经乡镇党委研究批复同意，具体核销事项必须经相关会议通过并进行公示，无异议后方可核销。挂账一批，债权挂账，与债务人签订还款协议，约定还款时间和方式，暂时作挂账处理；债务挂账，主动与债权人协商，签订还款协议，约定还款方式和时间（或其他方式），暂时作挂账处理。"4"是要实现一个目标，通过"清化收"工作真实反映三资、债权、债务等实际情况，为发展集体经济提供决策依据。

2022年底，全区181个村全面完成"清化收"工作，排查合同2381份，规范完善合同数为1112份，规范率100%；化解债权17亿元，化解债务15亿元，新增地源6241亩，已发包或签署权属协议面积5023亩，新增地源费80.37万元。同时，出台《上党区农村集体"三资"监督管理暂行办法》，从资金监管、资产清核、资源利用等方面作了明确规定，规范了农村集体经济组织的管理行为，保障集体资源合法、有序、有效利用，为壮大集体经济提供动能保障。

（二）实施"511"发展战略，推动集体经济提档升级

实施"511"发展战略，因地制宜划分5种发展类型，拓展10种发展模式，完善10项保障制度，推动农村集体经济提质增效。

一是乡村分类发展。根据资源禀赋，将181个村分为5种发展类型，其中资源型村庄约20个、纯农业村庄约90个、城乡接合部村庄约20个、城中村约20个、支部领办发展型村庄约30个，精准化推进村级产业。坚持以产业项目为重点，储备实施一批高质量项目。通过村级申报、乡镇审核、区级把关的方式，确定村级集体经济入库项目248个，乡镇（打包）拟建集体经济项目24个，村级集体经济项目224个。同时，积极申报市级发展壮大农村集体经济专项资金项目，全区共申报优质项目11个，其中扶持资金项目6个，奖励资金项目5个，各项目实施主体与村集体经济组织签订了协议书、收益分配方案、收益分配承诺书。

二是坚持一村一策。制定资源产业升级型、美丽经济转化型、经济载体（物业）经营型、资产资源盘活型、资金资本运营型、社会服务创收型、村社合作经营

型、特色产业带动型、文化底蕴开发型、联村抱团帮带型10种发展模式，多渠道增加产业收入。资源产业升级型中，振兴村利用振兴集团给村集体的支农资金，大力发展"振兴小镇""振兴不夜村"，集体经济收入达到700余万元。经济载体（物业）经营型中，韩店村利用集体所有的非农建设用地或村留用地，兴建标准厂房、专业市场、仓储设施、职工生活服务设施等，通过物业租赁经营等方式，增加村集体收入，实现年纯收入1000余万元，村民人均收入1.9万元。

三是加强基础保障。制定发展村集体经济专项考核、集体资产年度清查和定期报告、农村产权交易市场管理、优才返乡创业、农村党支部领办农民专业合作社、发展壮大集体经济扶持奖励等10项制度办法，为全区发展壮大村级集体经济提供强有力的制度保障。按照《长治市上党区村级集体经济扶持奖励办法（暂行）》，区财政每年安排不少于1000万元专项奖补资金，200万元扶持资金，对村级集体经济项目进行奖补。其中，村级集体经济年收入增幅达到50万元（含）以上，按收入增幅10%给予一次性奖励；村级集体经济年收入增幅达到30万元（含）以上的，按收入增幅15%给予一次性奖励；村级集体经济年收入增幅达到15万元（含）以上的，按收入增幅20%给予一次性奖励。推进"百社亿元"融资担保政策，充分发挥政策撬动作用，截至2022年12月底，累计为242家农业企业发放"百社亿元"贴息贷款1.7亿元。

（三）健全本土人才培育，强化高质量发展智力支持

人才是乡村振兴基础。大力培养、用好人才，激发本土人才活力，着力培养爱农村、懂农村、愿意建设农村的人才队伍，让优秀人才发光发热，激发村集体经济新动能。

一是精准培育乡土人才。加大对农村集体经济发展急需的管理型人才、技术型人才的引进和储备力度，发挥"土专家"的作用，使爱农村、懂农业、有能力、敢创新、有担当的乡贤能人成为发展村集体经济的"领头雁"。2022年，全区通过采取"线上+线下"方式，举办"领头雁"培训、党校主体班培训、乡镇党员干部、"两委"干部专题培训，累计培训党员干部、专技人员1.2万余人次。从老乡镇、老支书、致富能人中选聘110名导师，"一对一"结对后备干部和到村工作大学生。

二是建立乡村实训基地。以课题式联动、专班制管理、项目化推进方式，按照"五有三化"（有实训场所、有课程教材、有师资队伍、有经费保障、有考核机制，教材本土化、需求定制化、培训调度化）标准，打造了东贾、西申、东掌、振兴和长乐社区5个实训基地，探索出"领导干部+党校教师+乡土人才+基地+案例"融

合实训模式，通过领导干部主动领题、牵头调研、带头讲课，党校教师根据包联基地特色，挖掘内涵、设置课程，专班制编印实体教案，围绕产业发展、"三资"管理、信访维稳等工作内容，选择实际案例开展情境教学，让基层干部听得懂、学得会、用得上。

三是加强职业技能培训。充分发挥农民的主体作用，调动广大农民参与发展集体经济的积极性和创造性，为发展壮大农村集体经济创造良好氛围，激发农村发展集体经济的内生动力。2022年，全区开展农村技能人才培训，举办电商直播带货、无人机操作、订单式职业培训班，培训5500余人次，为推动集体经济高质量发展提供智力支持。同时，为进一步鼓励农民工、大学生和复员转业退役军人等人员返乡下乡创业工作，选树了5个返乡下乡人员创业典型，大力营造创业、兴业、乐业的良好环境。

三、工作成效

"511"发展战略实施以来，乡镇（街道）多措并举、各显身手，呈现出了百花争艳的发展态势。

韩店街道发挥区位优势，建立项目库，其中建成或在建项目13项，拟建项目18项，总投资额达到4.1亿元，所有项目投资达效后，可增加收入3000余万元。西火镇开发本地特色资源，组建"西火三农"农村集体经济平台，16个村经济合作社持股，重点在农业发展、农村基础设施建设、人力资源、文旅产业、企业服务等领域发力，已累计实现营业收入200余万元。八义镇整合区域产业资源，围绕保洁劳务、农业服务、文旅发展等业务，成立3个平台公司，引导16个村、27个合作社壮大集体经济，年内实现所有村集体收入"保10万争20万"，所有村都有经营性收入，所有村都有产业项目的三大目标。振兴村依托产业优势，在研学、培训、旅游、康养等新产业的培育壮大上持续发力，增强振兴小镇的品牌效应，"振兴不夜村"、乡村振兴人才培训中心、长治市中小学生研学基地等一批特色项目落地壮大，形成了多点支撑、多业并举、多元发展的产业发展格局，被评为2022年度村级集体经济发展"十佳村"。

四、下一步工作计划

上党区集体经济发展取得了显著成效，但仍存在三方面不足。一是认识程度不高，思路不清。少数村干部对如何发展农村集体经济存有模糊认识，对如何发展集体经济束手无策，"等靠要"思想突出。部分农民群众集体观念淡薄，对集体经济认同感不够,觉得发展集体经济难度大,参与支持的热情不高。二是专业人才欠缺,经营管理能力弱。目前农村集体经济组织的生产经营,主要由村"两委"班子成员负责,缺乏专业经营管理人才,在生产经营上严重依赖上级的引导或包办,经营管理能力弱。三是经营性资产占比低,发展资金困难。大多数村经营性资产少,有的村几乎没有,发展集体经济缺乏必要的启动资金。农业产业发展前期投入大,收益周期长,对投资者吸引力不强,导致农村产业发展资金困难。

针对上述问题,上党区将主要从三个方面发力。一是加大宣传力度,提高思想认识。加大宣传力度,切实提高村级领导干部思想认识,从思想深处认清发展集体经济的重要性,使广大农民群众全面理解国家的政策措施,引导群众支持、参与发展集体经济的积极性。二是强化队伍建设,激发内生动力。加大人才引进力度,加强新型职业农民培训力度,充分发挥农民的主体作用,调动广大农民参与发展集体经济的积极性,为发展壮大农村集体经济提供良好氛围,激发农村发展集体经济的内生动力。三是加强项目带动,确保项目落实落地。充分发挥项目库的作用,认真分析当前一产发展形势,大力推进各村申报项目的落实落地,不断优化产业构造,加快推动产业转型升级,拉长产业链。用好"百社亿元"融资担保政策、惠农政策持续撬动信贷、社会资本投入一产发展,积极争取上级奖补资金,确保农业产业高质量发展,主要经济指标稳中向好。以打造绿色特色农产品专业镇为契机,做好农产品销售、品牌建设等工作,做大做强优势产业,促进农民增产增收。

五、经验启示

上党区的发展,主要得益于四条重要经验:一是坚持三级联动,形成发展合力。发展壮大村级集体经济,仅仅依靠村"两委"干部的能动作用是不够的。为推动全区村级集体经济发展,坚持区乡村三级联动,明确了区级全面指导、乡镇(街道)负责组织实施、村级具体落实、部门统筹推进的领导体制和工作机制,要求各乡镇(街道)以区级规划为蓝本,制定适合本乡镇的发展壮大集体经济实施方案,成立工作专班,共同形成了推动上党区农村集体经济发展的强大合力。

二是加大奖惩力度,激发工作动力。2022年,全区把发展壮大村级集体经济作为乡村振兴战略实绩考核和乡镇(街道)党(工)委书记、成员单位抓党建述职评议考核的主要内容之一。同时,为最大限度地调动工作积极性,区财政每年安排不少于1000万元专项奖补资金,200万元扶持资金,对村级集体经济项目进行奖补。对未按要求完成任务的乡镇（街道）党（工）委书记进行提醒谈话、集中约谈直至组织处理。对年底集体经济收入任务完不成的村"两委"干部，按有关规定扣发绩效报酬。

三是着力优化产业，奠定发展基础。习近平总书记指出，乡村振兴要靠产业，产业发展要有特色，要走出一条人无我有、科学发展、符合自身实际的道路。2022年，全区结合各村不同的资源禀赋、区位特点、产业优势，指导各村选择适合本村发展的产业、项目和载体，做到宜农则农、宜工则工、宜商则商。通过村级申报、乡镇审核、区级把关的方式，建立了村级集体经济项目库，已确定入库项目248个。其中，乡镇（打包）拟建集体经济项目24个，村级集体经济项目224个，夯实了村级产业基础。

四是落实帮扶机制，实现共同富裕。为实现共同富裕，确保所有行政村农村集体经济达到10万元以上，全区坚持"党带群、强带弱、富带贫"机制，将分散的政策资源、项目资源及组织资源有机整合起来，结成利益共同体，推进产业化经营，变农民单打独斗为抱团发展。特别是针对资源相对匮乏的村，坚持因地制宜，深挖潜力，整合资源，借助外力，坚持走养殖业、种植业、乡村旅游业、农产品加工业等多元化联动发展路子，实现了小农村与大市场的"无缝对接"，让广大农民群众更多分享改革发展的"蛋糕"。

屯留区：
强党建破难题促发展　探索集体经济新路径

中共长治市屯留区委

> ● 内容提要
>
> 屯留区通过党建引领筑堡垒，招聘209名"村官"充实队伍，因地制宜破瓶颈，多元化探索发展"新模式"，完善机制强服务，制度化激发发展"新动能"，探索出一条发展壮大村级集体经济新路径。

一、基本情况

屯留地处山西省东南部、上党盆地西侧，总人口25万，辖9个乡镇、1个街道、3个管理中心，总面积1142平方千米，耕地面积77.55万亩，地平水浅，土壤肥沃，农业生产条件得天独厚。粮食作物播种面积约56.8万亩，主要农作物有玉米、小麦、谷子、大豆、薯类等；经济作物播种面积约12万亩，有蔬菜及各类瓜果、中药材、核桃等，素有"米粮川"之称。曾先后获得国家园林县城、国家卫生县城、全国村庄绿化行动先进县、全国农村创业创新典型县、全国绿化先进集体、中国绿色名县、全国创建生态文明先进县、全国农机示范县、全国群众体育先进单位、全国"全民健身活动先进单位"等荣誉称号。2022年6月长治市屯留区被国务院给予"免督查"激励表彰，是全省唯一的县（区）农业农村局被党中央、国务院表彰为全国"人民满意的公务员集体"，屯留区"稳粮保供"案例得到国务院领导批示，被省农业农村厅表彰为"全省粮食生产先进单位"。近年来，区委、区政府立足实际，建强基层组织，破解发展难题，积极探索传统农业型县（区）提质壮大村级集体经济新路子。2022年全区209个村集体经济收入全部达10万元以上，收入在10万~30万元的村占47.8%，30万~50万元的村占39.7%，50万元以上的村占12.5%。

二、主要做法和成效

（一）党建引领筑堡垒，科学化开启发展"新征程"

区委高度重视发展壮大村级集体经济，成立了区委书记任组长的领导小组，14个区直部门负责人为成员。成立工作专班，经调研摸底、反复研究，制定了《屯留区发展壮大村级集体经济实施方案》《屯留区发展壮大村级集体经济专项规划（2022—2025年）》等一批政策文件，描绘出村级集体经济发展蓝图。扎实开展抓党建促基层治理专项行动，招聘209名大学毕业生到村任职，一批高学历、善经营、会管理、懂农业、爱农村、爱农民的基层干部成为乡村振兴的"领头雁"，为发展壮大集体经济提供了坚强组织和人才保障。

（二）因地制宜破瓶颈，多元化探索发展"新模式"

面对长期以来全区发展壮大村级集体经济办法不多、路径不宽、后劲不足等问题，屯留区坚持从实际出发，成立区、乡、村三级平台公司，撬动人才、项目、资金等资源向农村集聚，探索"六型"模式全力发展壮大村级集体经济破解瓶颈制约。一是产业发展型。依托万亩尖椒特色基地和800座智能化日光温室大棚，发展壮大村集体经济。如上村镇王庄村发展有机循环农业，建设养殖大棚6座，种植大棚20座，年收入增加100万元。二是市场开发型。利用地理、资源、产业优势，建设商贸、农贸市场，走市场开发之路。如麟绛街道西街村建设商贸楼，村集体每年增收300余万元。麟绛街道郭村建设农贸市场，村集体每年增收30余万元。三是物业租赁型。村集体将集体资产租赁给厂矿、企业、种养大户等，从而获取租金收益。如康庄综合服务中心市泽村把原村级活动场所租赁给长治云峰医院，村集体每年增收35万元。四是文旅融合型。依托自然资源、文化底蕴等优势，发展文旅产业。如丰宜镇石泉村依托石泉海国家3A级景区优势，建设采摘园、窑洞民宿等，带动集体增收20万元。五是联合经营型。以乡镇为主体，成立乡镇集体经济公司，各村以土地、资产、资金入股，抱团发展，实现收益最大化。如张店镇整合10个村的土地、资金，成立"山西禾拾农业开发有限公司"，流转120余亩土地，投资560万元，建设35座柔性日光大棚，平均每村增收8万元。六是村企联建型。以村企联结、企农联结为抓手，发展村级集体经济项目，促进村集体、企业和群众三方共同受益。如余吾镇前后庄村临近矿区优势，招商引资引进羿德环保、锦城盛钰能源等企业，成立保洁公司提供服务，实现村集体增收，被表彰为全省村级集体经济发展"先进村"。

（三）完善机制强服务，制度化激发发展"新动能"

坚持区委主导、部门推动、基层组织实施，健全完善"五项机制"，以有效的机制保障村集体增收行稳致远。一是财政奖补机制。区财政预算1000万元扶持资金，重点扶持一批发展前景好、带动力强的项目。二是考核激励机制。设立600万元奖励资金，按集体年增收入的10%~30%予以奖励。三是"4321"分配机制。集体经济收入40%向村民分红、30%投资基础设施和公共服务、20%作为发展基金、10%作为福利基金，让村民共享发展成果。四是帮带联建机制。54家上规模企业帮助85个村持续发展集体经济；16个先进村与16个后进村结对，解决"弱村"发展思路少、产业实施难等难题。五是监督管理机制。严格落实"四议两公开"等民主议事决策机制，对村级集体经济收入及支出等全过程动态监督。

党旗高扬风帆劲，勇立潮头再争先。在习近平新时代中国特色社会主义思想和党的二十大精神指引下，在市委、市政府的正确领导下，屯留区将不忘初心、牢记使命，感恩奋进，不断谱写新时代屯留发展新篇章。

潞城区：
"六措并举"实现集体经济大发展

中共长治市潞城区委

● 内容提要

> 潞城区将发展壮大村级集体经济作为抓党建促基层治理能力提升和推动乡村振兴的首要任务，坚持规划引领、项目撬动、产业带动、公司运作、平台推动、制度保障"六措并举"，编制专项规划，组建集体经济项目库，构建"公司+乡镇联合总社+村级合作社+农户"发展模式，搭建全市首家农村产权交易平台，优化服务支撑，实现全区村级集体经济进一步壮大、产业基础进一步巩固、基层治理能力进一步提升。

潞城区辖4镇1乡3街道134个村、20个社区（9个城市社区、11个村改社区），615平方千米，总人口21万人。2022年以来，区委、区政府把发展壮大村级集体经济作为抓党建促基层治理能力提升专项行动首要课题，确定"规划引领、平台运作、项目支撑"工作思路，带动全区105个村级集体经济组织发展特色种植业，134个村集体经济收入全部达到30万元以上，50万元以上村达到78个，占58.2%。

一、定规划、明目标，让村集体经济"活"起来

潞城区东西部乡镇区位交通、资源禀赋、产业基础差异大，村级集体经济发展不平衡。区委结合县域发展实际，统筹定规划、明目标、建机制，不断激发村级集体经济发展活力。

一是定规划。编制全区村级集体经济发展规划，布局特色种植园区、设施农业园区、三产服务业3大主导板块，明确资源开发、产业经营、三产拉动3条发展路径，在全区规划中药材、高粱、大葱、设施蔬菜、旱地西红柿、冬播谷"5+1"六大特色板块，使集体经济发展方向、发展路径、发展模式更加聚焦。

二是明目标。2022年提出的"全区134个村集体经济收入30万元以上村达到100%，50万元以上村达到50%"目标全部实现，对收入薄弱村"一村一策"补短

板，韩家园调结构种高粱并与神农公司签订订单，王家庄将"清化收"收回土地委托大户经营，土脚村成立劳务公司开展就业服务，2022年底3个村集体收入均达到30万元以上。

三是建机制。在资金扶持方面，区财政设立1000万元专项资金，对优质项目实施奖补；区平台公司为优质项目注资700万元，撬动社会资金2000万元。在人才支撑方面，出台乡村振兴人才发展六条措施，推动人才回引，外出务工返乡人员达465名；聘请中国农科院等10多名专家，组建集体经济专家库，助力集体经济发展。在产权交易方面，成立首家区级农村产权交易大厅和"三资"管理平台，设立区级农村产权交易大厅、乡镇交易站和村交易点三级交易平台网格，2022年完成产权交易680宗，流转土地3万亩，成交2870万元，平均溢价率21%。潞城区"三资"管理工作经验多次在省市会议上作交流汇报；2023年3月16日，区长柴哲作为山西省唯一县（区）代表到农业农村部参加"深化农村集体产权制度及新型农村集体经济发展情况座谈会"汇报潞城经验。

二、建平台、聚合力，让村集体经济"大"起来

将区乡两级平台作为集体经济发展的主抓手，着力破解资金、资源制约瓶颈，打通融资、销售、项目、人才对接通道，有效形成工作合力。

区级层面。在全市率先成立农村集体经济发展有限公司，整合全区农业资产资源和产业发展项目，孵化农业龙头企业，推进优质项目资源变资产、资金变项目、项目变收益。目前，区级平台承接实施了潞河村茶棚驿站乡村振兴人才培训基地、张家河大葱产业园、古城村红薯粉条厂3个项目，辐射带动46个村集体平均增收10万元。

乡镇层面。8个乡镇成立7个联合总社和4个平台公司，通过强村带弱村、大村带小村，联合各村力量抱团发展、集中分红。结合东部乡镇种植特点，推动"公司+乡镇联合总社+村级合作社+农户"模式，黄牛蹄乡股份经济联合总社、微子镇股份经济合作联合总社带动30个村级股份经济合作社共发展1.9万亩高粱种植，带动村级集体经济增收3800万元。

三、谋项目、赋动能，让村集体经济"壮"起来

建立全区村级集体经济项目库，入库的在建、拟建项目161个，做到全区8个乡镇、街道和145个行政村（社区）"乡乡有产业、村村有项目"。

一是党建引领。鼓励村与村成立联合党组织，资源整合联动经营，多村一品

融合发展。比如，北村党支部以"全国红色美丽村庄"建设为契机，打造红色研学基地、北村老陈醋等项目，增加集体收入100万元，被评为全省2022年度村级集体经济发展"十佳村"和"先进村"。

二是产业联盟。引导产业相近或资源互补的乡村组建产业联盟，实现抱团发展。比如，史回镇将产业相近的小常、楼后等8个村的300万元闲散资金和200亩土地，打包入股建立食用菌产业园，村集体增收45万元。

三是品牌塑造。发挥熬脑大葱、姜黄小米、潞城甩饼等品牌优势，将项目推动与品牌塑造同步发力，举办丰收节、技能赛扩大品牌效应，带动特色产业规模化、标准化发展。比如，潞华街道依托"熬脑大葱"品牌，建设大葱产业示范园，带动全区40个村发展大葱产业。

强国必先强农，农强方能国强。在参加十四届全国人大一次会议江苏代表团审议时，习近平总书记深刻指出，农业强国是社会主义现代化强国的根基，推进农业现代化是实现高质量发展的必然要求。党的二十大擘画了全面建设社会主义现代化国家、实现中华民族伟大复兴，最艰巨最繁重的任务依然在农村，最广泛最深厚的基础依然在农村。一个时代、一种使命，新时代新发展新征程上，潞城区将紧紧围绕"建设宜居宜业和美乡村，拓宽农民增收致富渠道，加强和改进乡村治理"进一步发展壮大村集体经济，促进乡村振兴、农业增效、农民增收。

襄垣县：
蹚出"五+五代两自主"新路径

中共襄垣县委

> ● 内容提要
>
> 襄垣县聚力推广"五+五代两自主"模式，奋力推动新型农村集体经济壮大提质。采用"村集体+国企民企""村集体+帮建单位""村集体+贤人能人""村集体+专业合作社""村集体+产业大户"的"五+"组织形式，多元化主体协同发力，提振乡村特色产业。通过村集体经济组织代工工业产品、代销农副产品、代管农业生产、代营集体资产、代办后勤事务的"五代"服务业态，多样化提供居间服务，拓宽村集体收入来源。坚持以村党支部为核心，主动谋划发展、谋划项目、谋划增收，做到"自主决策、自主经营"，实现"要我发展"向"我要发展"转变，增强村集体发展的内生动力。

一、基本情况

襄垣县位于长治市北部，辖9镇、1个省级经济技术开发区，有229个行政村，总人口26万人，其中农业人口19万人，总面积1178平方千米，耕地面积66万亩，荒山荒坡68万亩，是国家商品粮基地县、全国农村集体产权制度改革试点县、全国农村综合改革试点县和全省乡村振兴先行示范县。2022年，全县一产增加值完成8.64亿元，比上年增长5.54%；一产固定资产投资完成10.76亿元，比上年增长5.32%；农村居民人均可支配收入22242元，比上年增长7.2%；农产品加工销售收入65亿元，粮食总产量13.18万吨。襄垣县作为全省乡村振兴先行示范县，规划先行，全面推行"五+五代两自主"模式，努力探索发展壮大村级集体经济的襄垣路径。

全县共有农村集体经济组织229个，成立村级股份经济合作社323个，2021年村级集体经济总收入12072万元，2022年增加到27750万元，较2021年增长129.87%，其中100万元以上的村54个，50万~100万元的村41个，30万~50万元的村

46个，10万~30万元村88个。涌现出了古韩镇南关村、虒亭镇司马村、夏店镇平安村、王桥镇米坪村、下良镇上良村等一批村级集体经济发展壮大的先进典型。全县229个行政村全部成立了集体（股份）经济合作社，经营性收入总额3790.02万元，全面消除了10万元以下的集体经济薄弱村，收入30万元以上的村141个，占比61.57%；经营性收入较2021年增长75.52%。共排查合同6042份，清理不规范农村集体经济合同1179份，清收债权36288.33万元，化解债务36661.16万元，新增地源5.11万亩，新增地源收费1159.49万元。

二、亮点经验

（一）推进"五+五代两自主"模式，探索发展壮大村级集体经济的襄垣路径

一是"五+"提振特色产业。在村党组织的领导下，村级股份经济合作社结合自身产业基础、区位优势和发展意向，通过对接企业、争取单位帮建、依托贤人能人、采取共建共享、联户抱团等模式，因地制宜发展特色产业，探索"合作社+"模式。

（1）"合作社+国企民企"：村集体经济合作社通过整合土地、荒山、房屋、资金等生产要素，以折股量化形式或合同约定方式与企业合作经营，企业负责项目运营和管理，村集体经济合作社提供政策和服务配套。如王桥镇洛江沟村集中整理土地，优化土地资源，与山西潞玉种业公司签订合作协议，通过"合作社+企业+农户"合作框架，集中规划连片种植优质高粱4200余亩，发展玉米制种基地2055余亩，玉米大豆带状复合种植1000亩，发展钢架暖棚种植盆景牡丹项目，实现农业规模化、产业化、园区化发展，村集体每年增收25万元。王桥镇米坪村依托襄矿乙二醇等企业驻村优势，坚持"强企带村"，建设占地100余亩的乡村振兴产业"园中园"，采取"国企+支部+合作社+村级企业平台"管理模式，为入驻企业提供生产生活服务，解决农村就业80余人，村集体增收70万元。

（2）"合作社+帮建单位"：村集体经济合作社利用驻村工作队、"第一书记"、帮建单位职能优势，争取相关政策、资金、信息、技术等，因地制宜发展本村特色产业。如虒亭镇建华村股份经济合作社出资20万元，收回旧宅基地6处、3500平方米，在襄垣县融媒集团的帮助下，开发建设民宿群及配套项目，实现农业村向文旅村高质量转型，村集体每年增收15万元；西营镇马鞍山村经济合作社在县卫体局帮助下发展连翘产业；古韩镇八里庄村股份经济合作社在县文旅局帮助下，打造"知青文化"名片，发展乡村旅游。

（3）"合作社+贤人能人"：村集体经济合作社激发"贤人""能人"效应，组织村民把承包地、荒山荒坡、废旧房屋折股，共同发展休闲旅游、农家乐等，实现村集体经济增收。如王村镇南姚村袁家沟返乡能人引资1.6亿元，占地320亩，建设亲子乐园、窑洞风貌、观景胜地、疗养基地等，村集体经济增加收入20万元；红土坪村经济合作社与万兴隆林牧有限公司合作，投资7000余万元，打造形成了集生态旅游、文化旅游、乡村旅游等为一体的复合型文化园。

（4）"合作社+专业合作社"：村集体经济合作社和农民专业合作社联手联合，根据相关地理条件、资源禀赋、种植结构，发展特色种养殖、乡村旅游、工业产品加工等，实现村集体经济和专业合作社共同增收。如夏店镇平安村经济合作社与源田养殖专业合作社，共同投资1000万元建成存栏10万只的肉鸡养殖场，每年可增加集体经济收入10万元。虒亭镇上马经济联合社高架大棚草莓种植项目，采取"联合党支部+经济联合社+农户"模式，由22个村集体经济合作社共同组建联合社，每村以2000元一股自愿参股，按股分红，参与村通过股权分红、组织劳务等方式最高收益达20万元，参与农户户均增收可达3万元以上，实现了经济和社会效益双赢。

（5）"合作社+产业大户"：村集体经济合作社组织农户以流转土地、房屋等入股，推动形成"一村一品"产业格局，实现村集体经济和村民双增收。如侯堡镇安沟村和虒亭镇种家岭村经济合作社以村集体和农户房屋入股合作社，大力发展农村电商经济；夏店镇化岩岭村支持绿海养殖合作社建设集种羊培育、肉羊养殖、日光温室大棚及小杂粮种植、农业机械服务、农作物病虫害统防统治为一体的绿色循环经济民营企业。夏店镇平安村推行"党支部领办、公司化运作、四社联合、抱团发展"的模式，用产业链联结合并村，开展肉鸡、肉牛养殖和食用菌种植，探索"养殖+种植+加工"的农业产业化发展路径，实现了村级集体经济全面发展，奏响了乡村振兴奋进曲。

二是"五代"提高集体收入。充分发挥村级带头人和经纪人作用，找准村级集体经济与市场的联结点，为农户服务，为市场主体服务，通过提供服务有效增加村集体经济收入。

（1）工业产品"代工"：村集体经济合作社通过组织劳动力、购买设备、提供场地等，为企业加工产品，按股取得收入。如下良镇上良村经济合作社以厂房入股，引进劳保服装加工厂，既解决了村民就地务工，又可以按股分红。

（2）农副产品"代销"：村集体经济合作社统一规划乡村产业，负责组织协调和提供场地，与企业签订合同，以保底价收购农产品，以销促产、以产促销，村集体在产品销售议价中获得收入。如虒亭镇司马村股份经济合作社对高架大棚采取"股份经济联合社+农户"经营模式，合作社统一提供农资、技术并负责销售，农户负责种植、管护、采收、劳务等工作，参与农户40余户，年度总收入210余万元，集体经营性收益10万~20万元。伟力文化传播公司、金海集团、金鑫集团等民营企业，与古韩镇阁老凹村、善福镇南娥村等村签订协议，保底销售陈醋、挂面、小米等农产品，村集体每年增收5万余元。

（3）农业生产"代管"：村集体和农机大户合作，为农民提供产前、产中、产后服务，实行土地托管，村集体负责组织协调，农机大户具体实施，收取各种服务费用后按约定比例分红。如侯堡镇桥上村集体经济合作社采取"公司+农户"模式，成立农业开发有限公司，积极推广土地托管模式。

（4）集体资产"代营"：村集体经济合作社把荒山荒坡、商铺矿山等生产要素，以入股、承包、出租等多种形式交由企业或个人经营，村集体获得分红收益、承包收益和租金收益。如古韩镇南关村饮食文化一条街整体出租给民营公司运营，村集体每年获得租金20万元；下良镇上良村依托襄矿集团上良煤业，发展田园综合体产业项目，采取"村级主导+公司化运转+按股分红"模式，为村民提供近200个就业岗位，为村集体带来150万元收入。

（5）后勤事务"代办"：村集体经济合作社主动对接周边企业，以集体承包形式，承担企业卫生保洁、造林绿化、物品运输等工作，为企业提供优质服务，实现村集体增收。如侯堡镇东周村为农贸市场提供环卫保洁和物业管理服务，每年增收10万元；夏店镇付村为周边企业提供运输服务，每年增收30万元。

三是"两自主"提升组织能力。村集体股份经济合作社坚持以村党支部为核心，以主人翁身份主动谋划发展、谋划项目、谋划增收，做到"自主决策、自主经营"，实现由"要我发展"向"我要发展"转变，形成了主动发展、本领增强、务实发展、群众认可、持续发展的乡村振兴良好局面。如善福镇贾堖村股份经济合作社自主建成运营存栏300只育肥羊养殖场，增加村集体收入10万元。下良镇水碾沟村投资20万元，建设现代化标准鸡舍，配套设施、购置设备，肉鸡存栏20万只，年出栏120万只，增加村集体收入20万元。

（二）创建农村集体经济平台公司，壮大集体经济

为破解村级集体经济市场占有率低、品牌效应低、产业规模小、发展后劲不足等问题，襄垣县在2022年9月21日揭牌成立农村集体经济发展有限公司。该公司聚焦三产融合，实体化运作，盘活资产、挖掘资源，参与实施壮大村级集体经济专项奖励项目，兑现专项奖励资金398万元，直接带动229个村集体增收。同时，

有效促进土地资源的优化配置和高效利用，延展农副产品产业链条，提高农产品附加值，激活农村闲置厂房、荒地等沉睡资源，有序推进资源变资产、资金变股金、农民变股民，保障农民财产权益，激发集体经济发展活力。通过整合县域内农业资产资源，孵化农业龙头企业，推动实施乡村振兴战略，探索出了一条具有"襄垣特色"的发展模式。

（三）规范运行产权交易平台，破解"三资"监管难题

襄垣县积极探索、创新突破，运用农村集体产权制度改革成果，采取"政府主导+第三方运营+市场化运作"的模式，率先在全市规范运行农村产权流转交易平台。2022年10月，成立县镇两级农村产权交易监督管理委员会，构建1个以县级经办单位为龙头、9个镇级经办单位为支撑的"1+9"农村产权流转交易服务体系，制定出台了农村产权交易管理办法、农村集体资产资源管理办法等3个试行管理办法和农村土地承包经营权流转交易规则、农村集体资产交易规则等8个试行交易规则，形成了"统一平台建设、统一交易软件、统一监督管理"的服务模式。2023年2月制定了《进一步规范全县农村土地经营权流转管理工作的通知》，进一步规范了交易流程和规则，充分发挥平台的信息透明、交易公开的作用，严格落实农村产权交易与三资监督的协同管理，坚决遏制农村产权私下交易行为。截至2022年底，农村产权交易平台供应项目3476个，成交项目2718个，成交金额4878.70万元，挂牌项目成交78.19%。通过农村产权交易平台，引导资本下乡，盘活了农村"沉睡资产"，激发了农业农村发展内生动力，实现了产权交易"小平台"撬动资源配置"大引擎"，为全县农业农村改革提供了坚实支撑。

（四）发展壮大新型集体经济，促进农民农村共同富裕

一是坚持多措并举。制定《襄垣县发展壮大村级集体经济扶持奖励办法》，对村集体经济项目进行重点扶持奖励，兑现专项奖励资金398万元，激发了村集体发展集体经济的能动性。落实4包1责任制，19个乡村振兴重点村和集体经济薄弱村分别由1名县处级领导、1名镇党委书记、1个县直单位、1名涉农部门业务骨干结对帮扶，着力破解"基础条件差、发展思路少、产业实施难"等问题。

二是明确发展方向。制定《襄垣县推进发展壮大村级集体经济实施方案》，明确21条具体措施；制定《襄垣县2022年发展壮大新型农村集体经济工作方案》，确定20项重点任务；编制《襄垣县发展壮大新型农村集体经济专项规划（2022年—2025年）》。

三是建立激励机制。制定《襄垣县村级集体经济发展"示范村"评选活动工作方案》，集中选树10个先进典型"示范村"；制定《襄垣县发展壮大村级集体

经济专项考核办法》，对获得先进镇命名表彰并授牌；制定村党组织书记星级化管理实施细则，发展新型农村集体经济与评先评优、评星定级、报酬待遇等直接挂钩。

四是项目签约落地。优势互补打好"共赢牌"。统筹村情民情、功能定位、资源禀赋、市场前景，建立了襄垣县发展壮大村级集体经济项目库，9镇229个村建立村级集体经济项目251个，达到了一村培育一项目、壮大一个村集体经济、带动一批农民致富的多元化发展机制。下良镇上良村集体经济合作社以200亩土地入股分红的合作机制和襄垣县御农有限公司签约投资4800万元的田园综合体项目，打造集农产品加工业、特色种养产业、乡村休闲旅游、新型服务产业等四大产业为一体的生态观光旅游综合体。

（五）打造数字乡村"示范县"，数字赋能乡村振兴

全县把数字乡村作为推动乡村全面振兴的重要举措，以打造"山西全县域数字乡村示范县"为抓手，推动实现乡村有序自治和乡村资源价值最大化。项目辐射全县9个镇、223个行政村和涉及农业的6个业务主管单位，形成全域覆盖、上下贯通、步调一致、服务统一、互通共享的"一张网"信息服务平台。建设内容包括"数字政务""乡村治理""土地管理""文化旅游""智慧大棚""担保贷款""便民服务""功能模块"和"拓展功能模块"9个模块，均已上线运行，已有4万人下载注册，并通过平台相关模块了解村情概况、查询补助补贴、售卖自家土特产、反映解决三农痛点问题等。

三、几点启示

在推进发展壮大村级集体经济的工作中，襄垣县立足县情做了一些尝试，取得了一定成效，但也存在一些不足及短板弱项，主要是产业规模效应还不明显，企业辐射带动能力还不够强，农民持续增收基础还不够牢，农村基础设施建设还比较滞后，等等。这些不足都需要在今后积极探索、持续攻坚。从实践成效看，襄垣路径主要形成了以下三点启示。

（一）全面开展"清化收"工作，解决集体经济发展启动资金问题

结合年度资产清查，深入开展"三清理一规范"活动，利用清欠资金解决新型农村集体经济发展缺少启动资金问题。清理出建设用地，解决农村集体经济发展项目用地难题。规范承包合同，解决集体经营性资产、资源长久且稳定收益问题。

（二）做好土地流转文章，靠面积"量差"与流转费"价差"攫取第一桶金

农村产权交易有效解决了绝大多数"纯农业村"集体经济发展无门路的问题，通过第一桶金的分红，增加集体经济组织成员的获得感，增强成员支持集体经济发展的积极性和凝聚力。例如：侯堡镇东周村3441.945亩耕地项目在襄垣县农村产权交易平台顺利实现流转。该项目流转土地每亩流转费用600元/年，单年租金额2064987元，为村集体经济组织年增加收入30余万元。

（三）以资源要素入股市场主体，增加村级集体经济收入

村域范围内的资源要素有限，合作与联合是发展壮大集体经济的必然选择。要素入股其他市场主体，可盘活沉睡的集体资产；发展合作与联合的混合型所有制经济，可解决集体经济组织资源资金等要素短缺问题。

平顺县：
落实四个"强化" 壮大新型农村集体经济

中共平顺县委

> ● 内容提要
>
> 积极探索落实四个"强化"，推动集体经济壮大提质。一是强化组织领导，成立发展壮大村级集体经济领导小组，总揽全县发展壮大村级集体经济工作；二是强化政策引领，制定了《平顺县全面推进乡村振兴产业发展奖补办法（试行）》，切实解决好发展壮大村级集体经济缺资金和融资难问题；三是强化人才支撑，全面实施"乡村振兴百名新农人"计划，助力村级集体经济发展迈上新台阶；四是强化聚力集中攻坚，制定出台了《平顺县集体经济薄弱村帮扶工作方案》，积极开展集体经济薄弱村发展壮大村级集体经济帮扶工作。

一、基本情况

平顺县位于长治市东部，太行山南端，晋、冀、豫三省交界，是典型的干石山区。总面积1550平方千米，辖5镇6乡、151个行政村，262个集体经济组织，总人口15万人。平顺是著名全国劳模、连任第一至第十三届全国人大代表、全国脱贫攻坚奋进奖和共和国勋章获得者申纪兰的家乡。境内海拔最高1876米，最低380米，地势东南高西北低，海拔落差大，昼夜温差大，小气候多样，森林覆盖率高，盛产大红袍花椒、马铃薯、中药材、旱地蔬菜等绿色优质农副土特产品，是潞党参正宗原产地、中国大红袍花椒之乡。全县已探明的矿产资源有铁、硅、镁、大理石、石英砂等20余种，风力、光伏发电资源丰富，全县新能源装机总量达到504.43兆瓦。有文物古迹1556处，其中国保15处、省保9处，中国传统村落32个。拥有通天峡、天脊山、太行水乡3个国家4A级景区。先后获得国家现代农业产业园、山西省上党中药材专业镇、国家园林城、全国绿化模范县、全国休闲农业与乡村旅游示范县、全国生态文明建设示范区、"绿水青山就是金山银山"实践创新基地等荣誉称号。

长期以来，平顺不断对发展壮大农村集体经济进行有效探索。20世纪50年代西沟村在全国率先创办西沟金星农林牧生产合作社，涌现出全国最早的"十个老社"，为全国农村合作经营树立了榜样，为农村集体经济发展探索了路径。改革开放以来，老劳模申纪兰率先带领西沟人民办厂矿、兴企业、搞旅游，积极探索发展壮大农村集体经济的平顺模式，相继涌现了一大批以西沟村、龙镇村、神龙湾村等为代表的村集体经济模范村。全县以抓党建促基层治理能力提升专项行动为契机，解放思想，开拓思维，积极谋划项目，大力发展壮大新型农村集体经济，2022年全县农村集体经济总收入达8299.24万元，151个村集体经济收入全部突破10万元。其中，10万~30万元的村34个，占比22.51%；30万~50万元的村47个，占比31.13%；50万~100万元的村58个，占比38.41%；100万元以上的村12个，占比7.95%。

二、典型做法

（一）强化组织领导

县委、县政府成立了发展壮大村级集体经济领导小组，总揽全县发展壮大村级集体经济工作；成立了由县长牵头、县农业农村局局长为组长的发展壮大村级集体经济专班，专项攻坚村级集体经济壮大和提质两大核心问题；建立三级贯通、部门联动机制，聚焦10万元以下薄弱村，实施县级领导包联，乡镇书记、乡镇长结对，村党组织书记主战，统筹针对施策，合力攻坚短板，集中破解难题，推动全县村级集体经济全面壮大提质。

（二）强化政策引领

2022年，县委、县政府研究制定了《平顺县全面推进乡村振兴产业发展奖补办法（试行）》，财政列支1500万元对全县农业农村产业进行奖补撬动，促进村集体发展产业，增加村级集体经济收入；设立发展壮大村级集体经济专项扶持资金500万元，重点扶持成长型、示范作用强、经济效益好的集体经济项目；设立发展壮大村级集体经济奖励资金150万元，大力度激励发展村集体经营型经济。以创建国家现代农业产业园为契机，用好用足国家现代农业产业园"兴药贷"贴息资金，加大贴息力度，扩大贴息范围，增加信贷额度，切实解决好发展壮大村级集体经济缺资金和融资难的问题。

（三）强化人才支撑

全面实施"乡村振兴百名新农人"计划，助力村级集体经济发展迈上新台阶。通过县级安排部署、乡级广泛动员、村级主动出击，回引产业发展、乡村旅游、家政服务、商贸物流、电子商务等方面的194名优秀人才进入"乡村振兴新农人"库。在政策扶持、资金支持、技术帮扶、信贷贴息、包联服务等方面持续发力，引导扶持"乡村振兴新农人"积极参与发展村集体经济，最大限度地盘活村集体闲置资产资源，村集体以入股、租赁、合作经营等方式与"乡村振兴新农人"建立利益联结机制，共同发展壮大村级集体经济。组织30余名"乡村振兴新农人"协调县农商银行召开"新农人"银企对接会，遴选部分"新农人"举办短视频直播运营培训班，鼓励引导"新农人"大力发展农业农村产业，组织"新农人"代表召开座谈会，县委书记参加会议并对全县"乡村振兴新农人"提出了殷切期望，希望他们结合实际、挖掘资源、突出优势，大力发展"三农"产业，积极参与发展壮大村级集体经济工作。

（四）聚力集中攻坚

聚焦集体经济薄弱村这个关键环节，制定出台了《平顺县集体经济薄弱村帮扶工作方案》，积极开展集体经济薄弱村发展壮大村级集体经济帮扶工作。全面落实"领导包、单位帮、企业扶、责任人盯"等"四个一"帮扶措施，"一对一"进行发展村级集体经济结对帮扶，确保每一个集体经济薄弱村都有一名包联领导、一个帮扶单位、一名帮扶责任人和一个帮扶企业，进一步明确了帮扶目标、细化了帮扶措施、压实了帮扶责任、传导了帮扶压力，推动全县村级集体经济全面突破10万元目标如期实现。

（五）加强"三资"管理

一是全面完成农村集体资产"清化收"工作。2022年，全县11个乡镇151个行政村，共摸排合同4554份，清理不规范合同4401份，通过清理合同增加收入490.24万元；清收债权10178.14万元；化解债务13369.66万元。新增资源资产收费344.57万元。二是开展农村集体"三资"管理专项整治，形成农村（社区）集体"三资"管理的底数、制度、问题"三清单"，完成数据审核上报，县、乡、村三级围绕"三清单"正在逐项落实和整改。三是建设"三资"监管平台和产权交易平台，组织视频培训，加强业务人员素质提升。四是赴潞城区学习，推动全县村股份经济合作社分账核算工作。

三、工作亮点

（一）发展产业夯基础

立足平顺中药材、旅游资源丰富、阿里巴巴结对帮扶等优势，创建国家现代农业产业园、太行电商小镇、旱地蔬菜（农产品）物流园、潞党参特色小镇，提档做强大红袍花椒、中药材、马铃薯、旱地蔬菜特色农业。目前，全县中药材总种植面积达67.07万亩；太行电商小镇吸纳142名员工入职，吸引20余家电商企业入驻；韩家村"林下党参"、源头村"花椒小镇"、东庄村金银花种植等特色产业初见成效；布阿佳半山窑洞、东坪山居民宿、王家庄园等民宿成网红打卡地。

（二）帮带培训提素质

针对换届后部分村干部经验不足、办法不多、发展村级集体经济能力亟须提高的实际，一是推行导师帮带，精准滴灌培养。目前，153名导师"一对一"帮带年轻干部，通过面对面教、手把手带，以老带新，互促成长。二是开展实操实训，提升实战能力。先后组织村干部在县域内，赴太原市、晋城市及周边县（区）现场考察集体经济发展项目，学习先进经验，开阔工作思路。三是落实报酬待遇。副职干部报酬由人均4300元提升到8000~15000元，鼓励村干部全身心投入村级集体经济发展中。

（三）示范引领树标杆

一是开展示范创建。全县共创建市级美丽乡村17个，创建县级乡村振兴示范村25个，着力打造一批发展集体经济标杆村、示范村。二是开展"擂台比武"。通过村支部书记登台"晒亮点、比成效、评优劣、奖先进"，涌现出西沟乡西沟村、龙溪镇龙镇村等一批发展壮大集体经济先进典型。三是开展评比表彰。每年"三干会"表彰一批发展集体经济成效明显的红旗党支部、先进党支部。

（四）引进人才增活力

聚焦农村集体经济收入单一、市场化运作乏力、经营人才紧缺等问题，实施"新农人计划"，真金白银"引"、竞演展示"选"、全过程跟踪"考"，开展平顺县"乡村振兴新农人"竞演大赛，激发更多的优秀人才发展特色产业和新生业态，积极参与村级集体经济发展，为乡村振兴蓄积"源头活水"。北秋房村引进"新农人"刘国良，发展连翘产业，已带动20余名村民增收就业；虹霓村与"归农小都"短视频团队合作"轻奢露营地"项目，吸引游客同比上涨40%，村集体可分红10万余元；安阳村方亮与村集体合作扩大藏香猪养殖规模，为村集体年增收4万元。

（五）创新模式强带动

按照因村制宜、地域相邻、互促共赢、扎实稳妥的原则，全县成立11个联合党委，"村村联建"凝聚集体经济发展合力。一是村村联合型。如虹霓村和梯后村成立联合党委，共同发展大景区，以强带弱，抱团发展。二是产业联盟型。如石城镇黄花村联合周边2个村成立花椒产业联盟党委,打造花椒康养小镇。三是经济联合体型。如麦丰农业有限公司党支部与周边4个村成立联合党委,并注册成立平台公司,村集体以土地、资金、劳动力等入股,风险公司承担,利润村集体分红,已增收16万元。四是城乡联合型。如北社乡西青北村党支部和市医院党委成立联合党委,共建休闲农业体验园,已增收8万元。

黎城县：
探索4种类型15种模式壮大集体经济

中共黎城县委

> ● 内容提要
>
> 黎城县以强村富民为目标、以产业项目为支撑，聚焦资源整合、集群发展，注重市场运作、村企合作，探索形成了涵盖生产服务、产业发展、乡村建设带动、资源开发经营等4种类型15种模式的村级集体经济发展路径，构建了以县级农村集体经济发展有限公司为核心的"1+8"公司服务平台，分类整合全县产业，按照示范村、重点村、同步推进村统筹兼顾、压茬推进，促进新型农村集体经济加快发展，2022年底集体经济收入10万元以下的村全部清零，30万元以上的村达到109个，是2021年的5倍。

一、基本情况

黎城县位于山西省东南部，地处晋、冀、豫三省交界，素有"三省通衢"之称，是山西省的东大门。全县总面积1113平方千米，耕地28.8万亩，辖8镇185村（社区），254个村集体经济组织，常住人口13.4万人。2022年以来，黎城县深入学习贯彻习近平总书记关于巩固拓展脱贫攻坚成果同乡村振兴有效衔接重要讲话、重要指示精神，坚持把农业农村优先发展放在重中之重，以"乡村振兴重点帮扶县"为契机，以抓党建促基层治理能力提升专项行动为抓手，积极探索发展壮大村级集体经济的"4种类型15种模式"，搭建"1+8"平台，育龙头、延产业，多措并举推进村级集体经济提质增效。2022年底，全县村集体总收入5285万元，经营性收入占比近70%；收入30万元以上的村达109个，是2021年的5倍，收入10万元以下的村为零。

二、主要做法和取得成效

（一）党建引领，强化组织领导

县委、县政府高度重视发展壮大村集体经济工作。一是领导重视，健全机制。专门成立领导小组，县委常委会、县委农村工作领导小组先后32次召开会议专题研究相关工作，成立22个工作专班，进一步强化组织领导，厘清工作任务，全面压实责任。科学编制《黎城县发展壮大新型村级集体经济专项规划（2022—2025）》，精心制定"一方案、两办法"（《黎城县发展壮大村级集体经济实施方案》《黎城县扶持壮大村级集体经济支持和奖励办法》《黎城县发展壮大村级集体经济督导考核办法》）等一系列保障制度，党建赋能、组织保障，确保发展壮大村集体各项工作走实走深。二是因地制宜，摸索前进。坚持党建引领、农民主体、示范引领，探索形成生产服务（土地托管服务、农机服务、劳务服务、经纪服务）、产业发展（设施农业、特色种植、特色养殖、休闲观光农业、绿色低碳产业）、乡村建设带动（红色美丽村庄建设、乡村旅游村庄建设、特色民宿村庄建设）、资源开发经营（土地开发、资产盘活、物业管理）等4种类型15种模式的"黎城方案"，17个重点村和24个示范村先行先试、做出样子、创出经验、辐射带动，113个同步推进村积极行动，努力达到建成一批重点村、壮大一批一般村、提升一批薄弱村的目标。推进过程中，县委通过季观摩、季评比等方式，以奖代补，形成比学赶超、争做标杆的浓厚氛围，为发展壮大集体经济提供有力支撑。三是双向考核，激励担当。创新"双向考核、上下挂钩"考核机制。将市对县、县对乡的乡村振兴考核与四套班子领导年度考核、评先评优相挂钩，年度考核全县排名倒数的乡镇和县直部门，其包联和分管县四套班子领导否决评优，实现县四套班子领导和乡镇部门工作捆绑、责任捆绑、奖惩捆绑，形成全县上下唯旗必夺、唯先必争、干在实处、走在前列的鲜明导向。

（二）产业兴旺，助力强村富民

以建设经济技术开发区和现代农业产业园"两大园区"为载体，注重硬环境和软环境双向发力，积极创优营商环境。2022年就谋划实施重点项目109个，计划总投资285亿元。工业上，有效带动先进装备制造、光伏、固废节能环保、新材料等战略性新兴产业上规模、延链条、成集群。农业上，按照"1+8"架构成立黎城县古黎农村集体经济发展有限公司，下设8个分公司，投资2.2亿元；实施56个村集体经济项目。投资9100万元，建设现代农业产业园基础设施及综合配套建设。旅游上，推出红色文化初心游、绿色生态山水游、特色乡村休闲游"三色旅游"，以农促旅，以旅富农，推动一二三产业融合发展。

（三）要素保障，确保政策落实

一是四套班子以上率下提供组织保障。落实山西省委"三个带头"要求，坚持一线工作法，县委常委带头开展常态化"大走访"活动，党政班子成员，特别是"一把手"每年至少48天开展入村调研；县包镇领导每年到所包镇大走访不少于24次；每季度遍访所包镇所有村1次，带动带领全县驻村干部、镇村两级干部、网格员深入农户，形成上下贯通、配合有力、一抓到底的工作格局。二是优化"三农"队伍结构，提供人才保障。大胆使用培养潜力大、条件比较成熟的年轻干部，在全县8个镇均建立了人才服务驿站，鼓励有志之士返乡创业，选拔15名"五类人员"进入乡镇领导班子，选拔4名"85后"担任乡镇党政正职，配备29名35岁以下乡镇班子成员，全日制大学以上班子成员28名，占比32%；选拔懂发展、善治理、有干劲的优秀人才进入村"两委"班子，45周岁以下占比55%，平均年龄43岁，下降6岁；大专及以上学历占比44%，提高23%；实施"乡村振兴万人计划"，村村配备大学生，全县乡村两级班子结构进一步优化，活力进一步增强。三是激发市场主体提供政策保障。出台《黎城县强化市场主体倍增要素服务保障十条措施》，对返乡创业、农机购买、规模种养殖、企业创办、金融贷款、地理标志认证等10方面加大政策和资金支持力度，全流程"真金白银"扶持，共发放创业担保贷款1411万元，58家创业创新实体入驻"双创"孵化基地，实现创业增收1.2亿元，成为"市级创业孵化示范基地"。投资3000万元建成全市首家省级标准公共资源交易中心、第一家远程开评标县级交易中心，设置"企业开办专区""工程建设项目专区"，推行71项"证照分离"改革，优化升级企业开办全程网上办理平台，办理审批事项3400余件、便民服务事项26000余件。全县市场主体净增2493户，同比增速244%，完成市定任务的194%。

（四）严格监管，"三资"监管有力

一是健全制度，严格监督。出台农村集体资产"三资"管理制度、农村集体资产年度清查和定期报告制度等10项配套制度。加大对村集体经济项目建设、资金使用及收益分配的监管力度，严格把关做好集体经济发展项目扶持资金的拨付、使用、审计。持续加大各行政村财务支出监管力度，通过"四议两公开两监督"工作法，广泛接受广大党员干部群众的监督，确保每笔开支和投入公开透明，有效使用资金和降低资金的投资风险。二是搭建平台，数字赋能。投资220万元，建设数字化农业生产托管服务平台项目，以村为单位对农村集体资产进行电子化备案，实现农业产业信息化、品牌化和智慧物联网化。实行动态管理，进一步规范了农村"三资"管理。

三、工作亮点

黎城县按照产业联动、公司联盟、项目连带、村企联结的工作思路，突出"四个聚焦"，努力实现新型村级集体经济大发展大突破大提升。

一是聚焦集群发展，产业联动挖潜力。围绕不同产业形态和同一形态的不同环节，实施多边化、多维度合作，走一二三产协同发展之路，推进产业联动集群化发展。延伸百万旱鸭、核桃、小麦面粉、水果、中草药、玉米制种、金海菇业、康禾桑果等农业产业，形成"种养加销"纵向链条。以经济开发区、现代农业产业园"两大园区"发展，带动周边村集体大力发展劳务服务、经纪服务等第三产业，为村集体增加收入扩范围。以美丽乡村、全域旅游、休闲观光、产业集群等政策扶持为契机，村集体通过提供房产租赁、土地流转、接待服务等增加集体收入水平。

二是聚焦市场运作，公司联盟添动力。在全市率先成立"1+8"平台公司，将全县各类经营主体按照特色种植、特色养殖、玉米制种、红色文化、民宿旅游、农产品加工销售、电商企业、文创产品等8种类型进行整合，由分公司牵头，实施村集体项目，每个公司都专注于一类产业，实行分类指导、专业服务。

三是聚焦资源整合，项目连带激活力。充分发挥行业协会、合作联合社的作用，整合各类经营主体与项目资源，包装成县域特色项目，以项目带动实现共同发展。如黎侯乡"村e镇"项目，构建"产业+电商+配套"的电商生态体系，通过直播带货等方式拓展线上市场，促进特色农业、乡村旅游与农村电商融合发展，并统筹推动乡村服务站（点）全覆盖，切实打通工业品下乡、农产品进城的"最后一千米"，用数字赋能高质量发展。

四是聚焦合作共赢，村企联结聚合力。将24个有企业驻地的村确定为村企互促型，推动村企合作，实现发展共谋、和谐共创。依托百万旱鸭，在东阳关镇和上遥镇两个养殖基地附近，建立村级养鸭合作社，集中建设旱鸭养殖大棚，由公司提供种鸭苗、养殖技术服务和成品回购销售，增加村集体收入。

四、存在的问题

一是产业发展规模小，抵御风险能力弱。截至2022年底，全县185个行政村（社区）已登记成立的村级集体经济组织"村股份经济合作社"都有壮大村级集体经济的项目。但是大多数合作社都存在资金量少、项目单一、经营规模小、涉及特色产业项目不多、运行管理机制不健全等方面的问题，特别是村级自主发展的实体项目较少，而且由于管理能力不足，受技术、市场风险影响较大，真正能产生经济效益的项目不多，发展村级集体经济主要还停留在完成上级任务指标的层面，没有形成实施一项、带动一片的效应。

二是资源利用效能低，保值增值能力弱。为确保上级下达的任务指标全面完成，部分村集体把资金集中借投或入股到一些民营企业之中，以从中获得利息或分红收入，没有发挥应有的效能。

三是品牌影响不突出，市场竞争能力弱。由于村级集体经济组织生产基地远离城镇，产品集散成本大；生产者、劳动者技能差，机械化程度低，生产规模小、产量少、档次低，缺乏品牌竞争力，线上线下销售困难，市场销路没有保证。

四是信用评级难度大，投融资能力弱。村级集体经济组织作为一种新型市场主体，由于法人治理结构不够完善，缺乏相应的抵押物和有效的担保机制，无法进行信用评估和评级授信，这些村级集体经济组织很难获得金融部门的支持，贷款融资较为困难。

五是人才队伍素质低，经营管理能力弱。村级集体经济组织的生产经营，主要由村"两委"班子成员特别是村党组织书记负责，但由于村"两委"干部中普遍存在年龄老化、知识更新困难、敢闯敢试劲头不足等问题，经营管理能力差，市场意识不强。部分干部既有对前期项目选择失当的担心，又有对后期产品量大、价低、滞销的忧虑，很难适应新时期农村集体经济发展的需要，在生产经营上严重依赖上级的引导或包办。

五、经验启示

黎城县以产业兴旺为抓手，充分发挥组织优势，搭平台、育龙头、延产业，多措并举、多方合作，推进村级集体经济提质、增效，踩着全方位推动高质量发展的强劲节拍，跑出了村级集体经济发展"加速度"。黎城实践表明，发展壮大新型农村集体经济，党建引领是关键，产业联动是根本，资源整合是重点，严格监管是保障，只有充分激发基层党组织、农民群众、企业市场等各方积极性，才能把更多的资产利用起来，实现村集体经济活起来、强起来的目标。

壶关县：
"四动四色"激活村级集体经济造血因子

中共壶关县委

> ● 内容提要
>
> 壶关县聚焦"四动"举措，把方向、注动能，通过规划引领确保村级集体经济发展布局优、路径准，政策推动力促村级集体经济进入快车道、提高速度，产业带动开发村级集体经济特色、异质、多元路径，激励促动引燃村干部主动担当作为谋发展热情。依托光伏发电、旱地西红柿、花卉种植、中药材、食用菌、蔬菜大棚、规模养殖、经济林、电子商务、乡村旅游十大特色产业，锻造红色引领、绿色赋能、金色发展、蓝色助力"四色"产业引擎，持续推动村级集体经济扩量提质增效。

壶关县地处山西省东南部、太行山东南端，因县城西北出口有百谷山和双龙山，山形似壶，以壶口为关，故名壶关。总面积1013平方千米，辖7镇3乡、1个经济开发区，279个行政村，户籍人口30万人。

一、农村集体经济基本情况

壶关县依托区位、机制、特色、产业四大优势，注重"红色引领、绿色赋能、金色发展、蓝色助力"四色品牌创建，使全县农村集体经济发展走上了快车道。2022年，全县279个行政村集体经济收入11079.4万元，其中经营性收入4365.5万元，占比39.4%。10万~50万的村254个，占比91.04%；50万~100万的村17个，占比6.1%；100万元以上的村8个，占比2.86%。

二、农村集体经济发展模式

近年来，壶关县积极探索村集体经济发展模式，不断拓宽村级集体经济增收渠道，依托资源禀赋，因地制宜探索出资源资产开发型、土地经营型、服务创收型、产业带动型、乡村旅游型5种类型的村级集体经济发展模式，各种模式经过"由小到大、由弱到强"的过程，得到了长足的发展。

（一）依托集体资产，发展"资源资产开发型"集体经济

"资源资产开发型"集体经济，包括村集体经济组织自主经营的物业经济和资源经济，即把村集体所属的关停企业、闲置房屋和校舍、机械设备以及公共服务设施设备等集体资产和集体所有的土地、林木等自然资源，采取承包、租赁、参股等方式开发利用，实现集体资源资产保值增值，通过分红或经营性收益增加村集体收入。"资源资产开发型"集体经济具有操作简单、收益稳定、市场风险较低、易于村民参与和监督等优势。

全县充分发挥旱地耕作传统优势和靠近市区地理优势，用活集体闲置资源、盘活集体沉睡资产、用好集体发展资金，加强了农民专业合作社建设，让资源变资产、资金变股金、农民变股东，推进村企共同经营、共同发展，打造了岭东"凤凰山庄"、小山南"梅苑山庄"、谷驼"郭氏羊汤"、桥上"宋雅未央"、丁家岩"九月"等一大批优质村企合作项目，推出独具太行特色的精品民宿典范，为"资源资产开发型"集体经济探索了发展路径。针对一些村无资源优势、发展思路窄、条件不成熟等问题，各村借力龙头企业，分别把产业资金入股到山西太行山大峡谷旅游发展股份有限公司、山西紫团生态农业有限公司、郭氏羊汤、欢乐太行谷、大象集团、凤凰山庄等企业，一方面确保了资金安全，另一方面还能按照6%~10%的比例获得分红收益，增加集体经济收入。

（二）利用自然资源，发展"土地经营型"集体经济

"土地经营型"集体经济，即由集体经济组织成立的股份合作社统一组织、规范有序流转农户承包土地，直接领办或通过股份合作来发展中药材、干果、水果等特色种植养殖，通过分红和经营性收益增加村集体收入；或者将土地资源的经营权或使用权入股农业企业，按股份享有保底分红和收益分红。壶关县部分集体经济组织通过有效利用闲置的集体土地以及"四荒地"等，上马或引进扶贫车间、农业合作社、石料企业、加油站等特色业态，让170多个村的沉睡土地及资产变为村级集体经济和农民增收的重要来源。集店镇岭东村与岭源农业开发有限公司合作打造的凤凰山庄旅游项目，探索出"资产盘活—合作经营—保底收益—盈利分红"的土地经营型增收机制，2022年村集体经济收入超过30万元。

（三）创新盈利模式，发展"服务创收型"集体经济

"服务创收型"集体经济，即由集体经济组织领办创办各类服务实体，为企业、合作社、个人提供农机作业、冷库仓储、产品加工运输、基础设施建设、家政、物业等服务，增加集体经济收入。另有部分集体经济组织在城中村和中心集

镇（村）出租临街集体门面房发展商业，成立物业管理公司为小区居民服务，大力发展城乡物业。2022年，全县已有59个村获得了物业管理收入，25个村通过修建停车场、建设标准化冷库、旅游设施等，为种植户、游客、物流等提供各种有偿专业服务，使村集体盈利超过10万元。

（四）建设平台企业，发展"产业带动型"集体经济

"产业带动型"集体经济，即由集体经济组织规模发展旱地西红柿、食用菌、中药材、小杂粮、畜禽等特色产业，投资入股乡村旅游、扶贫车间、光伏电站等特殊项目，打造"一村一品""一村多品"品牌格局，破解集体经济产业链条单一、抵御风险能力差、招商引资难落地等难题。壶关县乡村振兴投资有限公司共建成单村光伏电站129座13.5兆瓦，联村光伏电站3座24.2兆瓦。每年全县光伏产业帮扶项目共收益4500万元左右，光伏收益覆盖全县276个行政村（其中脱贫村209个），惠及3万余户脱贫户，村集体年均增收12万元。2021年，店上镇整合7个村集体和1个移民小区产业发展资金390万元，成立"红太阳"农旅开发有限公司，建设一个乡村振兴人才孵化基地、十个田头市场、百亩种苗繁育基地、千亩标准化设施大棚种植园区、万亩农业产业托管基地，通过"公司+园区+村集体+农户"的产业带动机制，帮助7个村平均增收超过10万元。

（五）彰显文旅特色，发展"乡村旅游型"集体经济

"乡村旅游型"集体经济，即由集体经济组织兴办旅游企业，依托民俗传统文化、山水自然风光、红色革命遗址等文旅资源，发展红色旅游、农家乐、采摘园、农耕体验、生态体验、休闲农庄、康养等乡村旅游业态，增加村集体经济收入。大峡谷镇杨家池村种植玉露香梨50余亩，桃树30余亩，油用牡丹60余亩，成功打造"景区花海"吸引游客1.5万人以上，累计为村集体创收30余万元。大峡谷镇大河村构建"支部搭台、承包经营、集体增收"机制，采取村上贴息等措施鼓励农户从事乡村客栈旅游接待，年接待游客30余万人次，旅游总收入2500余万元，村集体收入超100万元。

综合来看，按照资源禀赋和村集体收入，可将全县村级集体经济分为四类：一是资源禀赋较好、集体经济收入较高的"较发达型村级集体经济"，如小山南村、石堡寨村；二是资源禀赋较好、集体经济收入总量不高的"资源型村级集体经济"，如晋庄村、绍良村等；三是集体经济收入较高、资源禀赋相对缺乏的"资本型村级集体经济"，如南关村、常平村等；四是集体经济收入偏低、资源禀赋也存在欠缺的"欠发达型村级集体经济"，如王家庄村等。全县279个行政村均可参照自身资源禀赋与现有集体经济发展状况，按照不同路径发展各具特色的新型

村级集体经济。

三、集体经济经营管理和收益分配情况

在组织架构上，村级集体经济组织理事长由村党支部书记兼任，村民代表、村委会和村务监督委员会成员分别担任集体经济组织的股东代表、理事会和监事会成员。对于重大事项支出，全县各村严格按照"四议两公开"程序，即由党组织提议、村"两委"商议、党员大会审议、村民会议或村民代表会议决议，决议公开、实施结果公开，村务监督委员会对全过程进行监督，对重大事项支出进行界定。

在监督管理上，全县各村在收支使用管理方面，均采取内部监督和外部监督相结合的方式，有效实现了对村集体经济收入使用的全程监管。在内部监督上，村务监督委员会参与村级重大决策会议，对村务公开的内容、方式等进行监督，按月或按季度对村级财务事项进行审查，参与建设项目的监督管理和质量验收，实现了对村集体经济收入使用事前、事中、事后各个环节的全程监管。

在外部监督上，由各乡镇会计服务中心对村集体经济组织的收支进行严格管理，县农经部门对农村干部经济责任和任期经济责任审计，督查村集体经济收入使用情况，确保了资金使用各个环节在公开公正、阳光透明的条件下运行。对村集体资金、资产、资源全部建立了"三资"台账，明确界定产权。村集体采取"台账式"管理办法，每年底对集体"三资"进行一次清理核查，对因资产出售、报废、征地拆迁、规划建设、资产资源数量增减的情况，及时记录归档，完善台账，实行动态管理，建立"三资"动态管理档案，保证集体资金、资产、资源保值增值、有效防止资产流失。

年度收益分配依据当年收益情况进行分配，形成村级集体经济发展得越好、效益越高，村级组织运转经费就越多、服务群众和发展公益事业就越好的良好局面。收益较多年份应控制分配额度，并结转下年使用，实行"以丰补欠"。收益较少年份或可分配收益金额少，采取"一事一议"的方式，经集体经济组织成员同意，可以不向成员进行收益分配，主要用于集体公共积累和发展集体经济。收益分配方案的确定要科学合理，统筹兼顾各方利益，维护各方面的合法权益。坚持分配与积累并重、服务与发展并行，既注重扩大再生产，不断增加集体积累，又兼顾服务群众，不断发展公益事业，服务改善民生。收益分配方案要主动向集体经济组织成员公示公开，实行阳光操作，切实规范收益分配管理工作，确保收益分配公平合理、公正严明、公开监督，经得起检验和审计。

四、下一步工作计划

虽然全县在发展壮大村级集体经济工作中做了大量探索创新，取得了一定成效，但相比之下，仍有差距和不足，还存在一些薄弱环节。

在发展壮大村集体经济方面：还存在村上可以盘活的固定资产少，缺少信用抵押，而银行对集体涉农贷款，门槛高、要求多，因此村集体融资困难等问题。

在推进"清化收"工作方面：还存在部分税费改革以前形成的债权，由于债务人年老体弱，丧失劳动能力，无固定收入而征收偿还难等问题。

在"三资"管理工作方面：还存在村级报账员年龄偏大，知识水平低，接受新生事物能力差，业务能力无法满足村集体财务管理需要等问题。

在今后的工作中，全县将围绕省市目标任务，聚焦全县"三地"建设，用好资源优势，加大人才储备，集聚资本投入，加大督导力度，在发展壮大村级集体经济工作中打造壶关样板。一是进一步加强对村级集体经济发展的组织领导，做到思想上引、政策上扶、工作上帮、方法上教，营造良好的发展环境。二是进一步加大集体经济发展政策资金的帮扶力度，加大对乡村小微产业的扶持力度。三是进一步落实集体经济发展政策。围绕落实"强村带动发展、企业带动发展、产业带动发展、项目带动发展、能人带动发展"等方式，因地制宜，"一村一策"，加快推进村级集体经济发展。四是进一步强化结果考核激励。坚持把集体经济发展状况与乡、村两级干部的年度考核、干部选任、创先争优、岗位报酬挂钩，严格兑现奖惩，激发干部干事创业的热情。同时加强宣传引导，及时总结推广集体经济发展中的好经验、好典型，进一步营造浓厚的社会氛围。

长子县：
"三项机制、五个创新"促发展

中共长子县委

> ● 内容提要
>
> 长子县发展壮大村级集体经济的两个秘诀：一是实施"三项机制"，构建了农村集体经济强劲引擎：政策引导机制，为壮大集体经济"把舵定向"；组织领导机制，为壮大集体经济"保驾护航"；财政奖励机制，为壮大集体经济"架桥铺路"。二是推行"五个创新"，激活了农村集体经济一池春水：创新融资平台，引入资金活水；创新包联机制，领导下乡认亲；创新"五联"机制，壮大集体经济；创新考核机制，激发干部活力；创新工作方式，盘活闲置资源。

长子县位于山西省东南部，上党盆地西侧。因上古时期尧王大儿子丹朱受封于此而得县名。全县共辖9镇2乡、2个服务中心，设286个行政村，6个社区，399个集体经济组织，常住人口29.7万人，全县总面积1029平方千米。长子县地处太岳山脉向上党盆地过渡地带，地平水浅，平均海拔929.8米。气候宜人，四季分明，年平均气温9.3℃，降水量为532.1毫米，森林覆盖率为16.74%，是全国文明县城、国家卫生县城、国家园林县城、国家农产品质量安全县。

近年来，长子县贯彻落实中央、省、市指示精神和安排部署，坚持党建引领，聚焦乡村振兴，扎实推进脱贫攻坚和乡村振兴行动，农村发展环境得到优化，农村集体经济收入大幅度提高，农民群众获得感、幸福感持续提升。

一、基本情况

2022年，全县村集体经济组织总收入达1.43亿元，其中经营收入占21.35%，发包及上交收入占10.4%，补助收入占38.3%，其他收入占29.95%。2016—2022年，长子县集体经济组织经营性收入和其他收入占比有所上升，经营性收入占比上升3个百分点，其他收入占比上升14个百分点。近年来，农村集体经济组织发展势头不断增强，农村集体经济资源、资产面临着重新定价的潜在市场契机。

二、主要做法

一是政策引导机制，壮大规划蓝图。围绕发展壮大农村集体经济，研究制定出台了《长子县发展壮大村级集体经济实施方案》《全县发展壮大新型农村集体经济重点任务清单（2022年）》《长子县发展壮大村级集体经济扶持奖励办法》等一系列政策，为全县发展农村集体经济讲清了方法论、画出了路线图、制定了时间表，确保全县农村集体经济发展有章可循。围绕全县产业布局，科学编制《长子县域发展壮大新型村级集体经济专项规划（2022—2025）》，以乡镇为单位，因地制宜探索发展路径，科学制定产业发展规划，在全县梳理形成4种类型14种发展壮大村级集体经济发展模式，逐步形成一镇（乡）一主导产业的布局。

二是财政奖补激励，增强发展动力。加大财政支持力度，县级层面设立1000万元专项扶持资金，推动乡村产业发展，不断壮大村级集体经济。设立200万元奖励资金，对村级经济集体年收入达到50万元（含）以上的示范村，一次性奖励5万元；达到30万元（含）以上的试点村，一次性奖励3万元；达到15万元（含）以上的同步推进村，一次性奖励2万元；同时对作出突出贡献的强村一次性奖励3万~5万元，全面激发了全县行政村发展村级集体经济的工作热情。目前，100余个村集体发展各类设施蔬菜大棚2000多座，面积达到5000多亩，村集体经济进一步壮大。

三是创新融资平台，引入资金活水。为进一步打通县级层面农村集体经济市场化通道，纾解资金、资产、资源"三资"薄弱等问题，2022年挂牌成立了长子县农村集体经济发展有限公司，着力在"项目融资、产业投资、资产运营、项目建设、市场开发、人才引育"六大板块上充分发挥企业市场优势和村集体资源优势，真正实现资源变资产、资产变股权、股权变资金、资金变项目、项目变收益，为全面实施乡村振兴战略提供坚实基础和坚强保障。该公司与长子县农村商业银行签订战略合作框架协议书，与省农担公司（农业信贷融资担保有限公司）长治分公司、金融机构、集体经济组织对接洽谈，研究制定"四方合作方案"，设立资金风险池，进一步解决了村级集体组织发展产业资金短缺的问题，探索出了一条"金融+集体"的新路径。

四是创新帮扶机制，壮大集体经济。制定出台《长子县壮大村级集体经济强村带弱村实施方案》，以"消除薄弱村、壮大一般村、做强富裕村"为目标，通过"一对一"结对帮带、"走出去"寻找对象、"面对面"共谋发展、"手把手"指导帮助、"点对点"补齐短板等多种方式，开展"党建工作联抓、队伍建设联动、产业发展联谋、产业增收联创、村级事务联促"的五联工作法，以点对点、以点带面、点面结合，整体推进全县村级集体经济可持续发展。

五是创新工作方式，加强资产监管。开展一项行动。按照省市安排部署，从2022年3月在全县范围内深入开展了农村集体资产"清化收"工作。2022年共清理不规范合同16391份，涉及金额5578.71万元；化解农村债权5503.33万元；化解农村债务18569.82万元；新增地源收入1027.7万元，村均3.59万元。建立一项机制：先后制定出台《长子县农村集体经济合同管理办法》《长子县化解农村债权债务暂行办法》《长子县农村集体经济合同清理整治指导意见》《长子县村集体债权债务清收和偿还办法》《长子县农村土地承包（流转）指导价格》等管理制度，为积极化解农村债权债务提供了政策保障，有效推动了农村集体资产管理制度化、规范化。打造一个平台：率先在全市开展农村产权流转交易平台试点工作，搭建农村产权交易平台，健全县、乡、村三级服务体系，规范网上交易流传行为，实现村集体"三资"管理信息化、规范化、可视化。全县村集体产权平台交易929笔，成交额408万元。

三、工作展望

(一)发展目标

按照"一年稳基础，三年促提升，五年强经济，十年成体系"的思路：2023年，长子县村级集体经济收入30万元以上的行政村超过60%，全县各村要基本拥有集体经济增长途径和渠道，激活发展动能；到2025年，长子县村级集体经济收入30万元以上的行政村达到100%，基本形成集体产权清晰、内部治理完善、增收渠道多元、农民广泛受益的新型农村集体经济发展格局；到2030年，全县村级集体经济总收入增速稳定在6%以上，村集体产业更加强劲、集体收入构成更加优化、村集体经济组织发展更加高效，基本形成高质量发展的农村新型经济体制；到2035年，全县村级集体经济总收入再迈新台阶，村集体产业质量效益再有新提升，建成现代化新型村级集体经济发展长效体系。

(二)主要任务

一是强化组织建设。加强对村（股份）经济合作社的组织领导，规范组织运行，提升组织水平；要妥善处理好村党组织、村民委员会和村（股份）经济合作社的关系，规范开展村社分离，合理划分权责边界；加强对村（股份）经济合作社的培育指导，发挥集体产业优势、资源优势、发展优势等，提升村（股份）经济合作社效能。

二是拓展发展路径。学习借鉴新型村级集体经济发展的经验模式,探索长子县农村经济发展新路径;立足长子县农业产业优势,鼓励支持发展青(尖)椒等设施农业,培育壮大新型农业经济主体,发挥引领带动作用;支持和帮助村集体经济组织开发资源、培育产业、发展经济、优化结构,拓宽发展壮大新型村级集体经济多元路径。

三是创新经营模式。支持村集体和第三方合作共建,共同开发利用村集体资源,发展村集体经济;鼓励农村龙头企业、示范合作社等经营主体参与村集体经济发展,推动村集体经济增长;扶持外来企业在县内农村开办工厂,招聘农民,发展项目,增强农村经济发展活力。

四是加强政策支持。进一步加大对新型农村集体经济组织扶持力度,鼓励村(股份)经济合作社创新思路、大胆探索,并根据村集体经济增收情况给予奖励和补贴;落实好用地政策、金融支持政策、税收优惠政策、简化行政审批手续政策等,优化农村发展环境。

五是提升队伍水平。加强对(股份)经济合作成员的指导培训,提升合作社专业水平和成员综合素质;创新人才培养机制,提升农村发展环境,提高人才待遇保障,夯实农村人才基础;开展乡村帮扶行动,发挥好"三支队伍"(包村领导、驻村工作队和第一书记)作用,鼓励"三农"专业人才深入乡村开展技术服务,建强农村队伍;探索实施经营绩效管理和村干部报酬补贴制度,提升村干部待遇。

(三)发展保障

一是坚持党的领导。全县各级党组织把发展壮大新型村级集体经济作为新时期"三农"工作的一项重要任务,加强统筹谋划、细化工作举措、压实工作责任、严格工作落实。县级统筹负责制定全县农村集体经济发展规划和整体推进工作。乡镇党组织要加强对辖区村级党组织的领导,强化村级干部队伍培训,发挥村集体经济组织作用,帮助农村因地制宜发展主导产业和经营模式,增强发展动能。

二是加强扶持指导。加强对发展壮大农村集体经济工作的帮扶力度,全面落实中央、省、市、县优惠扶持政策,助力农村经济发展。强化部门指导,组织财政、农业农村等县级各部门对照职责分工和业务范围,深入农村开展帮扶指导工作,着力解决阻碍农村经济发展的各项沉疴痼疾,提升农村发展环境,释放农村发展活力。

三是注重示范宣传。培养选树发展壮大村级集体经济典型，打造选树一批村级集体经济发展示范村。充分利用电视、广播、网络、报刊等宣传媒介，加大对村级集体经济发展重要性、紧迫性和必要性的宣传力度，积极推介先进典型、成功经验和做法，以点带面，示范驱动，营造浓厚的舆论氛围。

四是强化督查考核。建立发展壮大村级集体经济工作目标责任制，把发展村级集体经济情况作为乡镇工作考核的重要内容，加大考核比重，压实工作责任，增强乡村干部的责任感和紧迫感。对全县各村按照"年初初评+动态调整+年底定星"模式实行星级化管理，并将星级评定与村党组织书记报酬待遇挂钩，奖优罚劣，不断推动村级集体经济壮大提质。

武乡县：
三级联动平台统领　激发集体经济活力

中共武乡县委

> ● 内容提要
>
> 探索成立武乡县农村集体经济发展有限公司，12个乡镇建立乡镇集体股份经济合作联合总社，整合全县资产、资源、资金，统一运营管理。立足资源禀赋，实行"一村一策、一村一业"，逐步形成"特色种植业+""农业生产托管+""电商产业+""乡村旅游+""红色物业创建+"等8种模式，因地制宜推动发展村集体经济。抓住课题研究这关键一招，12个乡镇领办课题，厘清"四个关系"，明晰产权归属，完善收益分配，规范交易行为，不断增强集体经济发展活力。

为持续增强全县村级集体经济发展后劲和活力，促进村级集体经济和农民"双增收"，武乡县认真贯彻落实省、市关于发展壮大村级集体经济相关部署要求，细化任务清单，明确工作措施，全力推动村级集体经济壮大提质。

一、基本情况

武乡县辖6乡6镇，269个行政村。截至2022年底，全县269个行政村集体经济总收入超过9900万元，全部达到10万元以上，其中年收入10万~30万元的村160个，占比59.5%；30万~50万元的村71个，占比26.4%；50万元以上的村38个，占比14.1%，村级集体经济收入中经营性收入占比达到51.31%。

二、主要做法

（一）抓机制，建全村级集体经济运行体制

一是成立了发展壮大村级集体经济工作领导小组，出台了《武乡县发展壮大村级集体经济实施方案（2022年—2025年）》，明确总体目标、年度目标，规划八大产业发展模式，多渠道促进村级集体经济增收。二是研究制定了《武乡县发

展壮大新型村级集体经济专项规划（2022年—2025年）》，为全县村集体经济发展保驾护航。三是推行"4个1"包联机制，制定了《关于建立村级集体经济薄弱村"两包联两结对"机制的通知》（武基专办发〔2022〕14号）、《武乡县2022年乡村振兴示范创建行动方案》（武办发〔2022〕7号），分别对28个集体经济薄弱村、22个乡村振兴示范村制定了发展措施，建立了帮扶制度。

（二）抓运营，释放村级集体经济"三资"活力

一是成立武乡县农村集体经济发展有限公司。该公司顺应全面实施乡村振兴战略，着眼于发展壮大农村集体经济、有效促进农民增收，聚焦于资源承载、资金整合、项目建设、产业投资的"县乡村一体化运营"。平台公司将全县农村集体资产、资源、资金捆绑整合，运用市场化手段，不断增强全县农村集体经济发展后劲和活力。二是围绕加快市场主体倍增，建立"村集体+企业+基地+农户"的特色种植发展模式，村集体以土地入股，企业负责产业前期投入，后期收购、加工，农户负责田间管理，建设产业基地，加快产业化联合体、农民专业合作社、家庭农场等经营主体发展。

（三）抓保障，构建村级集体经济发展合力

一是设立发展壮大村级集体经济扶持奖励资金1000万元，制定专项扶持奖励办法，对全县经济总量增长明显、增幅明显的村给予扶持奖励。涉农资金、高标准农田建设、乡村重点产业项目用地指标等政策倾向于重点村、示范村、集体经济较弱村。二是提升村级集体资源利用价值，在结合农村集体资产"清化收"工作基础上，全面梳理村级集体资产，对各类闲置资产，如校舍、厂房、机动地等进行多渠道盘活，采取资金投入、出租、入股分红等方式增加村级集体经济收入。三是全面梳理各类政策，加大宣传，利用《致武乡在外乡土人才一封信》吸引各类人才回乡创业。同时建立村集体经济项目库和专家库，按照村级申报、乡镇初审、专家评审、县级联审的程序，238个村集体经济项目入库，实现所有项目统一调度和管理。从县农业农村局、县农业技术推广服务中心、县现代农业发展中心等县直部门选聘32名农业专家，负责对全县村集体经济项目进行指导，提供政策咨询，确保村集体项目"落地生花"。

（四）抓源头，激活村级集体经济发展动能

一是高质量完成农村集体资产"清化收"工作。制定《关于开展农村集体资产"清化收"工作的实施方案》，成立农村集体资产"清化收"工作领导组，组建工作督导、依法打击、仲裁审判3个工作专班。以村级集体经济合同专项清理、村级债务化解、新增资源收费为重点，先后组织开展业务培训13期860人次，发放

《致全县村集体成员的一封信》等宣传资料30681份，并制定《武乡县村集体资产年度清查和定期报告制度》，明确清查范围、清查方式及处理结果。二是巩固深化农村集体产权制度改革成果。制定《武乡县完善村级集体经济组织收益分配制度的指导意见》，优化分配政策，明确收益分配的范围、原则和程序，确保集体利益与个人利益相互促进、相得益彰。

（五）抓产业，拓宽村级集体经济增收渠道

一是探索"特色种植业+""畜禽养殖业+""庭院经济+""农业生产托管+""电商产业+""乡村旅游+""服务业+""资产资源+"等8种产业发展模式，为村级集体经济发展提供新思路。二是从2022年开始，以村级集体经济年生产经营性收入超10万元为目标，在全县实施村级集体经济"十村示范、百村提升、村村翻番"创建行动。

（六）抓典型，发挥村级集体经济示范效应

一是通过观摩评比、实地参观、相互交流等方式深挖了一批有潜力的村集体"示范村"，由县委宣传部利用微信、微博、手机客户端等新兴媒介平台集中宣传推广，在全县营造发展壮大村级集体经济学有标杆、做有示范、干有榜样、赶有目标的浓厚氛围，不断强化村集体经济的保障功能。二是出台《武乡县农业生产托管试点项目实施方案》《武乡县建设农业产业示范乡镇实现"双十万"目标试点实施方案》等文件，多渠道促进村集体增收。

（七）抓考核，建立村级集体经济考评制度

一是把扶持壮大村级集体经济情况纳入乡镇党委书记抓基层党建述职评议考核的重要内容，同时纳入支部书记年度考核内容。二是将村级集体经济发展与农村"两委"干部工资待遇挂钩，实行村级集体经济发展增收奖励制度，按照不超过当年村级集体经济经营性收入新增部分10%提取奖励资金，进一步激发村干部发展集体经济、带动群众增收、助力乡村振兴的积极性。三是建立考核考评制度，实行"一周一调度、两周一总结、一月一通报"制度，由县发展壮大村级集体经济领导小组办公室每周对各部门村级集体经济情况进行调度，两周进行一次汇总，一个月进行一次进度通报。同时将发展壮大村级集体经济纳入县对乡镇年度目标责任专项考核和乡镇党委书记抓基层党建工作述职评议考核，对工作不力、成效不明显的乡镇党委书记实行"一票否决"。

三、工作亮点

一是盘活资产开发生财。县低效能用房工作专班牵头整合关闭企业厂房、仓

库、林场、鱼池、机器设备等集体资产,通过招标出租、股份制合作等形式盘活开发,提高经营利用效益,实现保值增值。

二是打造平台整合生财。县财政注入2000万元发展资金,成立村级集体经济发展平台公司,建立村级资源资产互联网交易平台,依托村集体经济组织合作社整合所有村级集体资产,让村集体经济从"单打独斗"转变为"抱团取暖",实现集体经济规模化、产业化。积极探索建立财政投资20万元以下项目村级自主决策机制,鼓励股份经济合作社承办村级建设事务,增加集体收入。

三是因地制宜带动生财。实行因地制宜、分类发展的办法,上司乡打造电商专业村10个、乡村网红直播间100个,开展"直播带货",做强武乡小米、武乡梅杏等农特产品线上线下销售。分水岭乡发展黄牛养殖及肉产品加工项目,打造畜禽养殖重点村10个。

四是清收见底增效生财。扎实推进"清化收"工作,为村级集体经济壮大提质奠定坚实基础。全县269个行政村,清理不规范合同6268份,涉及金额4344.76万元,通过不规范合同清理增加收入361.52万元;化解农村债权8700.25万元;化解农村债务9584.54万元;新增地源23092.03亩,收费224.42万元。

四、下一步工作计划

武乡县集体经济发展中仍存在三个方面的不足。一是集体经济发展不平衡。有的村地处偏远,区域位置和自然条件较差,发展优势缺乏,资源资产盘活难,资金投入需求量大,缺乏懂经济、懂管理的人才资源和龙头企业带动。二是整体发展水平不高。纵观全县,有优势产业、规模化产业的村庄较少,大部分村的产业正处于探索阶段,规模化程度低,产业发展稍显滞后。三是项目管理不够规范高效。部分强基惠农资金合作项目、扶持发展壮大村级集体经济项目建成后经营管理不到位,场地类项目季节性特征明显,使用率不高,没有发挥最大效益。

下一步,将做好三个方面的工作。一是将继续加强专业化管理队伍建设。拓宽选人渠道,将政治立场坚定、品德好、素质高、专业型、有激情且群众认可度高的人才优先配备为村级后备干部,增强发展村集体经济的战斗力。同时充分发挥乡村本土人才带动作用,促进新乡贤、优秀农民工等各类乡村精英回归家乡,构建乡村能人与集体经济组织的合作机制。二是将继续探索强村带弱村、结对发展等方式。扩大示范效应,探索多种发展模式。根据每村地理位置、资源优势等,因地制宜谋划农业、工业、服务业等方面产业,通过集中连片效应进行规模化发展,不断加大资金投入,强化技术服务,做好产品质量和品牌等,持续壮大村级集体经济,促进农村增收致富。三是将继续完善监管机制。全程监督检查村集体经济项目发展,及时纠正资金使用、工作推进中的问题,确保集体资产保值增值、稳定增收。建立问责机制,发展村集体经济过程中切实遏制懒政惰政、不管不问而造成的损失。健全考核激励机制,发挥正向激励作用,将发展壮大村级集体经济工作纳入村干部考核内容,将考核结果充分运用到评先评优、选拔任用等工作中。

沁县：
"三管齐下"激发集体经济发展动能

中共沁县县委

> ● 内容提要
>
> 一是坚持县委打头，县乡村三级整体发力。县级不遗余力大力扶持，乡村锚定目标大胆探索，呈现出举措丰富、项目多样的特点。二是加大政策扶持力度，高效推动落实。沁县出台《发展壮大村级集体经济20条改革举措》，用足内力提升集体经济发展动力，广借外力激发集体经济发展活力。三是紧抓特优发展，打造品牌提质增效。倡导"示范村+特色产业+N个集体经济合作社"发展模式，打造特色品牌产品和特色旅游乡村。

一、基本情况

近年来，沁县按照全面实施乡村振兴战略的总体要求，坚持市场导向，突出产业发展，将扶持壮大村级集体经济作为农业农村工作的重中之重予以部署，扎实深入基层调查研究，同心协力，明确责任，真抓实干，落实措施，促进农村集体经济快速发展，取得了一定成效。2022年全县村级集体经济收入5114.66万元，较2021年增幅77.1%；其中经营收入3044.53万元，占比59.53%，较2021年增幅73.91%。全县218个行政村收入全部达到10万元以上，其中收入10万~30万元126个村，30万~50万元87个村，50万~100万元4个村，100万元以上1个村。

二、典型做法

（一）坚持县委打头，县乡村三级整体发力

县级不遗余力大力扶持，乡村锚定目标大胆探索，11个乡镇各想其法、各做其事，呈现出举措丰富、项目多样的特点，村级集体经济发展充满活力。一是把发展壮大村级集体经济作为村党支部书记星级评定项目，达到10万元加1星，20

万元以上加2星，50万元以上加3星，激励村支书铆足劲、放开胆。二是2022年出台沁州黄小米、高粱、一产高质量发展三大强农惠农扶持政策，全部把集体经济组织纳入扶持范围。三是开展发展壮大集体经济专题培训，对政策、农技、经营管理、财经纪律等业务技能进行精准培训。四是全县49个集体经济薄弱村全部由县处级领导包联，负责定思路、上项目、破难题。

（二）加大政策扶持，高效推动落实

一是围绕省、市产业布局要求，统筹制定了《沁县发展壮大新型村级集体经济专项规划（2022年—2025年）》，决定充分利用创建"国家农业绿色发展先行区"的契机，确定"优化本土传统产业带动一批、引进农业龙头企业带动一批、开发生态文旅产业带动一批、增加财政扶持项目带动一批"的"四个一批"思路，推动村级集体经济产业升级、收入增加。二是在大力发展设施农业、特色种植、特色养殖、休闲观光农业等传统产业的基础上，县委县政府通过深入调研、深度思考、结合实际、因地制宜，出台了《沁县发展壮大村级集体经济的20条举措》，全县在寻找发展路径方面做了积极的探索，形成了资源出租型、资产盘活型、资金利用型、旅游开发型、能人依托型、产业发展型、社会服务型、光伏项目型、机制创新型等十种模式，为集体经济发展打下了比较好的基础。三是根据《全市发展壮大新型农村集体经济重点任务清单（2022年）》设立专项扶持资金和奖励办法的要求，分别拿出900万元和100万元作为壮大村级集体经济专项扶持资金和奖励资金，出台了《发展壮大农村集体经济扶持资金使用办法（试行）》和《发展壮大农村集体经济奖励办法（试行）》，使资金使用科学化、规范化、制度化，提高财政资金配置效率和使用效益，助推全县村级集体经济高质量发展。四是将发展壮大新型农村集体经济纳入乡镇年度目标责任专项考核和乡镇党委书记抓基层党建工作述职评议考核的重要内容。同时加大对村党组织书记发展新型农村集体经济的考核力度，考核结果与评先评优等直接挂钩，切实增强了基层组织发展壮大村级集体经济工作的积极性、主动性和创造性。

（三）紧抓特优发展，打造品牌提质增效

一是倡导"示范村+特色产业+N个集体经济合作社"发展模式。沁县松村镇康公村引进沁润农业发展有限公司，打造650亩蔬菜产业园，带动全县6个乡镇种植3500亩；新店镇小王村引进潞威农业发展有限公司，发展1000亩芦笋种植基地，带动小王村每年增收45万元，其他11个村各增收18.4万元。二是打造了特色品牌产品。南里镇唐村"沁吖吖"牌沁州黄小米锅巴，南里镇北底水村"宇辰"沁州鸡蛋，定昌镇段柳村"沁鲜荳"豆腐，新店镇小王村"怡口思源"牌芦笋，漳源镇

罗卜港村"罗卜港"牌系列农产品等远销上海、北京等全国各地，形成了新的品牌效应。三是打造了特色旅游乡村。漳源镇漳河村生态游、牛寺乡走马岭村亲子游、郭村镇石板上村休闲游成为暑期旅游好去处，景点每日游客不断，村集体和村民每日有收入。

三、突出亮点

一是项目要选准。在发展集体经济的过程中，要充分结合各村的实际，选准选好适宜当地发展的项目。只有项目选好选准了，村集体经济才能得到最大限度的发展，农民才会增收，项目资金才能发挥最大效益。

二是村级班子要强。要结合村"两委"的实际，加强村"两委"班子组织能力建设，解决好村级班子的认识问题。有了较强的"两委"班子，村集体才能发挥凝聚力，集体经济的实施才有组织保障。

三是启动资金要充足。发展壮大村集体经济需要一定的资金，各级要积极争取项目资金支持村集体经济发展，加强项目资金、项目工程监督管理指导。项目实行村民主理财，实行财务公开，做到支出透明，让村民自觉支持，村集体经济项目才能顺利实施。

四是村集体资金要用活。在村集体经济得到发展的村，要用好用活村集体资金，加强村内公益事业建设，改善村庄道路和农业基础设施建设，推动农业产业的发展，再发展壮大集体经济，逐步形成良性循环。

四、存在的困难和问题

（一）发展村级集体经济意愿有待进一步提高

一是部分村"两委"干部对发展村级集体经济的认识不清、思路不明、积极性不高、责任心不强、自我发展意识淡薄，缺乏内在发展动力，过分强调缺乏资金、项目、人才等客观条件，存在"等靠要"和任期内"不求有功，但求无过"的思想，缺乏担当和创新发展精神。二是村民获得感不强，参与发展集体经济积极性不高。村民普遍认为集体经济发展好坏与自身利益无关，对村集体资产处置和征地款等，村民往往是要求"一分了之"。村集体凝聚力不强，村民参与集体经济发展积极性、关注度不高。

（二）发展村级集体经济缺少优质要素资源

一是经清产核资，发现全县多数村已将集体土地、山林、水库等资源全部包产到户，村集体基本上无可用资源，加之由于农业项目经营风险较大，村集体不敢不愿采取租赁、土地入股等多种形式流转土地，或与家庭农场等新型经营主体合股联手经营等方式，把潜在资源用好用活。二是少数村有集体资产，但由于地势偏远，交通不便，导致开发利用价值不大，无法给村集体创收。三是有的村干部为降低风险，将集体资源简单处理，一次性发包几十年，收取较低的承包费或出让费，导致集体资源利用率低，村级集体经济缺乏可持续收入。

(三) 发展村级集体经济政策支持力度不够

一是土地等要素资源受规划红线的影响，致使部分有资源的村项目难以落地，使村级集体经济发展项目受限。二是扶持力度不到位。县乡没有根据村级集体经济发展项目需求成立专业的技术指导团队，落实对应的技术指导人员。三是涉农项目资金支持村集体力度不大，无法做大村集体经济盘子。四是随着美丽乡村建设的推进、村庄清洁行动的开展，村集体需增加文明创建、配套设施建设等方面的费用，收支矛盾将更为凸显。

五、工作展望

一是进一步谋划好村级集体经济发展规划，明确职责、压实责任，切实细化、谋划好乡村集体经济发展规划；二是进一步落实好村集体经济发展项目，因地制宜定项目、招商引资引项目、全面发展寻项目，做到项目一落地便开花；三是进一步加强对村级集体经济发展的组织领导，做到思想上引、政策上扶、工作上帮、方法上教，形成推动村级集体经济发展的强大合力；四是进一步加强宣传引导，及时总结推广集体经济发展中的好经验、好典型，营造浓厚的社会氛围。

沁源县：
突出四个"求" 增强造血功能

中共沁源县委

> ● **内容提要**
>
> 一是在资源上"求清"，全面厘清村集体资产资源"家底"，为挖潜发展奠定了基础。二是在政策上"求实"，制定一系列接地气、易操作的财政、金融、人才等扶持政策，为集体经济发展增添了助力。三是在制度上"求新"，成立领导工作小组和工作专班，建立四个包联机制，以党建引领强化人才支撑，明确县级平台公司主抓方向，形成了县、部门、乡、村四级工作合力。四是在产业上"求活"，依托各自资源禀赋、产业基础和区位优势，因地制宜创办村集体产业项目，初步探索出了盘活资源型、特色种养型、服务创收型、综合发展型、抱团发展型等多种形式的发展路径，增强了村集体自身造血功能。

一、基本情况

沁源县位于山西省中南部、太岳山东麓、长治市西北，全县总面积2549平方千米，辖6镇6乡，181个行政村，2022年末全县总人口14.9万人，其中城镇人口7.4万人，乡村人口7.5万人，城镇化率49.66%。全县森林覆盖率近60%，居全省第一，是全国天然林保护重点县、省级限制开发重点生态功能区。全县耕地保有量33.3万亩，其中基本农田保护面积27.9万亩。沁源县煤炭累计探明储量60.25亿吨，全县30座煤矿，产能3520万吨，是全国重点产煤县和全省主焦煤基地县。同时，沁源县盛产连翘、黄芩、党参、柴胡等20多种中药材，享有"北药之首"的美誉。2022年，全县地区生产总值完成304.8亿元，同比增长10.3%；工业增加值完成285.8亿元，同比增长13.4%；财政总收入102.87亿元，其中，一般公共预算收入30.65亿元，同比增长69.41%。近年来，沁源县把发展壮大村级集体经济作为夯实基层基础、加快农村经济发展的重点来抓，创新工作思路，强化工作举措，发展壮大村级集体经济成效初显，全面消除了10万元以下的集体经济薄弱村，村级集体经济发展态势良好,有力支撑了农村发展和农民增收。

二、主要措施与做法

(一)加强组织领导,强化工作机制

一是成立领导工作小组。沁源县成立发展壮大村级集体经济工作领导小组,组织、发改、财政、农业农村、人社、自然资源等涉农部门为成员单位,办公室设在农业农村局。该小组明确了各成员单位的职责分工,形成了县级、部门、乡镇、村四级工作体系和工作合力。同时,该小组成立了发展壮大农村集体经济工作专班,负责统筹推动全县集体经济发展工作,制定全县发展壮大农村集体经济工作方案,指导集体经济发展的具体工作。该小组还召开发展壮大农村集体经济工作部署会、推进会、现场会、经验交流会等,推动工作有效开展。二是建立"4个1"包联机制。针对乡村振兴重点村、集体经济薄弱村以及推荐的示范村,分别由县级领导、乡镇领导、县直单位、技术专家结对包联,在项目规划、生产经营、产品销售等环节提供全程服务,夯实包抓包建责任。明确各相关部门对发展村集体经济的政策、技术、资金、物资支持和投入责任,层层传导压力、倒逼责任落实,规范管理促进发展。全县46个乡村振兴重点村、集体经济壮大示范村和47个集体经济薄弱村都已建立了包联机制。三是完善考核机制。制定村党组织书记星级化管理办法,将村集体经济收入与村党组织书记星级挂钩。将发展村级集体经济纳入乡村振兴考核、乡镇"三农"重点工作专项考核、乡镇年度考核,对乡镇村党组织书记履行职责、发挥作用情况设定专门指标并量化评分,加大对发展农村产业、增加经营性收入的考核权重,推动各乡镇提高对村级集体经济的重视程度。同时,建立了日常调度机制与定期通报机制,每月专班打分考核乡镇工作完成情况,形成了良好的工作秩序。

(二)做好摸底工作,坚持规划先行

对全县行政村农业、人口、自然人文资源、经济发展、农村基础设施和公共服务发展情况、村庄发展存在的主要问题及未来发展打算进行全面摸底,了解全县农村发展基础、优势与问题。在此基础上,引导谋划村级产业发展规划和项目落地发展,厘清发展思路,明确发展路径。全县181个行政村均制定了发展壮大村级集体经济计划,各乡镇制定了集体经济发展方案,县级制定了《沁源县发展壮大新型村级集体经济专项规划(2022年—2025年)》。2022年底,全县农村集体经济项目共计231个,其中在建项目68个,已建项目86个,拟建项目77个。

(三)发挥资源优势,探索多元发展

各村坚持把培育主导产业作为实现村级集体经济可持续发展的根本措施,依托本地资源禀赋和产业基础,因地制宜,策划优质产业项目,或发展特色产业,或通过土地入股、房屋租赁等方式,盘活现有存量资源,实现集体经济壮大,初步探索出了多种形式的集体经济发展新路径。例如,沁河镇城北村常青市场的盘活资源型;王和镇苦参种植、法中养牛的特色种养型;中峪村成立基建服务企业的服务创收型;景凤镇的综合发展型;法中乡青龙沟4个村养牛产业、灵空山镇3个村蔬菜产业、王和镇9个村苦参产业,赤石桥乡6个村党参产业、韩洪乡9个村食用菌产业抱团发展型等。沁河镇城北村立足区位优势、盘活闲置资源,融资3500万元,建成4500平方米的常青农贸市场,大力发展商贸服务业,为村集体每年创收350余万元,实现股民分红1300余元;灵空山镇4个村结合采煤沉陷区的实际情况,整村搬迁到县城,对腾退出的土地进行复垦,平衡土地指标,集中发展大型畜牧产业,盘活乡村土地资源,拓展集体发展空间。王和镇贾郭村依托村集体经济股份合作社,盘活闲置耕地2450亩,租赁农户土地650余亩,打造3100亩苦参种植基地,产值达到1395万元,使中药材成为全村村民增收的支柱产业。中峪乡中峪村把握霍州煤电中峪煤矿基建机遇,创立村办企业,经营商砼搅拌站项目,村集体经济年收入可达900多万元,参股股民户均增收3万元。通过产业的多元化发展,全县村级集体经济发展水平有了明显提升。

(四)坚持党建引领,强化人才支撑

壮大农村集体经济,关键在人。沁源县坚持把选准一个"带头人"、培养一批"领路人"作为搞好村级集体经济的重要手段。充分发挥党组织书记带头作用,通过学习培训、相互观摩等方式,全方位提升党组织书记发展经济的能力,培养村干部成为懂经营、善管理、发展集体经济意识强的能人。发挥党员的先锋模范作用,在党员中积极培养产业带头人、致富带头人,通过党员带头干,帮助拓宽发展思路,提升综合能力,突出特色资源优势,带动农民、贫困户的广泛参与。发挥致富能手的示范带动作用,实施"优才返乡创业计划",创建在外人才返乡服务机制,积极推进能人回乡,企业兴乡,带领群众致富强村,培育农村发展新动能。全县有156名农村党员领办集体经济项目或农业经营主体,其中127名党员创办领办农业经营主体。王陶镇豆壁村8名党员领办村内能繁母牛养殖、油麦种植、玉米套种大豆三个项目,集体经济增收10万余元。将242名农村产业带头人、致富能手及外出务工经商人员等优秀人才纳入村级后备干部人才库。开展优才返乡创业计划,有33名优秀人才返乡创业或引进产业项目。选聘15名省、市、县农业、乡村振兴专家,建立村集体经济发展专家团队,指导各村规划发展项目,提供政策咨询。

(五)完善扶持政策,强化激励机制

一是出台财政资金支持和奖励政策。出台《沁源县发展特色农业产业奖补办法》,对种植养殖、农产品品牌建设、农业基础设施等予以资金扶持。争取省级专项资金500万元、市级专项资金350万元,县级配套900万元,积极打造1个省级乡村振兴示范村、2个市级乡村振兴示范村、6个县级乡村振兴示范片区,进一步推动村村联建、村企共建、联合发展。制定《沁源县发展壮大农村集体经济扶持和奖励办法》,设立扶持资金1000万元,按照村级申报、乡镇初审、县级考核的程序,分为攻坚扶持型、壮大扶持型、示范扶持型三个类型进行扶持,共扶持36个村的集体经济项目;设立100万元奖励资金,对经营性收入增幅排名前20名的村给予奖励,每村奖励5万元。二是实行金融扶持政策。建立金融服务村集体经济组织发展5个工作机制,包括会商研判机制、跟踪入企服务机制、督导协调机制、脱贫小额信贷助力机制、争取上级政策求突破机制;同时创新金融产品,落实普惠政策,积极引导、协调县域银行金融机构服务村集体经济发展。对县级以上农业龙头企业贷款额度在50万元以上,用于农业生产发展的按照基准利率的30%予以贷款贴息扶持。三是完善土地支持政策。在乡镇国土空间规划和村庄规划中预留不超过5%的建设用地机动指标;县级国土空间规划安排不少于10%的建设用地指标,重点保障乡村产业发展用地;提高用地审批效率,保障建设项目及时落地,助力乡村振兴。

(六)百企帮百村,消除薄弱村

沁源县充分利用当地煤炭等企业众多的优势,开展"百企帮百村,消除薄弱村"工作,动员、引导、组织县内企业积极参与,切实找准企业转型与各村发展的结合点、共振点,通过政府搭桥、村企对接,企业把市场、劳务等需求空间让出来,各村把土地、林地等资产盘活用起来,推动企业将产业优势、项目优势、资金优势、人才优势转化为结对村的发展优势,创新村集体经济组织发展模式、运行机制和管理体制,多层次、多渠道、多形式推进农村集体经济持续较快发展。全县14个公司27个煤矿对接帮扶59个集体经济薄弱村,2018年以来帮扶共建资金累计达1000余万元。

(七)扎实开展"清化收",夯实集体发展基础

为加强农村集体资产管理,规范集体经济组织运行,发展壮大村集体经济,沁源县按照全市统一部署,以"全覆盖、零容忍、无盲区"的决心、态度和要求,

集中开展了以农村集体经济合同专项清理、村级债务化解、新增资源收费为内容的"清化收"工作，从不规范合同中挖潜力，在陈年旧账中淘金子，向新增地源要效益。出台了《关于在农村集体资产"清化收"工作中加强法律支持的通知》，为各村、乡镇合同审查研判提供指导。成立了片区指导组，持续开展下乡督促检查工作。对存量合同进行研判，对新增合同持续进行公示。开展了小块地、机动地、自留地的测量与统计，各村支部书记、主任签订承诺书，历任村主职干部回忆梳理在任期间经手合同，并提交纸质材料。由县级律师团队对已完成村级商议、乡镇合议的乡镇进行复议，逐份研判疑难合同，分批分类抽查规范性合同。目前，全县"清化收"工作已全面完成，共对181个行政村的7292份合同进行了全面分析研判，清理不规范合同1391份，通过合同清理增加收入共计1352.48万元；摸排债权2.39亿元，债务4.49亿元，化解债权7807.21万元，化解债务9995.69万元；摸底统计新增地源面积17900.85亩，新增地源面积收费2045万元。

三、取得的成效

（一）村级集体经济收入大幅提升

2022年，全县181个村集体经济收入15480万元，比2021年增加5174万元，增幅50.20%；其中，经营性收入12388万元，比2021年增加6459万元，增幅108.94%。平均每村集体经济收入85.52万元，其中经营性收入68.44万元，占村集体经济收入的比重达到80.03%，比2021年提高22.5个百分点。村级集体经济发展态势良好，发展能力明显提升。

（二）集体经济薄弱村全面消除

2021年，全县集体经济薄弱村（集体经济年收入10万元以下）共59个，占全县行政村总数的32.60%。其中，集体经济收入5万元以下的村7个，占3.87%；5万~10万元（含5万元）的村52个，占28.73%。2022年，全面消除了年收入10万元以下的集体经济薄弱村。其中集体经济收入10万~30万元（含10万元）的村49个，占27.07%；30万~50万元（含30万元）的村47个，占25.97%；50万~100万元（含50万元）的村48个，占26.52%；100万~500万元的村33个，占18.23%；500万元及以上的村4个，占2.21%。

（三）带动农村产业发展农民增收能力提高

全县2022年落地实施的农村集体经济产业项目有146个，共投入资金13808.7万元，实现耕地规模化经营17252亩，发展设施农业3476.46亩，特色种养项目99个、旅游开发项目8个、生产加工项目12个、农业生产服务项目19个、其他项目8

个，增加农民收入2395.8万元，有效促进了农村产业发展和农民增收。

四、存在的问题

（一）村集体经济发展不平衡

由于各村地理环境、资源条件不同，发展基础相差较大，以及有效发展模式存在差异，导致各村之间集体经济发展差距大。临近城镇、集镇、近郊和主干公路沿线的村，交通区位优势明显，城乡一体化程度较高，一二三产业融合度好，集体经济大多基础较好，发展水平整体较高。而地处偏僻、资源匮乏的村，由于集体经济基础薄弱、人员科技文化素质不高且产业结构单一、农民收入低、普及农业技术不到位等因素严重制约了农村集体经济的发展。目前，全县仍有8个村集体经济收入在15万元以下，巩固全面消除薄弱村的任务较重。

（二）村级集体经济收入较为单一

目前，大部分村集体经济来源主要靠出租集体土地、空闲的集体房屋收取专业性承包费和租金，或者以拍卖承包荒山、荒沟、荒滩和矿产等自然资源获取部分收入。只有少数资源优势明显、区位条件良好的村庄通过村办企业、入股企业，或出租门面房等作为村集体主要经济收入来源。集体经济产业规模较小，且"遍地开花"，单打独斗多、抱团发展少，没有形成产业链条，集群效应发挥不明显。有规模优势的生产基地少，打造产业整体主打品牌、提高市场竞争力的基础还没有形成，全县整体产业布局尚不明显。

（三）村级集体经济发展基础依然薄弱

农村集体经济基础较为薄弱，农业生产环节存在诸多问题，主要表现为产业结构单一、经济发展层次低、规模小，管理粗放，经济效益低，难以形成市场竞争力和实现可持续发展。在培育集体经济的龙头企业方面，农产品外销以初级产品为主，附加值低，市场竞争力不强，龙头支撑产业发展的作用不明显。在培育新型经营主体方面，县域新型经营主体实力弱，成立的各类农民合作组织实力薄弱，带动能力有限，难以担负起规模化、标准化的农业产业化建设重任。

（四）造血功能仍然不足

因地域位置、资源禀赋等客观原因，资源相对缺乏的村对如何发展集体经济缺乏细致的谋划。部分村干部存在不同程度"等靠要"思想，发展意识欠缺。发展集体经济项目多依靠村原有的集体资源，没有创新创业，发展后劲不足。

五、进一步发展壮大村级集体经济的建议

（一）加快推动项目落地

深入挖掘县域资源、文化、生态、交通等优势，打通资源、资产、资本转化通道，通过用好乡土优势资源，拓展乡村多种功能，创新发展模式，加快落实村级集体经济发展项目，努力把"好资源"转化为"好产品"，把"好产品"转化为"好品牌"，持续增强乡村产业发展动力、活力和竞争力。

（二）加大财政扶持力度

县财政进一步增加发展壮大农村集体经济专项资金，采取补助或奖励的办法，扶持村集体因地制宜发展现代农业、特色农业、特色产业基地、统一经营的高效农业项目和休闲观光农业项目。同时，对村集体经济扶持项目，严格项目建设管理，紧盯实施项目的建设内容，及时掌握项目进展情况，积极开展跟踪问效，确保项目顺利实施，保障项目持续保值增值。

（三）加强联建发展

加强县级村级集体经济平台公司建设，进一步探索利益协调分配模式，强化资产监督和风险防范工作。鼓励多个行政村通过成立联合社或经营公司投资集体经济发展项目，引导县内工商企业参与集体经济发展，形成村村联合、村企联合、村校联合等联建发展模式。

（四）继续加大金融支持力度

加强涉农金融机构创新金融产品和服务力度，实现行政村金融服务全覆盖。针对发展壮大村级集体经济出台制度，开发专项信贷产品，对符合条件的村级集体经济项目在信贷支持上实行计划优先、利率优惠等政策。

（五）加强农村人才队伍建设

大力推进村干部队伍建设，广纳贤才，把能力强、懂经济的人才选配到村"两委"主要领导岗位上。积极开展优才返乡工作，让有才能、有技术、有资源的优秀人才回乡建设。强化专业培训，努力提高农村集体经济人才的政治素质和经营管理能力，为村级集体经济发展提供人力资源保障。

典型村案例

立足区位优势 激发发展动能

——潞州区新民村案例

一、基本情况

新民村位于长治市城东南路,隶属长治市潞州区东街街道办事处管辖,地处东大街繁华地段,交通便利,商业繁荣,是长治市主城区的东大门。全村1178户,3650人,辖区总面积1.55平方千米,其中耕地面积81亩。2020年5月完成农村集体产权制度改革,成立了东街街道新民股份经济合作社。多年来,新民村充分发挥临城近市区位优势,通过招商引资、联合开发、入股经营、自主经营等措施,因地制宜发展壮大集体经济,形成了市区东南部最大的装饰装潢产业聚集区,推动集体经济步入可持续发展的良性轨道。2022年,全年集体经济收入1944.81万元,其中经营性收入1835.5万元,占集体总收入的94.38%。先后荣获国家文明村、山西省文明和谐示范农村多项荣誉。

二、主要做法

(一)坚持党建引领,全力推进高质量发展

新民村通过支部带头、党员带领、能人带动、典型示范,使基层党组织真正成为产业转型、集体增收、持续发展的"火车头"和"领头雁",提升了基层党组织的凝聚力和组织力,打造了坚强战斗堡垒。党支部牵头制定出台了新民壮大提质集体经济实施办法,谋划了壮大村集体经济思路,为集体经济提质增效打下坚实基础,实现了党建工作与发展壮大集体经济同频共振、互融共促。

(二)立足区位优势,全面释放发展新活力

20世纪90年代初期,新民村以菜场经济发展为重要支柱,集体企业规模小、档次低、利润少。近年来,新民村充分利用市区东大门的区位优势,积极转变发展思路,坚持将第三产业发展作为主攻方向,提出"退二进三""三一二"等发展思路,持续壮大村集体经济。一是聚焦三产抓招商。坚持以地聚财,把区位优势、资源优势转化为产业优势、经济优势,积极盘活旧厂区、闲置宅基地、养殖场等集体建设用地,通过招商引资、联合开发、入股经营等方式,先后建起了长治市龙盛装饰城、长治市万博装饰广场、长治市光大养殖园仓储物流基地、长治市三和不锈钢市场等新型支柱产业，打造城东装饰装潢建筑建材家居主商圈。二是创办实体促发展。村集体将壮大集体经济作为头等大事，依托龙盛装饰城、万博装饰广场等装饰、装潢建筑建材家居市场，盘活村集体旧厂房，自行投资兴建了新民装饰城、新民玻璃市场、新民综合服务楼、新民石雕艺苑等经济实体，拓宽了集体经济增收途径，既解决了村民就业问题，又壮大了集体经济。三是多元经营促增收。利用种植蔬菜传统优势，释放农村集体产权制度改革活力，村集体经济组织牵头，采取集中购种、集中施肥、集中防治、集中种植、集中销售的方式，种植稀特蔬菜品种，年产各类蔬菜400余吨，并在此基础上，投资兴建了面积12000平方米的新民农贸市场，入驻各类商户120余家，日均客流量5000多人次，年交易总额达5000余万元。目前，新民农贸市场已成为市区东南部农副产品主要批零市场，以良好的口碑，2022年被政府授予"山西诚信企业"。

（三）强化管理服务，持续激发发展能动力

一是扎实开展"清化收"工作。坚持"联动化"部署、"靶向化"落实、"科学化"推进，成立统筹工作专班、清欠工作专班和排查工作专班，围绕承包合同规范完善、债权债务有效化解、新增资源收费逐步增加"三大目标"，一体推进"清化收"工作，对辖区范围内所有承租户进行了地毯式排查，建立了台账，共排查合同101份，其中不规范资产合同14份，资源性合同11份，已清理11份，增加村集体收入222.56万元，逐步摸清了家底、厘清了旧账、规范了管理。二是不断创优营商环境。投资350余万元对新民装饰城西区的路面和房顶进行修缮，投资100余万元对新民农贸市场内外进行了装饰装修并规范店铺经营行为，市场面貌焕然一新。建立推进市场主体倍增工作机制，村"两委"为前来办理营业执照的商户提供"一站式"服务，营商环境持续改善。通过有力有效的工作举措，保护和激发了市场主体活力。

（四）制定惠民政策，提升村民幸福度指数

通过促进经济发展和对集体资产的科学、有效管理，为保障所有者权益提供了坚实的基础。随着经济总量的增长，新民在保持实收资本金一定规模的同时，也使每年的集体公积金、公益金保持了平稳增长。秉持以人为本，逐步完善了各项补贴办法，为村民免费办理城镇居民医保，制定社会职业技能培训资助、大病救助、大学生资助、殡葬改革、老党员老社员老干部的生活补助等办法。2022年，新民村用于民生费用总共814.85万元，民生事业如期为村民兑现各项惠民补贴，提高群众幸福感和获得感，并依托新时代文明实践站开展各类志愿服务和文体活动,让村民们在"老有所养,学有所教,难有所助,病有所医"中实现物质生活和精神生活"双丰富"。

三、发展思路

新民村坚持发展为第一要务,积极转变发展思路,依托自身优势,经过多年努力,由单一的种植、养殖农业村转型发展成为以第三产业为主、一二产业为辅的综合经济体,在盘活集体资产同时,增加了村集体经济收入,带动群众创业就业,在推动集体经济提质增效上取得显著成效,实现了集体经济由弱到强的转变,群众幸福感获得感进一步增强。新民村将以市场为导向,以创新为举措,持续放大地理优势,用好资源禀赋,探索符合新民实际的发展新路子。

商贸立村　三产带动

——潞州区紫坊村案例

一、基本情况

紫坊村位于长治市潞州区中心西侧，三纵三横的城市主干道穿村而过，东至城西路，西至西一环路，南至府后西街，北至太行西街，地理位置优越。全村辖区1.6平方千米，村域面积2148亩，其中：村庄占地面积约为299亩，耕地面积58亩。全村1383户，5462人，党员178名。近年来，紫坊村紧紧围绕"商贸立村、三产带动"的发展思路，以加强党组织建设为基础，以建设都市商贸村为目标，以增加村集体收入为核心，以改善群众生产生活条件为落脚，紫坊村经济实现跨越式发展，2021年村集体收入达3800万元。

二、主要做法

（一）抢抓机遇创立村办企业

21世纪初，为了壮大村级集体经济，促进村民增收，解决人多地少、区位优势发挥不明显等问题，紫坊村多次召开党员大会讨论研究，决定抢抓农村综合改革机遇，盘活村内闲置土地，分别投资8000余万元、2.8亿元建设了紫坊农贸市场、凯丰物贸园区，历经20余年的发展，2021年紫坊农贸市场收益达到1684万元，并且连续多年获得农业农村部、商业部"双百市场""全国蔬菜批发五十强市场"等多项荣誉，凯丰物贸园区也发展成为华北地区最大的现代化商贸物流基地。在做大村集体收入这块"蛋糕"的过程中，两个市场不同程度存在财务管理不规范的问题，不能按时足额上交经营收入。2019年，紫坊村通过学习先进管理经验，转变发展思路，经村"两委"研究决定，把包括两个市场在内的村办企业财务收归村集体进行统一管理，通过财务改革，严格收入管理、支出审批，每年为村集体增收500余万元，进一步壮大了村集体经济。

（二）聚焦转型建设正则美食城

进入新发展阶段，紫坊村立足新发展理念，积极推进服务业提质增效，逐步淘汰高污染落后产能，2021年，紫坊村引导泰舸汽贸城进行转型升级，高标准规划建设了营业面积40000平方米的正则美食休闲广场，推动完成产业升级、消费升级，目前该项目已引进商户75家，提供就业岗位800多个，实现税收300余万元，成为产业转型的新亮点。

(三) 完善福利提升社会效益

立足提升村民的社会保障水平，紫坊村通过不断健全完善村民的福利待遇，在经济发展的同时不断提升社会效益。在紫坊农贸、凯丰物贸园区两大市场的带动下，许多村民投身三产服务业，通过入驻市场或者在周边开饭馆、旅店等途径增收致富。2011年，紫坊村投资1500万元，创办了集居住、日间照料、娱乐、健身、康复多功能于一体的老年公寓，经过多年探索，紫坊老年公寓由原来的单纯养老转变为"医疗+养老"的健康养老，探索出了一条医养联合体模式，村内老年人均可以成本价享受到养老服务。同时，紫坊村每年为村民统一缴纳合作医疗款，并且每名村民都按年龄领取不同金额的生活补助金，真正做到了在共同富裕的道路上一个也不掉队。

三、经验启示

紫坊村在壮大村集体经济的过程中做到了以下三点：

一是有坚强的干部队伍。紫坊村充分发挥基层党组织的战斗堡垒作用，把党的组织优势转化为产业发展优势，同时不断注入"新鲜血液"，充实后备干部队伍，做到了人才不断档、发展不停步。

二是有明确的发展思路。紫坊村立足产业振兴，通过合理利用区位优势，抢抓机遇创办了紫坊农贸市场、凯丰物贸园区、紫坊老年公寓等几家村办企业，集群化发展村集体经济，带动村民经商就业，增收致富。

三是有合理的分配制度。紫坊村每年直接支出福利费用就达1630余万元，加上村内人居环境改善等费用支出，每年有80%以上的集体收入都花在群众身上，通过健全的福利保障制度和收入分配制度，最大限度地激发了广大群众干事创业的积极性，推动村集体经济不断发展壮大。

加快农旅融合　绘就发展新画卷

——上党区琚寨村案例

一、基本情况

荫城镇琚寨村位于山西省长治市上党区荫城镇，村落紧邻荫城镇，北距上党区12千米，距长治市25千米，村落周围有S326、S327两条省道，交通条件便利。全村现有人口2500人，党员79名。琚寨村历史悠久，文化积淀深厚，曾先后获得中国历史文化名村、中国传统村落、山西省文明村、山西省生态村、山西省名胜景区、爱国主义教育基地、长治市"美丽乡村"等多项荣誉。村内有农、林、牧等丰富的文化旅游资源，有九龙一凤、玉皇观、赵树理故居等旅游景点。2022年农村集体收入达135万元，发展模式为"产业发展型"模式，大力发展乡村旅游业和服务业。

二、主要做法

近年来，琚寨村"两委"充分发挥组织领导作用，依托中国历史文化名村的文化积淀，充分发挥赵树理文化品牌优势，大力发展休闲农业与乡村旅游，推进农业与旅游、文化、教育、康养、体育等深度融合，努力实现全村农业兴、农民富、农村美，奋力谱写乡村振兴新篇章。

（一）立足文化资源，发展旅游产业

基于中国历史文化名村、中国传统古村落的旅游资源，依托村内独具特色的古建筑"玉皇观、张家大院、琚家大院、贾家中医世家、贾贵楼、赵树理故居"等院落，投资300余万元进行基础设施完善，包括古建门楼建设、古院落修复、道路拓宽、停车场建设、景观绿化及村内基础设施，开拓了琚寨村的旅游新前景。

（二）加快农旅融合，助力乡村振兴

立足自身发展实际，按照"示范先行，典型引路"的宗旨，外访专家搞调研，内摸实际搞规划，结合学习借鉴外地经验，提出了发展循环农业的新思路。以"村集体+合作社+农户"的运作模式，投资500万元建立养殖场，进行规模化养殖管理，统一防疫，统一消毒，统一销售，开创了多层次、全方位的产业化道路，既抵抗风险,又争取利润最大化。目前园区养殖场占地面积达到15200平方米,存栏肉牛650余头、存栏肉羊2500余只,是长治地区饲养量最大、品种最优、实力最强的肉牛肉羊养殖企业之一。流转农户土地1000余亩,主要种植干水果经济林、粮食作物和蔬菜等,形成了牛羊规模养殖、粪污堆肥还田、农田废弃物转饲料的生态循环业发展模式。通过土地流转发展集体经济,创造就业岗位60个,年人均增收8000余元,直接帮助20户贫困户就业脱贫,间接带动100余脱贫户并持续增收。通过现代循环农业的建设,蹚出了一条高产高效、优质低耗、绿色无污染发展的生态新路子。

(三)打造文旅综合体,促进产业提质增效

围绕"低碳养生"和"休闲娱乐"的主题,依托琚寨村优越的地理位置和独特的历史文化,按照人与自然和谐共生的理念,布局休闲度假服务设施,设置多主题的娱乐体验项目,完善农业生产体系,打造生态农业生产、会议休闲、生态田园、度假养生、民俗体验运动游乐为一体的文旅综合体,即凤凰岭·梅苑休闲度假农庄。梅苑农庄计划总投资1500万元,占地500亩,已完成投资500万元,用于农庄窑洞民宿改造、民俗餐厅、蒙古包特色餐厅以及内部配套设施建设,可容纳500人就餐和培训工作,年净利润达50万元。二期工程用于历史人文展馆建设、古院落修缮以及园区景观绿化布局等。

三、经验启示

一是确立因地制宜的发展思路。发展壮大村级集体经济,要立足自身实际,坚持从村情出发,辩证看待优势劣势,做好扬长补短的基础性工作。

二是做强农村合作经济组织。发展壮大村级集体经济,要培养新型职业农民,加大对村干部、党员干部、种养大户的培训,争取产生一批在种植、养殖等方面的致富带头人。

三是选好配强村"两委"班子。发展壮大村级集体经济,要切实加强以党组织为核心的基层组织建设,选好配强村"两委"班子,把农村优秀人才选拔到村"两委"班子中,推动村级集体经济的发展。

传承手工挂面　　打造农味品牌

——上党区团山村案例

一、基本情况

团山村位于东和乡南部山区，距离上党区8千米，和长子县南张村交界，交通便利。全村共有294户，867人，党员49名，村"两委"班子成员6人，下设3个村民小组。团山村村域面积约6平方千米，耕地面积1022亩。2022年村集体经济收入85万元。

二、主要做法

（一）挖掘特色找定位

2020年，为贯彻实施国家精准扶贫政策，团山村"两委"在乡党委、政府和区水利局驻村工作队的大力支持下，深入进行市场调研、村情民俗摸排，发现团山村有手工自制挂面的传统习俗，而且村内多人掌握传统制作技艺，口感极佳。结合市场调研，手工挂面的市场需求较大，具有广阔的潜在市场。团山村挖掘传统手工自制挂面手艺，探索产业致富之路，盘活闲置产业，充分进行资金引流，决定投资建设手工挂面厂，传承和发展传统手艺，发展壮大村级集体经济。

（二）盘活资产夯基础

本着经济、便捷的原则，团山村挂面厂在村委大院内进行建设，充分利用村委大院二楼空置房间，进行重修，改建成符合挂面厂要求的厂房12间，配套设施4套，占地面积274.5平方米。2020年上级部门拨付团山村15万元产业扶贫资金，专项用于对手工挂面产业发展的扶持，扶持内容包括厂房的修缮和设备的购置。设备选用节能设备，降低运行成本，提高市场应变能力。项目于2022年1月正式投产，年产挂面1.6万余千克，产值可达18万元。

（三）严格把关造品牌

村党支部为了实现挂面厂长期可持续发展，讨论研究出了生产经营"六个统一"管理法则，即统一管理认证、统一品牌标识和包装、统一产品标准、统一生产工艺、统一销售经营、统一价格。同时，通过实现品牌整合、生产整合、市场整合，引导企业建立诚信制度，坚持原味、原样、原生态，有效扩大了品牌的知名度和占有率，确保大众能吃到优质、安全、健康、营养的放心挂面。

（四）拓宽渠道扬民俗

手工挂面厂拓宽了村民参与挂面加工的渠道，提高了自我发展能力，现在团山村已形成了"户户想做挂面、人人争先致富"的喜人局面。

增加村民收入渠道。挂面生产需要采购大量面粉、淀粉、鸡蛋、食盐等原材料，就近采购原材料，既节约了运输成本，也能增加村民人均收入。

提供就业岗位，手工挂面厂以雇用村中手工挂面传统手艺技术工人和留守妇女为主，目前7人实现家门口就业。

打造挂面文化。在团山手工挂面走出去后，将更好地带动村民制作手工挂面，进而可以将团山村发展成为手工挂面村，将团山村手工挂面作为一张名片，推广北方农村的传统农色农味。

三、经验启示

团山村"两委"把发展壮大集体经济作为村级集体经济建设的一项重要内容，确定发展计划，明确发展思路，责任落实到人，增强干部的责任感，激发发展壮大集体经济的内在活力。通过挖掘手工自制挂面的传统，传承和发展制作传统手艺，壮大集体经济，将手工自制挂面发展成为特色品牌。

一是发展壮大村集体经济，加强组织建设是保障。乡党委书记、村党支部书记要切实担负起壮大村集体经济的政治责任，建设一个好班子、带出一支好队伍，不断提高基层党组织的凝聚力、号召力和战斗力，凝心聚力推进农村集体产权制度改革和壮大村集体经济。

二是发展壮大村级集体经济，必须依靠乡、村两级联动。要发展村级集体经济，仅仅依靠村"两委"干部的能动作用是不够的，只有通过乡、村两级联动，齐抓共管，才能推动村级集体经济的良性发展。

三是发展壮大村级集体经济，必须坚持因地制宜找好路子。在资源相对匮乏的农村发展壮大村集体经济，必须因地制宜，深挖潜力，借助外力，坚持走多元化联动发展的路子，最大限度地降低市场的风险。必须坚持分类指导、因村施策原则。要在巩固提升、提质增效上下功夫；要在拓宽渠道、扩张总量上求突破；要在选好路子、盘活资产、扶持培育上想办法。

沼气构筑大产业　强村富民促发展

——屯留区王庄村案例

一、基本情况

上村镇王庄村地处屯留区东南部，南临郭淹线村，东依208国道，北靠309国道，交通便利。全村共622户，1591人，党员75名，耕地面积3796.9亩，地平水浅，农业生产条件好。近年来，在区委、区政府和镇党委、镇政府的大力支持下，王庄村以党建引领助推乡村振兴，坚持新能源发展，逐步探索出了沼气高值利用的多元发展模式，通过做大做强沼气产业，发展循环有机农业，实现集体经济稳步增长，先后获得"山西省级文明村""全国文明村"和"全市先进基层党组织"荣誉。

二、主要做法和成效

（一）创新理念，变废为宝

2018年，长治市在全省范围内率先开展城乡生活垃圾分类处理与循环利用工作，王庄村借着这股东风，对本村乃至全镇的生活垃圾总量、类型进行了深入研判，以"垃圾产气"为着力点，通过上级支持和村集体贷款等方式筹集资金，探索分类处置、循环利用、变废为宝的垃圾分类新路子。定了就干，干就干好，支部书记带领"两委"班子成员，全天24小时坚守在岗，仅用了45天时间就建起一座2000立方米的可腐烂垃圾沼气综合处理站，实现了353户的村民清洁能源炊事用气，试运行了30户冬季清洁取暖和王庄村便民浴室取暖，村民生活幸福指数显著提高。

（二）扩大规模，提升产能

"沼气是个宝，生活变美好"，这句顺口溜已经在上村镇王庄村变成现实。2020年，在项目前期稳定有效运行的基础上，王庄村积极探索发展沼气产业市场化、专业化、工业化，以村办企业长治市鑫合润农业开发有限公司为龙头，以市场化运营为手段，规划新建40000立方米的沼气综合处理站，分三期完成。目前一期10000立方米沼气站及配套设施已于2020年底建设完成，对接村上农户壁挂炉353户集中供暖。沼气以低于市场价格供本村村民的炊事、取暖,增加了10万元集体经济收入。同年,建设了6个现代化高标准养殖大棚,养殖生猪1700头,2021年村集体收入达80万元。

(三)延伸产业,形成链条

王庄村以"上联养殖、下联种植、中联清洁能源进村入户"的有机循环农业发展"屯留模式"为路径,以沼气站为"起搏器",发展有机循环农业。2020年王庄村结合本村实际,积极探索发展设施农业,集体承建18座100米长、跨度15米的中型大棚和1座600米长、跨度35米的水肥一体化温室大棚。目前已完工15座,4座正在建设中,4座已经投入使用。大型水肥一体化温室大棚将打造成为集农业观光旅游、绿色果蔬采摘、科技成果展示于一体的农业综合体,中型大棚主要用于大力发展辣椒、土豆、娃娃菜、高粱、黑糯玉米等绿色旱作经济作物。同时,还建设了5个现代化高标准养殖大棚,发展生猪养殖特色产业。在这一链条中,沼气站将畜禽粪便、庄稼秸秆、厕所污水、生活垃圾进行综合化利用处理,村民们用上炊事用气、供热取暖,沼渣、沼液成为经济作物的"营养剂"。在这里,垃圾不再是"放错地方的资源",真正成为受大家欢迎的"农家宝"。2022年王庄村集体经济收入达90万元。

三、问题与建议

王庄村坚持以沼气多元化发展为突破口,持续扩大规模化养殖,在稳定保障居民集中供暖、炊事气源的同时,积极探索有机肥料的生产加工,节约农业资源成本,培育乡村新产业新业态,大力发展联农带农产业,推动全链条特优农业发展,实现农业增产、农民增收和集体经济壮大。但在沼肥蔬菜的品牌打造、产品精深加工等方面还存在明显短板,建议屯留区将继续深化省校合作,全产业链打造现代物理农业体系,全域推进有机设施循环农业建设,深入推进屯留农业供给侧结构性改革,坚持科技兴农,打好特色优势牌,全力打造全省绿色有机循环农业示范区和最安全农产品供给地,带动农业高质高效、乡村宜居宜业、农民富裕富足。

凝"智"聚"力"促增收

——屯留区西酪余村案例

一、基本情况

2018年底，屯留区农村集体产权制度改革工作全面推开，西酪余村坚持发挥党支部优势，紧盯集体土地这个关键，借势动真碰硬，收回被占用的集体土地，优化整合资源，以土地租赁为基础，实现村级集体经济的起步；积极招商引资、争取上级扶持，发展粮食深加工产业，为发展村级集体经济注入源头活水；精准把脉产业发展趋势，构建村集体、企业、村民互惠共赢的产业格局。在发展壮大村级集体经济中，打造了"西酪余样板"。

李高乡西酪余村位于屯留区东南部，紧临麟泽大道，便于大型车辆物资流通运输。全村477户，1327人，村"两委"干部6名，党小组3个，党员29名，耕地3875亩，以种植玉米、蔬菜为主导产业。近年来，村党支部以农村集体产权制度改革为契机，以土地确权为突破口，清资产、收土地、引企业，进一步壮大了村级集体经济。2021年集体经济收入17余万元，带动村内就业20余人，为推动乡村振兴打下了坚实基础。2019年以来，西酪余村连续三年荣获"长治市文明村"称号。

二、主要做法和成效

（一）盘活资产资源，增强造血功能

村党支部借产权制度改革的东风，村干部攻坚克难，盘活村集体闲置资产资源，开展清产核资，建立三资台账，将村民无偿耕种的集体土地、闲置房屋等收归集体。2019年村党支部收回村民无偿耕种的集体土地300余亩和旧场房一处，由村"两委"草拟发包方案，明确底价、年限等，召开村民代表会议讨论，表决通过后出租给村种植大户，当年村集体经济收入增加9万元，打通了村集体经济"造血大动脉"。

（二）巧借外力发展，创新致富路子

产业兴旺是推动乡村振兴的基础，村党支部深知发展经济是让集体拥有发言权的重中之重。村党支部为实现集体土地经营收益最大化，2020年，村党支部

利用100余亩集体土地引入山西宁瑞农业开发有限公司发展现代肉牛养殖，采取"党支部+企业"的模式，通过招商引资与村集体经济有机融合，走出一条"招商引资+村集体经济发展"的新路子。通过出租集体土地，解决企业用工需求，做大村集体经济"蛋糕"，提高村民收入，按照800元/亩的价格收取租赁费用，每年增加集体经济收入8万元，收取电信公司建设2个信号塔占地费用每年7000元。

（三）拓宽发展思路，突破增长瓶颈

村党支部以乡村振兴为目标，以发展村级集体经济为举措，积极探索实践多元化发展村集体经济的有效途径，将目光瞄准了村里现有资源——原牛场闲置场房。2023年，村党支部积极发展集体企业，充分发挥村级股份经济合作社"引擎"作用，对原牛场闲置场房进行维修、加固、改善，建设面粉加工经济实体，建成集体所有制的西酪余村面粉加工厂，加工车间15间，占地1000平方米，现机器、人工、原料已准备就绪，投产后，村集体经济年可增收20万元。同时，村党支部引领建成日光温室大棚3座、春秋大棚13个，种植各类绿色无公害蔬菜。项目建成后，形成了"上联加工、中联养殖、下联种植"的产业发展格局，面粉厂产生的麦麸出售给肉牛养殖场发展养殖产业，肉牛养殖场产生的有机肥出售给村民发展种植产业，村民种植的小麦在村集体面粉加工厂加工，实现了村集体、企业、村民三方增收，用实际行动打造全市绿色种养循环农业样板。

三、问题与建议

西酪余村坚持发挥党支部优势，紧盯集体经济壮大关键，优化整合资源，巧借外力发展，选准发展模式，突破增长瓶颈，把加快村级集体经济发展与招商引资上项目、提升现代农业发展水平结合，在促进产业发展中壮大村级集体经济，推动乡村振兴。但在发展过程中仍然存在着产业带动能力不强，集体经济产业发展主要靠村"两委"主干及班子成员，村干部受能力水平限制，市场营销理念有待加强。下一步建议西酪余村加大对村"两委"干部和党员致富带头人的培训力度，提高市场营销理念，为集体经济发展提供人才支撑。

依托红色文化优势 蹚出产业融合路径

——潞城区北村案例

一、基本情况

北村位于山西省长治市潞城区店上镇西,距城区25千米,全村区域面积11.8平方千米,744户,2410人,耕地面积3000余亩,曾是八路军总司令部和中共中央北方局东渡黄河、挺进太行、开辟华北抗日根据地长期驻扎的第一站。近年来,北村坚持"红色促党建、党建带发展"的思路,紧抓推动红色村组织振兴建设红色美丽村庄试点村和省级乡村振兴示范村建设有利契机,积极探索发展壮大村级集体经济新路径、新模式,围绕红色资源、耕地资源及矿产资源优势,大力推动一二三产业融合发展,不断发展壮大村级集体经济。2022年村集体经济组织收入4650万元,股金分红232万元,成功入选山西省2022年度村级集体经济发展"先进村"。

二、主要做法和成效

近年来,山西省店上镇北村坚持"红色促党建、党建带发展"的思路,以八路军总部北村旧址和红色培训教育基地为核心,盘活闲置多年的原西域、潞安焦化厂和北村旧砖厂等闲置企业厂房,谋划"北村小米""北村老陈醋"等特色产业品牌,全力推动农民专业合作社发展,加快发展村级集体经济,不断提高村民的幸福感、获得感。

(一)以农业调产为抓手,特色种植促进一产高质量发展

2020年整合村集体土地70亩,种植兼具观赏性和经济价值的油牡丹,大力发展休闲特色农业。2021年开始,流转农户土地200亩,2022年继续扩大规模,先后种植谷子、高粱等农作物,走规模化农业种植道路,同时大力引导全村农户发展多样化种植,为农业增产增收创造了条件。2022年,利用省级乡村振兴示范村创建有利契机,依托"朱总司令种南瓜"的故事,在村东选址建设占地面积约72亩的北村特色南瓜种植园。目前,14座钢架春秋大棚全部建成,2023年将重点发展种植特色南瓜。通过近年来的快速发展,北村小米品牌远近闻名,北村高粱全

部用于传统老陈醋酿醋原料使用，北村南瓜园将成为北村红色旅游的又一新的标志性观赏体验景点。

（二）积极盘活"僵尸企业"，引资上项实现二产转型升级

北村工业起步较早，民营企业较多，但因市场行情和国家政策调整等多方面因素影响，村内企业纷纷停产破产，形成较多废弃厂矿。2018年以来，北村村"两委"积极招商引资，成功盘活原西域焦化厂、潞安焦化厂、鞭炮厂、宏远化工厂等"僵尸企业"，先后引入宙石建材、明耀德贸易、盛其欧工贸、己二腈化工、万利恒工贸、德润盛保温材料等多家企业，总占地约500亩。通过腾地换企，一方面盘活了闲置资源，以土地"存量"换取发展"增量"，推动了闲置建设用地的二次利用，让"沉睡"的土地焕发出新的生机活力；另一方面为村民增加了就业渠道，实现了家门口就业增收的美好愿望，为村内的各种公益活动提供了赞助支持，更为村级集体收入的增加注入了新的来源，每年增加土地租金收入50余万元。2022年，北村利用废弃的原北村卫生院旧址，高标准建设了北村传统老陈醋项目，采用"公司+农户"的模式，积极打造老陈醋酿醋作坊、醋文化展厅等，进一步延伸农业生产加工的产业链，同时又将北村传统的酿醋文化进一步传承发展，走向企业化生产经营的道路。

（三）大力挖掘红色底蕴，延伸产业助力三产提质增效

自2015年开始，北村协调八路军总部北村旧址13个院落的主体修缮，同时展开北方局、膳食科后院三进院工程，对周边环境进行整治，动员村民搬迁11户并妥善安置，使总部旧址修缮工程顺利推进，总投资近千万元。投资200余万元，启动总部消防安全等配套实施工程，依托八路军总部旧址维护打造红色产业基地。目前，北村红色研学基地即将投入使用，通过新建教学楼、红色文化广场、配套改造住宿餐饮区域，进一步深挖红色文化底蕴，开辟红色文化产、学、研一体化体验式旅游模式。同时由长治市潞城区文化和旅游局负责建设的山西省长治市八路军总部北村旧址保护利用项目，目前正在进行前期手续审批，结合北村特色南瓜种植园、北村传统老陈醋等新项目的建成，将进一步增加北村红色文化元素，充实北村红色文化底蕴，让红色革命精神真正转化为产业发展优势，为发展红色产业打下良好基础。

三、经验启示

北村在集体经济发展中充分发挥出引领示范作用，结合自身发展实际，创新发展思路，通过盘活土地、整合资源、创新模式、优化服务等多种措施，将农村

发展瓶颈变为产业发展优势，推动北村红色美丽村庄试点村建设提质增效，为村级集体经济发展壮大注入持久动力。

一是盘活资源，村企共建。北村通过有效整合闲置建设用地激发村庄发展活力，在盘活"僵尸企业"上下大功夫，积极招商引资，引进宙石新型建材等多家企业，每年为村集体增收100余万元，还促进了村民就业增收。立足周边企业众多的特点，北村探索"村企共建，联动发展"模式，为潞安焦化厂、漳村煤矿等周边大型企业提供用地用工、物流运输等服务，助力企业增收增效的同时带动村级集体经济发展壮大，仅此一项，每年可为村级集体经济增收200余万元。

二是整合资金，项目支撑。依托乡村振兴示范村建设项目，北村大力发展乡村旅游，先后谋划实施了10余个红色旅游项目，总投资超过8000万元，为壮大村级集体经济、助力乡村振兴积蓄动力。

三是产业提质，服务创收。北村抢抓红色美丽村庄试点契机，建设研学实践基地、传统酿醋作坊及观光体验大棚，形成产学研一体化产业。以红色旅游为依托，大力发展特色种植业，加快发展休闲农业和品牌农业，积极探索农产品加工业，促进一产提质增效。

土地入股稳增收　产业发展促振兴

——潞城区西流南村案例

一、基本情况

西流南村，位于长治市潞城区东部，地处辛安泉镇腹地，属国家一级水源保护区，历史悠久，古遗迹、遗址颇多，素有"长治生命泉""潞城小江南"的美誉。全村总面积9.1平方千米，耕地2430亩，313户，1180人。2018年3月完成农村集体产权制度改革，并同步成立股份经济合作社。近年来，西流南村立足优质生态环境，借势美丽乡村建设，向青山绿水要效益，大力发展特优农业、休闲旅游、民俗文化产业，有力推动村级集体经济持续发展壮大，有效带动群众共同增收致富。2022年，村集体经济收入154.2万元，比上年增长50%，其中经营性收入82.7万元，占比53.63%。

二、主要做法和成效

（一）盘活土地要素夯基础

针对沿浊漳河1300多亩集体土地长期被少数人无偿占有，村级集体经济难为"无米之炊"的陈年问题，村党支部大刀阔斧进行"分配改革"，经多次入户协商和会议研究，制定了《沿河滩地改革分配方案》，经过对全村集体资源的清查，集体经济合作社一次性收回了"失管"的1300余亩土地，并将连片的600余亩土地一并由村集体以入股的形式流转经营。村级集体经济及时"止损回血"，仅收回和流转的1900余亩土地，直接增加村集体收入40万元，为集体经济后续发展注入了"源头活水"。

（二）狠抓产业发展提收益

为了充分利用好1900余亩土地，西流南村采取"支部主导、集体经营、干群参与、收益共享"的模式，由村集体统一提供种子肥料，村集体农机专业合作社统一实施机械化作业，按照股份经济合作社总负责，村"两委"6个干部分别负责产业网格，部分党员、村民代表及其他群众纳入网格直接负责的架构，除水源地保护区750亩用地及种植苗木花卉800余亩外，共同经营采摘桃林200余亩，特色小杂粮150余亩，配套加工生产辣椒酱、蜂蜜、红丝菜等农产品，并通过"田园采摘+电子商务+门店销售"形式进行销售。2022年，增加集体收入近50万元，带动村民每年增加务工收入5000余元。

（三）深化链条延伸挖潜力

聚焦"创特色、打品牌、提效益"的发展思路，立足"水源地保护区"的金字招牌，常态化举办主题性桃花节、采摘节、红色乡村骑行游等文化活动，积极承办潞城区农民丰收节和农产品展销会，新启动运营了以西流南驿站为载体的"毓芳园"项目，新建成运行了总投资约1000万元的"青葱乐园"休闲体验农业综合体项目；同时结合本地特色农产品、饮用水资源、传统工艺品等，利用撤并村场地、设施，配套新建广源食品厂和"民间彩灯工坊"，文旅产业带动集体经济收入30余万元。一二三产业联动，把乡村山水、人文、农业等资源优势转化为发展动能，为集体经济持续增收蓄势赋能。

三、经验启示

（一）摸清家底，夯实发展根基

发展农村集体经济，要立足现有资源禀赋条件，首要的是必须摸清家底。西流南村通过深化产权制度改革，开展集体资产清查，全面摸清了村集体资源资产情况，及时收回"失管"的1300余亩土地，有效解决了人地矛盾，也为后续的统一经营发展奠定了基础。

（二）立足农业，激活发展动能

发展农村集体经济，农业产业是基础。西流南村以村集体土地为基础，进一步流转农户土地进行统一经营，促进了分散土地的有效整合，实现了农业规模化经营。通过组建农机专业合作社，大力发展农业社会化服务，有效拓宽了土地规模化经营方式。通过与电子商务运营公司合作，搭建农产品网上销售渠道，促进了特色农业增效。

（三）三产融合，拓宽增收渠道

发展农村集体经济，充分发挥村集体的组织优势，实现多产业协同发展是关键。西流南村充分发挥自身资源优势，按照"农业+文旅+加工"多种经营模式并行的发展思路，在大力发展特优农业的基础上，大力引进企业，发展休闲旅游、民俗文化等产业，有力推动村级集体经济持续发展壮大，带动群众增收致富，逐步实现群众得实惠、集体有收益。

党建引领增动能　四社联合促振兴

——襄垣县平安村案例

一、基本情况

平安村位于夏店镇西7千米处，2020年6月由西石、李家岭、王家岭、富家河4村合并而成，有西石、李家岭、王家岭、富家河4个集体经济合作社。全村有287户，806人，其中脱贫户17户（含监测户4户）、低保户8户、五保户2户。村党支部下设4个党小组，党员63名，其中女党员11名，支委5人。现有耕地5178.49亩。2021年村集体经济收入30余万元，其中养鸡场收入6万元，周边厂矿服务费10万元，通道绿化2.6万元，荒地出租费11.7万元。

二、主要做法和成效

针对行政村合并后四村融合不够充分、产业基础不同、项目布局不平衡等问题，平安村党支部坚持"党建引领增动能、乡村振兴开新局"的工作思路，围绕"一社一个特色产业"，积极推行"支部领办聚力、资产参股增收、特色产业赋能、抱团联动发展"的模式，探索"养殖+种植+加工"的农业产业化发展路径，形成了肉鸡养殖、肉牛养殖、香菇种植、有机肥加工、土地托管等产业发展项目，构建绿色循环产业链，实现村级集体经济全面发展，谱写出特色产业赋能乡村振兴的新篇章。

（一）支部领办、资产参股，培育优势产业

头雁强带动发展强。2020年，村党支部书记牵头组建源田养殖专业合作社，创新"专业合作社领办+西石集体经济合作社参与+村民入股"的模式，投资1000万元建成3705平方米鸡舍，存栏10万只的肉鸡养殖场，年出栏肉鸡60万只，年利润120万元，提供就业岗位15个。

（二）延伸发展，打造养殖经济循环产业链

村党支部以肉鸡养殖场为依托，以生态养殖为主导，积极延伸产业链，形成一条"肉鸡养殖+香菇种植+有机肥加工"绿色循环生态产业链，链起了一个乡村振兴良好生态。投资300万元成立安农农业有限责任公司李家岭分公司，打造平

安村食用菇种植基地,占地26亩,年产菌棒65万棒,新建出菇棚12个,智能化育菌棚10个,以及950立方米的冷库,可培育菌棒15万棒,提供就业岗位12个,投产后可提供就业岗位30余个。由西石集体经济合作社独资筹建安农农业有限责任公司,投资500万元建设有机肥加工项目,年处理肉鸡养殖场、养牛场粪污和蘑菇厂菌棒废渣1万余吨,生产生物肥5000余吨。通过销售生物肥,2022年村集体增加收入20余万元,提供就业岗位15个。

(三)四社联合,形成发展合力破难题

平安村党支部在乡村振兴的路上不断求新求变。2022年,村党支部积极申报省级财政统筹支持美丽乡村建设试点PPP项目(公共部门与私营企业合作模式),拟投资1000余万元,在王家岭自然村建设年存栏500头的养牛场,预计每年可增加村集体经济收入100余万元,提供就业岗位10个。平安村立足村域经济带动镇域经济发展,夏店镇9个片区联建、抱团发展、联村共富,辐射带动全镇有条件的20个村发展香菇产业,实现平安村育种、周边村大棚种植、合作社统一销售的经营模式,延续使用公司化运作,叫响"平安菇"品牌,打造"一镇一品",在全镇形成规模效应,带动更多村实现集体增收,充分激活乡村振兴新引擎,实现集体经济"加速度"。

(四)专业运营,聘请职业经理人项目管理制

平安村成立安农农业有限责任公司,聘请职业经理人,规范运营肉鸡养殖、香菇种植项目、有机肥加工项目、土地托管项目,推进建设省级PPP养牛项目,促进村集体经济集约高效发展。每个项目分别聘请职业经理人或团队,按项目设定运营绩效目标,提供相应奖励或惩罚,最大化各个项目的集体收益。通过不断探索实践,所有项目投产后,全村集体经济收入可达到150余万元,极大地凝聚了合并村群众共同发展的信心。

三、经验启示

(一)充分发挥村党支部在集体经济发展中的战斗堡垒作用

平安村立足"党支部把方向、村委会主服务、合作社善经营"三位一体,以"四社联合破难题、乡村振兴开新局"为突破点,依托西石、富家河、王家岭、李家岭4个党小组和4个集体经济合作社,以党员为纽带,组建起"分合有度、各具特色、村社融合、共同发力"的联合社,凝聚了人心和力量,增强了合并村群众的发展信心和对新村融合的信念。

(二)村党支部领头增强村庄经济实力有利于夯实乡村治理基石

平安村按照"支部引领兴产业、强村富民促振兴"的工作思路，围绕产业发展、务工就业、集体经济收入等要素，坚持用产业链联结合并村，秉承"一村一业，产村融合，一业一特，产业融合"的理念，一个合作社一个特色产业，以"盘活闲置资源、聚焦生态循环、布局一村一品、打造特色基地"为导向，导入西石、富家河、王家岭、李家岭特色产业项目矩阵，不断推动农村发展动能和治理效能的转换，探索了合并村治理新路径，夯实了乡村治理基础。

(三)按项目分别聘请职业经理人能够实现一举多赢

平安村形成了集肉鸡养殖、肉牛养殖、生物肥发酵、食用菇种植、土地托管等于一体的绿色循环生态产业链，既壮大了村级集体经济，又为村民提供了就地就业机会，还带动了村民增收致富，奏响了乡村振兴的奋进曲。同时，产业链条延长后，通过分项目聘请职业经理人，进一步细分专业运营管理工作。既便于各项目单独核算效益，又提升了产业经营管理水平；既引进了外部人才，又培育了本土人才。

打造乡村振兴产业园　铺就群众增收致富路
——襄垣县米坪村案例

一、基本情况

米坪村位于王桥镇中部，2020年6月由米坪和南偏桥两村合并而成，全村420户，1259人，耕地面积2277亩，村"两委"干部7人，党小组2个，党员43名。全村被潞安180、金鼎煤焦化、襄矿乙二醇等10余家大中型企业环抱其中。2021年，王桥镇党委以村"两委"换届为契机，通过认真分析研判，鼓励本地籍企业家返襄创业，选用了本村的优秀企业家、村级致富带头人郭爱斌同志回村担任村党总支书记、村委会主任，同时选优配强村"两委"干部。换届以来，村党支部坚持"支部引领、村企联建"的工作思路，借力王桥工业园区优势，立足资源禀赋，通过小产业实现大发展。米坪村于2017年完成农村集体产权制度改革。2022年村级集体经济收入达409万元，其中经营性收入179万元。

二、主要做法和成效

米坪村坚持把发展集体经济作为增强农村基层组织动力活力、助力乡村振兴的有效措施和重要保证，进一步加强资源整合和系统谋划，全力推动村集体经济规模化、组织化、市场化发展，提升集体经济的崭新活力。依托经济技术开发区等外围企业驻村优势，规划建设了占地100余亩的乡村振兴产业"园中园"，成立了山西利民工贸有限公司，形成了"国企+支部+合作社+村级企业平台"的管理模式，集聚产业发展要素达产达效，实现了村企多方共赢。

（一）抓住机遇，发展劳保用品加工产业

米坪村周边企业较多，工人上班都需要佩戴手套等劳保用品，生产工人手套产品市场非常可观。村"两委"干部通过多次实地走访、电话咨询，结合当时疫情防控的社会背景，物流滞缓、劳动力滞留，抓住周边企业需求这个关键点，村集体经济合作社投资200万元成立劳保福利加工厂，于2022年3月正式开工。加工厂瞄准属地企业市场，定向加工生产，采取"公司+农户"的灵活生产方式，将订单分配到户，进行家庭作业，统一回收、质检、出库，为周边企业订单加工工衣、毛巾、手套、口罩等劳保用品。开工两个月后，随着工人们熟练度提高，工资由原来的日工资（每日60元）变为计件工资（每日90~100元），其余村民看到了切切实实的收益，越来越多的人加入进来。当前劳保厂提供工作岗位15个，月产量1.8万件，带动周边脱贫户边缘户人均增收5000元，村集体年收入可达20余万元。

（二）瞄准需求，进军金属网制品加工行业

米坪村根据当时煤矿、高速护坡、围栏围场等企业所需金属网均为外地购入的情况，反观村里既有可利用的闲置厂房，又不缺熟练的技术工，综合考虑后，决定购买机器设备，筹办金属网制品加工项目。面对资金筹资难、运营难度大，小市场难以满足销售量等问题，向村民筹资，压成本、提质量，进行技术培训，拓宽销售渠道，经过3个月的努力，钢丝网销售逐步满足市场的需求量，实现了"小产业，大发展"。目前5台设备均已投产，解决30余人的就业问题，村集体年收入20余万元。

（三）盘活资源，升级改造设施蔬菜大棚

2012年村集体修建了16座大棚，后因经营不善导致亏损，一度闲置了6年。2022年10月，村集体投资160万元对其进行了改造维修、提档升级，包括更换棚膜、棉被，墙体维修，更换水管、取暖、通风等设备。采用"村集体+农户"的方式，引进产业大户种植火龙果、西红柿、西芹、北瓜、花卉等，提供就业岗位20余个，带动了3户脱贫户增收致富，增加村集体年收入15万元。

（四）创新模式，实现集体资源和服务创收

依托资源禀赋、区位特点积极探索多元化的集体经济产业发展路径。一是采取"回租承包+土地经济"模式，就地盘活闲置土地。流转土地160亩，用于优质高粱种植项目，每年增加村集体收入8万元；属地企业襄矿乙二醇、鸿杰建材等租用村集体土地，每年增加村集体收入40余万元。二是采取"资本运作+实体经济"模式，示范引领稳定收益。通过投融资等渠道进行资金运作，利用集体用地建设经营性场所，获得长期稳定收益。园区规划50亩工业用地，在引进项目的同时，建设与服务企业相配套的生活服务区，健全企业和员工生产生活相配套的现代物流、员工住宿、用工市场、信息咨询、商贸中心、娱乐餐饮等基本公共服务功能，努力将园区打造成为全镇经济发展集聚的"新动能"、转型创新发展的示范区。三是采取"产业驱动+劳务经济"模式，服务创收家家致富。充分利用附近企业较多的资源优势，鼓励帮扶村民到企业务工，目前在襄矿乙二醇、鸿杰建材等附近企业务工的村民有70多人，丰富了村民的收入渠道，提升了村民的收入。

米坪村乡村振兴"园中园"属于村集体经营性项目，是"党建引领、村企联

建"的具体体现，2022年为村集体增收179万元，占比44%，解决了长期以来靠租地、征地为主要收入的发展集体经济瓶颈。2023年，米坪村重点打造纯净水加工、垂钓式鱼塘、创意蒙古包3个服务类项目。2024年，将推进生态农家乐、果蔬采摘园、农事体验馆等项目，不断拓宽园区产品类别，联合周边村，吸引更多优秀龙头企业进驻，进一步壮大村级集体经济。

三、经验启示

（一）要善于发现商机，持续激发集体经济活力

米坪村"两委"干部从身边寻找市场机会，发现商机及时决策，投建合适的项目，坚持把发展集体经济作为增强农村基层组织动力活力、助力乡村振兴的有效措施和重要保证，持续加强资源整合和系统谋划，全力推动村级集体经济规模化、组织化、市场化发展，提升集体经济的崭新活力。

（二）坚持支部领办，走村企合作、企地联建发展路子

米坪村的一系列村集体经营性项目都是在村党支部的引领下建设发展起来的，是党支部发挥先锋作用的充分体现。所有项目都面向本地园区企业的需求，确保产品和服务不愁卖，解决了最为困扰的"卖难"问题，既能盘活用好村内闲置资源资产和留守劳动力，又降低了发展村级集体经济的市场风险。

（三）坚持壮大集体经济和带动农民家庭增收并重

米坪村的各个项目中，其经营管理模式均体现了集体和个体共同受益的目标，如劳保用品加工采取"公司+农户"生产方式，将订单分配到户，农户居家便可就业有收入。该村大部分项目都是劳动需求量大的产业，为本地农民提供了较多生产生活服务类就业机会，真正做到在发展集体经济中把兴村和富民结合起来。

"新农人"带来"新业态" 走出"新路径"

——平顺县虹霓村案例

一、基本情况

虹霓村位于平顺县东南一隅之虹梯关乡,是虹梯关大峡谷景区的一个重要景点,是中国传统村落和全国历史文化名村,全村面积12085亩,有341户,970人,经济作物以柿子和花椒为主。2020年以来,虹霓村转思路求突破,大力实施"新农人"计划,积极回引培养一批将现代元素与传统资源融合发展的"新农人",走出一条以人才为突破的集体经济发展新路径。

二、主要做法和成效

(一)积极探索,引来"新农人"

村"两委"班子聚焦旅游发展困境,及时转变思路,走出去学习旅游兴村的乡村发展模式。"互联网+"的模式深刻启发村"两委"班子:要顺应经济新形势,瞄准引流新风口,运用自媒体运营,发展旅游新业态。想好了就干,于是虹霓村抓住"自媒体"红利契机,加大力度回引"新农人"。一是优惠政策引。按照县委实施的"乡村振兴百名新农人计划",细化优惠政策,乡党委书记、乡长等科级干部对"新农人"进行一对一包联,开展政策解读、资源对接等;村集体以最优价格提供闲置房屋和土地等资产的租赁。二是创优环境引。村"两委"为"新农人"免费提供办公场所,积极帮助"新农人"申请县级专项扶持资金,并提供适当生活上的帮助,让"新农人"感受到家乡的温暖。三是乡土情怀引。从直播"古韵虹霓"、宣传虹霓文化的游客中挖掘资源,采取电话联络、座谈联谊、主动登门等方式对有意愿的创业青年进行"点对点"动员,谈乡土情怀,谈家乡发展。截至目前,"归农小都"、四海伟业公司等一批优秀的新农人团队入驻虹霓、共谋发展。

(二)互利共赢,用好"新农人"

"新农人"来了,怎么样让他们留下来、发展好?一是有钱一起赚。村集体以闲置资源入股,与四海伟业联合成立虹霓翠锦策划管理有限公司,运用"村集体+企业"的发展模式,进行专业化管理、集约化运营。村委负责提供场地和资源,虹霓翠锦公司负责策划宣传、招商引资以及开展"一对一"电商技能培训,帮助吸引人流,培育农民网红,公司盈利的40%归村集体所有,60%归四海伟业公司,村集体和企业成为"经济共同体",风险共担、利益共享。二是资源一起用。村集体与"新农人"合作,将闲置停车场改造为"轻奢露营基地",将旧电站改造为"虹霓居民宿",将农家小院改造为研学基地,将老旧石头院、石头房改造为太行人家特色民宿群,大幅提升资源使用价值,逐步成为热搜"网红"打卡地。三是合作谈长效。虹霓翠锦公司通过定向邀约、协会推荐和社会招募的方式,征集了一批热心公益事业、有影响力的主播,组建"百名网红服务团",直播虹霓、宣传虹霓,引导"网红"和企业入驻、洽谈合作,深化合作领域和方式,共谋长远收益。

(三)乘势而上,用活"新农人"

"新农人"留下来了,怎么样发挥他们的最大效应?一是做大团队。虹霓村着力打造"新农人"培训基地,开展"新农人"电商技能培训,定期组织开展导游服务、事故应急、直播带货培训,举办沙龙进行经验交流及户外采风活动,逐步拓展线上直播带货与线下培训研学相结合的新模式。二是延长链条。将虹霓峡谷成片规划,整合配套餐饮、民宿、娱乐、户外运动等设施,打造风光游、休闲游、研学游等精品旅游套餐,形成集吃、住、玩、游于一体的全新"虹霓"名片。三是全民参与。村民解放思想,将自媒体与农业结合起来,手机变"农具",直播变"农活",农民变"网红",内生一批"新农人"。全村培育村民"网红"28人,拍摄了以山水风光、田园生活、移风易俗等为主题的一系列公益短视频,2022年共吸引游客8万余人次。

虹霓村通过实施"新农人"计划,村集体收入可增加10万元以上;通过抖音短视频宣传,村民农产品销售增加了8万余元,民宿、农家乐增收60余万元,就业岗位增加了53个。同时"新农人"的加入,改变了粗放经营、靠山吃山的经营模式,告别了"农家饭十元、夜宿几十块"的档次,增强了虹霓的接待能力,提升了资源利用的内涵和品质。

三、经验启示

(一)围绕"三农"和"旅游"垂直领域深度挖掘

新农人"短视频+直播"创业要主动和当地的特色农业、旅游业实施产业对接,系列化地输出优质内容,既有利于发挥新农人群体熟悉农村、农业、农民、乡村旅游的自身资源优势,就地取材,为内容的输出提供源源不断的动力和素材,又能够巧妙地传递产品信息或品牌理念,实现农产品的转化和乡村旅游景点的推广。

(二)塑造农产品品牌,打造特色乡村旅游

新农人创业者需要多花心思去研究"三农"领域,挖掘农村地区独特的景观资源和民风民俗,展现当地厚重的历史特色文化,通过用户交流、社群交流、新闻网站、专业书籍、持续学习,不断获得新的感受和灵感,积累素材,提升旅游服务水平,完善公共配套设施,打造出独一无二的优质乡村旅游项目。

(三)多方力量协同运作,营造优质的创业服务氛围

新农人"短视频+直播"产业链、价值链、利益链中的各个主体必须协同运作,创业才能走上可持续发展之路。地方政府应发挥职能部门的作用,以创业项目资金为引领,整合市场监管、信息互通、协调关系,不断完善基础设施,积极鼓励和引导新农人创业。新农人之间可以联合创业,发挥各自的专长,不断提升创业团队的能力,随着创业规模的增大,还要及时补充各类专业人才。

(四)拓宽融资渠道,提供金融支持与保障

开展农村承包土地经营权、农民住房财产权抵押贷款试点,进一步拓宽农村有效抵押物范围,完善违约处置等制度设计。同时,要把"政府+银行+保险"创新融资模式推广到新农人创业企业,进一步拓展融资渠道。

探索土地"认养"模式　助力集体经济发展

——平顺县西青北村案例

一、基本情况

北社乡西青北村位于平顺县西部，距长治市高铁东站仅6分钟车程，村东侧与207环城高速接壤，北与潞城毗邻，341国道穿村而过，交通便利、位置优越。全村共有211户，611人，党员32名。2023年以来，北社乡西青北村积极探索发展壮大集体经济新路径，借助帮扶单位力量，通过流转土地、委托经营、土地认养等方式，延伸产业链，为壮大村级集体经济增添新动能。

二、主要做法和成效

（一）委托管理，经营方式大转变

西青北村充分利用村内闲置土地，以村委为主体，按每亩800元的价格，从农民手中流转土地7亩，将闲置土地变"散"为"整"，优化整合，委托合作社集中管理种植，村集体按照收益的20%支付管理费用。合作社转变经营方式，科学规划66块小菜地，连片打造绿色生态农业体验园，采取按块租赁、土地认养的方式将土地租出去，让"城里人"种地、"庄稼人"收租，使闲置土地变"废"为"宝"，合理利用，实现了土地利用率和生产率"双提升"。

（二）拓宽种植模式，发挥社会认养

西青北村借助长治市人民医院的帮扶力量，采取单位科室、党员干部进行土地认养的方式进行产业帮扶，带动社会各界认养土地，推出认养者自主种植、托管种植、网络认养三种模式。自主种植模式，由土地管理单位提供水、肥料、种子、种苗、农具等基础条件，由认养者自耕、自种、自收、自主管理，每份地60平方米左右，每年认养费600元，认养者在菜地上种植喜爱的瓜果蔬菜，体验田间劳作。托管种植模式，由认养者自选种植种类，由管理方按认养者要求代为管理，蔬菜成熟时由认养人自己采收，托管土地每块1200元，最多可选种6个品种，租赁期限为一年，第二年有优先续租权。网络认养模式，由认养者通过微信和网络平台进行土地认养，付款、选地、管理全部在网络上进行，种植、浇水、除草、采摘

均由管理方完成，网络认养土地每年每块1200元。

（三）多元发展，体验服务大提升

会员式管理，签署认养协议后，管理方逐一建立认养信息档案，使认养者成为这片土地的"主人"，成为体验园的会员，均可获得体验园颁发的土地户口卡一张，享受VIP服务，凭此卡可在园区免费体验户外休闲项目，在认领者体验劳动快乐的同时，园区还可为认领者提供民宿、就餐、烧烤、篝火、垂钓、采摘、观光等娱乐活动。网络式耕种，认养者在认养土地之后，只需在手机上安装App终端，就可以对自己的菜园进行24小时实时监控，随时查看蔬菜长势，监测病虫害，见证蔬菜成长的轨迹，共同守护蔬菜的品质。乐趣式体验，同时体验园实行"团体认养+单位认养+个人认养"模式，只要认养土地后管理者将为其设立认养牌，内容由认养者自拟，如"爱情地""许愿地""健康地""梦想地"等，以此来记录认养者农业种植的美好时光。目前，已有10个团体、单位，30余人认领"小菜园"，受到了广大市民的青睐。

（四）辐射带动，产业链条大升级

西青北村依托生态农业体验园，吸引游客、提升人流量，增加销售、带动消费。同时积极延伸相关产业，同步发展儿童游乐园、精品窑洞民宿、游客打卡彩虹公路，打造集体验农业、休闲娱乐、乡村旅游为一体的综合性农业产业链条。西青北村被确定2022年乡村振兴园林示范村，配套体验园彩虹路300米，种桃叶李、果树、樱桃树、金叶榆、松树共计400余棵，月季花8000余株，道路两侧播种草籽300余斤、花籽200余斤，建设村内休闲小景点7处，村主干道和休闲广场进一步美化，村居环境进一步得到了改善。

西青北村通过实施休闲农业体验园产业项目，调整产业结构，实现了从传统农业种植到观光休闲农业的转化，土地价值倍增，与托管农业和农民自种相比，每亩可增收5000~6000元。同时流转土地农户和其他农户可在菜园务工，每人每天可获得65元报酬，解决就业30余人，带动相关群众户均增收3000元以上，实现了土地价值提升、集体经济增收、带动农民致富的多赢局面，带动村集体经济收入8万元，为壮大村级集体经济注入新活力。

三、经验启示

（一）加强土地承包经营权流转和服务

在尊重农民意愿的前提下，引导农村土地承包经营权有序规范流转，发展适度规模经营。完善管理、加强服务，推进农村土地承包经营权市场化流转进程，促进土地由集约化经营向规范化方向发展,提高土地适度规模经营比重。大力推进区(县)镇村三级土地流转平台建设,进一步规范土地经营权流转行为,保障流转双方的合法权益。积极盘活存量土地,推动土地流转,为发展认养农业提供空间。

（二）不断加强认养特色农业宣传推介

鼓励社会资本参与认养特色农业推介平台建设,做好认养特色农业专题宣传,及时总结推广发展经验和先进典型。分季节、区域和特色遴选整合认养特色农业经营点,串联形成一批精品线路和精品景点。

（三）大力培育新型职业农民

重点培育新型经营主体负责人,以培育生产经营型职业农民为主,兼顾专业技能型和社会服务型职业农民培育,着力培育出一批有文化、懂技术、善经营、能致富的新型职业农民。吸引年轻人务农,加快完善大学生从事农业的政策措施,鼓励大学生及农村以外人才投身认养特色农业创业就业。

"1+6+N"整村托管　高产高效又省心

——黎城县晋福村案例

一、基本情况

晋福村,位于黎城县城西北部,紧邻县城,耕地总面积2800亩,人口1840人,党员89名,先后被评为"全省卫生村""全国文明村"。近年来,按照全县发展壮大村集体经济的要求,晋福村积极探索"1+6+N"农业生产托管模式,带动周边11个村1万余亩土地加入农业托管,服务农户1130户,实现了村级集体经济和农民收入"双增收"。2022年,村集体经济总收入125.65万元,以全国唯一的农村集体经济组织入选全国农业社会化服务典型案例,被山西省农业农村厅评为"2022年度全省村级集体经济发展先进村"。

二、主要做法

(一)创新"1"个服务载体

为解决主要劳动力外出就业、种粮劳动力短缺问题,晋福村以村集体股份经济合作社为载体,整合周边乔家庄、李庄等6个村的40余台大型农机具、30余名农机手,提供规模化、机械化托管服务。依据确权登记面积,农户与村集体合作社签订托管合同,土地托管给村集体,不改变土地性质、不改变承包关系、不改变土地用途。村集体合作社与农机手签订作业合同,保证作业质量达到种植要求,收获的粮食归农户所有。村里组织,农户放心。党支部牵头,农民心里有底。村集体统一管理、统一经营外出务工农户土地,有效解决了农户车间和田间两头跑的麻烦。

(二)提供"6"套餐服务

采用分户对接、集中统计,通过测土配方,对托管区域土地所需种子、化肥、农药等农资产品,摸清具体需求种类和数量,定制全托管、半托管"A、B、C、D、E、F"系列六个菜单。根据选用的种子、化肥、农药等农资的不同和服务环节的不同,具体制定了每亩355元、360元、355元、370元、365元、360元六种套餐。通过黎城县数字化农业生产托管服务平台,农户足不出户即可通过手机与服务组织完成线上托管、网签托管合同、标记托管地块、建立托管任务目标。服务组织按照连片地块，统一进行规模化作业。数字农业托管服务平台自动汇集作业轨迹信息、作业面积信息、作业过程照片等，实时在线还原真实的托管场景、真实的作业过程，助力小农户真正实现"人在家中坐，粮从土地来"的轻松种地模式。

（三）实现地块"N"种作物轮作

一是选强主体。按照托管服务规模化、标准化要求，通过提前调研、公开遴选，择优选定农资供应商，确保农资质优价廉、按时足量进村入户。二是选优良种。经过实践，选优使用太育10号、潞玉50、奥美95及红四方、丰乐高塔复合肥等多种不同类型的种子和化肥，种子与化肥的搭配使用确保了农资的质优价廉。三是选好管理。从农资供应、耕种、植保、田管、收割、收储、烘干到销售全程服务，实行精耕细作管理，第一年10月在耕地上种植小麦，第二年6月小麦收割后再种植大豆（葵花），实现耕地效益最大化。

三、取得成效

晋福村集体经济组织充分利用组织优势，有效发挥"统"的功能，通过开展农业生产托管，实现了"统、降、惠、促、壮"五位一体共赢。

"统"，规模效益凸显。晋福村充分发挥"统"的作用，把一家一户办不了、办不好或办了不划算的生产环节集中进行托管，努力挖掘农业内部潜力，增加了耕作面积，改进农业生产方式，实现了集中连片耕种。

"降"，降本增效明显。统一托管降低了农资费用、农机购买费用和农民种地务工投入成本，村集体在农资集中采购、组织生产中也获得收益。玉米种植成本托管后约为360元/亩，其中购买种子、化肥等农资材料每项能节省10~20元，农田农资农具节约成本50~60元；人工节约成本200~300元；亩均增产100千克，增收240元。

"惠"，惠及全体村民。开展托管以来，辐射带动周边村签订合同的农户达到1130余户，机播面积累计达到10000余亩，机播环节出苗率98%，长势良好，农户满意度达到100%，更多的农民群众知晓托管、参与托管、受益托管。

"促"，促进绿色发展。农业生产托管服务的实施，精准使用绿色综合防控技术，减少了农药化肥用量，良种良法良技应用增加了产品产量、农民收入。通过先进技术，推广应用深松整地等绿色高效技术的能力，助力实现农业绿色生态可持续发展。

"壮"，壮大集体经济。通过组织农业生产托管服务，托管土地10000余亩，集体增收14.5万元。同时，积极延伸农业托管服务，充分利用驻村企业太行钢铁厂热能资源，新建一体化烘干项目，村集体增收60.54万元。

四、经验启示

（一）发挥好村级组织"统"的作用

由村集体经济组织开展农业生产托管，既有助于解决农村人口外流背景下"谁来种地、怎么种地"的问题，也有助于发展壮大村级集体经济。晋福村通过开展多元化农业生产托管服务，不仅壮大了集体经济，还凝聚了人心，提高了党支部和村集体经济组织在农民心中的威信，村组织更坚强、农民更拥护、经济更富裕、农村更和谐。

（二）持续创新生产服务模式

农村地区的生产经营方式较为多样，只有坚持服务农民，不断推进服务模式创新，才能真正让村民满意、村集体获利。晋福村根据当地的农户生产经营需要，不断创新生产托管模式，推出了六种不同类型的托管服务套餐，并持续优化完善。

（三）有效应用数字化技术

开展农业生产托管，最大的挑战是涉及利益主体多，沟通协调成本高。晋福村通过构建数字化生产托管平台，有效降低了供求各方的信息沟通成本。农户足不出户线上托管，有助于在作业季来临前锁定作业区域，更好地规划服务人员、机械安排；服务组织线上管理农机农具、农机手，有助于提前锁定作业任务，高效进行作业分配；各机手在耕种防守各环节的服务和作业报告一键自动生成，有助于财政补贴精准化发放；集体经济组织实时动态掌握农时作业信息，每日农机作业情况、作业时间、作业轨迹、作业面积、服务小农户等情况均自动关联，有助于协调服务资源和作业需求。未来，随着遥感服务科学种植、银行保险等服务板块的陆续接入，村集体经济组织开展农业生产托管服务的质量效益将更加凸显。

建设特色田园小镇　打造强村富民样板
——黎城县源泉村案例

一、基本情况

源泉村，位于黎城县北部18千米处，因村里有山泉泉眼一口，汇成丹池而得名。全村现有农户471户，1267人。该村地处晋冀交界，生态环境极为优越，素有"太行小江南"之称，是全县重点打造的37个美丽乡村之一。村中红色资源极为丰富，有八路军军工部化学厂、华北财政学校、晋冀豫边区第一届青总儿童会议旧址等重要资源。近年来，紧紧围绕太行丹泉特色田园小镇建设，源泉村积极整合各类发展项目资金，带动周边一起发展休闲农业和观光旅游业，共同推动村级集体经济发展壮大，2022年全村集体经济总收入超过100万元。

二、主要做法和成效

围绕省级乡村振兴示范创建村目标，聚焦发展壮大村集体经济，源泉村全面梳理村庄发展实际，坚持农民主体地位，直面发展困难，明确发展思路，编制发展规划，整合发展项目资金，高质量推进示范创建工作。

（一）明确村庄发展基础，构建源泉振兴蓝图

源泉村充分发挥自身资源禀赋优势，定位"乡村旅游村庄建设"目标，编制《源泉村乡村振兴发展规划》，构建未来发展蓝图，明确村庄五年发展规划目标。2021年推进乡村振兴示范项目立项，完成引进资本4000万元的目标；2022年实施村容村貌整体提升改造工程；2023年推进村风素质治理，提高全村文化软实力，形成新时代"新村民"；2024年推进源泉村村民自主创业，推进源泉村"大学"建设，推进互助模式，加快形成"产业齐全、服务到位"的源泉口碑；2025年乡村发展取得明显成效，村集体经济年收入达到200万元，农民人均收入翻一番，达到2.5万元，人均可支配收入实现年均9%的增长，乡村生态环境得到较大改善，源泉知名度得到广泛传播，村风、村情发生质的提升。

（二）创新发展思路，确立村企联结壮大集体经济模式

源泉村成立"招商小分队"，招商引资5.3亿元，吸引河北万景文旅集团投资

实施太行丹泉田园小镇项目,争取上级资金5400余万元,开展园林乡村建设、红色遗址修复保护等十七项产业建设项目,全面铺开乡村振兴工作。为保障村集体经济可持续发展,引入EPCO模式,由专业公司统一规划、统一建设、统一经营、统一维护,所有集体经济建设项目均明确固定资产所属关系,100%确权至村集体,确保村集体资产不流失。合理分配所有权与经营权,充分激发农村内生动力,统筹区域就业发展,分类引导农民走向不同就业岗位,倒逼农民自主创业发展及综合能力提升,最终实现农村活力大提升,逐步实现共同富裕。

(三)盘活村庄资源,拓宽集体经济增收途径

立足"特、优"产业壮大集体经济,依托村内闲置的旧废弃房屋建设特色高端度假民宿,利用泉水资源打造集观光、生产一体化的玉泉醋厂和水磨坊产业,紧跟发展需求成立源泉邻里居物业管理公司。根据农村"四议两公开制度",由村集体统一收回闲置废弃宅基地,统筹注入省级乡村振兴资金280万元与闲置土地资源,开发半山荒地,群众直接受益100余万元,村集体年固定收入增加30余万元。积极传承地方传统工艺,开发建设玉泉醋厂、水磨面厂,直接带动村集体年收入30余万元。为增加就业岗位,提高群众收入,建立村级物业管理公司,承担村庄及周围地域的物业管理服务,极大地改善了农村环境卫生,年增加村集体收入20余万元。

(四)夯实乡村发展基础,加快建设宜居宜业环境

源泉村与万景文旅集团通力配合推进村内环境改造工作,现已完成全村路灯更新64盏,广场建设1000平方米,村庄美化绿化沿线公路达3千米。正规划新建"源泉之家"项目,建设面积达3000平方米,涵盖游客接待中心、党群服务中心、老年日间照料中心、源泉幼儿园等具有一体多功能基础服务设施建设。如今的源泉村,水车、戏台、磨坊等保留传统气息的建筑,让人目不暇接;商业街、观景水系、特色酒店等融合古典美和现代美的建筑,令人赏心悦目。

三、经验启示

(一)坚持规划先行,高标准谋划未来发展蓝图

源泉村充分发掘生态资源优势和闲置资产优势,有效盘活"土资源",做足"水文章",科学编制发展规划,稳步有序推进各类项目实施,特别是在村级道路改造过程中,对道路改造各类工程需求同步谋划、同步设计、同步实施,一次开挖、全部入地,在完善雨水、污水管道的同时,将强弱电、自来水等管线同步入地,很大程度节省了投资,实现了乡村跨越式发展。

（二）财政"小投入"撬动社会"大资本"，发挥资源聚集效应

源泉村充分利用示范创建资金，积极争取各类财政项目进行基础设施投资，开展水网更新、污水管网铺设、道路硬化、旅游公厕修建。在此基础上，大力开展招商引资，吸引河北万景文旅集团企业投资打造以源泉村为龙头的太行丹泉田园小镇，有效促进了源泉村的发展。

（三）健全合作机制，推进集体、农户、企业三方共赢

在全面推进乡村三产融合发展的同时，源泉村充分发挥好村集体组织优势，健全合作机制，合理剥离分配所有权与经营权，盘活闲置资源，分类引导农民走向不同的就业岗位，倒逼农民自主创业发展及综合能力提升，最终实现农村活力大提升，逐步走向共同富裕。

发挥旅游区位优势　集体和家庭"双增收"

——壶关县青龙峡村案例

一、基本情况

青龙峡村是一个依托旅游促脱贫攻坚、促乡村振兴的已脱贫村，地处太行山大峡谷风景名胜旅游区腹地，距离壶关县城60千米，距离桥上乡8千米。青龙峡村由原前脑村和后脑村合并组成。全村总户数310户830人，现有耕地面积730亩，人均不足1亩，林地面积7000余亩，其中退耕还林面积145.3亩。主要农作物有玉米、谷子，家庭增收以劳务输出、经营农家乐、光伏电站、特色种植为主要途径。2021年，青龙峡村集体经济总收入135.47万元，其中经营性收入16.73万元。

二、主要做法和成效

（一）党建引领，支部带动

为切实发挥党支部抓党建促发展的引领作用，充分发挥第一书记和帮扶工作队的作用，青龙峡村形成了"一讲、一会、三带"工作机制。"一讲"就是充分发挥农民夜校的作用，开办理论学习大讲堂、政策法规大讲堂、技能培训大讲堂，强化村民思想教育、提升文化素质和致富能力。"一会"就是认真开展"三会一课"，规范农村"四议两公开"，遇事跟群众商量，让群众知晓，接受群众监督，让猜忌在民主中化解，让矛盾在公开中消除。"三带"就是党员履行承诺带头、党员挂牌亮身份带领、党员引领致富项目带动。

（二）改善人居环境，新风引领促动

青龙峡村牢牢把提升农村文明程度、卫生质量作为一项长期的工作任务来抓，一是实行垃圾"不落地"。在村民思想教育和良好习惯养成上下功夫，成立环境卫生管理委员会，制定卫生"门前三包"制度，形成了人人维护良好家园的浓厚氛围。对通村道路和村庄空地进行绿化美化，集中购置四个钩臂垃圾箱，每户发放1个50升的垃圾桶，做到垃圾"不落地"。二是文明新风深入人心。倡导实施"一约四会"，村风民风大为好转。近年来，青龙峡村没有出现贩毒吸毒、打架斗殴、上访信访等现象。讲文明、树新风、邻里和谐、孝老爱亲、移风易俗扎根民心，成为一种新风尚。

（三）完善基础设施，创优乡村旅游发展环境

在村集体领导与帮扶单位的共同努力下，前脑村2015年实现全村自来水入户和污水处理全覆盖，饮水安全彻底解决。3个自然村都已通高压电和互联网。2016年底修通3.6千米盘山旅游路，为双向两车道，与大峡谷旅游专线相连接。2018年修建完成青龙峡景点至日观峰广场两期步道工程，两条路奠定了青龙峡村发展旅游的坚实基础。村内现有现代化卫生室1所，村级组织阵地建设规范，成为大峡谷镇（原桥上乡）的样板工程。全村安装健身器材4处，有4000平方米的文化广场1个，功能健全，配套设施完善。

（四）党员干部带头创业，脱贫村民同奔小康

为进一步增加村集体经济收入，村"两委"决定将旧村委会改造成农家乐并对外出租。时任村会计的李志刚同志，在全体村民的监督下，以村民公认的价格租下农家乐，每年向村集体上交租金5万元，建成村内规模最大的农家乐客栈。在李志刚全家人的辛勤劳动下，客栈生意越来越好，来度假的客人越来越多。依托乡村旅游，村民腰包越来越鼓，日子越过越好了。

（五）提升两大能力，激发潜能发动

针对青龙峡村实际情况，在提升村集体服务能力和脱贫户内生动力上做文章。一是强化"三基"固根本。推进标准化场所建设，规范运行党建服务站，稳步增加村集体经济收入。2021年底，村级集体经济收入超过30万元，实现了村民节日有福利、困难家庭有补助、办事人员有待遇，解决了以往无人办事、无钱干事、无章理事的问题。二是多措并举激活力。针对脱贫户内生动力不足、眼界不宽、致富无门的现状，党支部组织村民到河南、河北等地区参观学习，并围绕如何发展农家乐进行实践体验，既拓宽了视野，又增加了见识。全村已开办农家乐30余户，日接待游客500余人。多次组织村民参加农家乐服务提升、劳动技能等培训，让脱贫户"掌握一项技能、致富一个家庭"成为现实。村委鼓励动员并帮助村民办理金融贴息贷款，解决资金短缺难题。

三、经验启示

青龙峡村从落后村发展成大峡谷镇旅游新名片，离不开村级集体经济组织与帮扶单位的共同努力，敢于创新，多措并举，想方设法增加村级集体收入与农户家庭收入。

(一)拥护村党组织的正确领导

扶贫先扶志,发展先树立自信心。青龙峡村正确认识本村区位情况,确定依靠旅游实现乡村振兴的路子,除出租旧村委房屋增加收入外,还有光伏电站、合作社等,利用村内为数不多的土地,尽可能增加村民收入。在村党组织的领导下,村民们用辛勤的双手改善着自己的生活,也改变着村庄的未来,正昂首走在乡村振兴带动共同富裕的道路上。

(二)用好帮扶单位的大力支持

青龙峡村帮扶单位与村"两委"齐心协力,筹措资金,为拓宽村内公路、建成旅游步道贡献了很大力量,这也为青龙峡村走上旅游路、吃上旅游饭奠定了坚实基础。

(三)正确认识村庄的区位优势

青龙峡村位于大峡谷深处,环境优美,夏季凉爽舒适,同时紧邻晋豫交界,河南安阳夏季炎热,青龙峡村成为河南安阳游客消夏度假的首选目的地。

(四)激发全体村民的共同努力

青龙峡村的进步,是全体村民共同努力的结果,先富带后富,共奔富裕路。全体村民除种田外,有的外出创业、务工,有的在村内开办农家乐客栈、在专业合作社中劳动、在景区提供的相应的旅游服务。

支部领队伍　集体有方向

——壶关县北行头村案例

一、基本情况

北行头村位于壶关县东南方向约35千米处,平均海拔1400米,交通较为便利,是晋豫两省的交通要道,省道荫林线横贯东西,长平线直穿南北。全村区域面积12000余亩,耕地3659亩,荒山3200亩,有林地面积3296亩。全村有8个村民小组,771户,2342人,党员75名,村民代表31名。村内有土猪养殖场、食用菌生产基地、粉制品加工厂等,即将上马建设食用菌菌种培养基地和蔬菜种植基地。2021年,村集体经济总收入47.85万元,其中经营性收入31.24万元。

二、主要做法和成效

近年来,北行头村党支部充分发挥"桥头堡"作用,探索实施以能人党员带动、村办企业扶持、创业辅助培训等模式,进一步发展壮大村级集体经济,努力实现强村富民。

(一)能人党员带动

一是选拔致富能人进班子。北行头村积极探索寻求能人资源帮带脱贫户致富增收。选拔致富能人进班子时,坚持"靠得住、有本事、群众公认"的原则,着力打造一个"朝气蓬勃、奋发有为"的村集体领导班子,有效提升了村党组织的凝聚力、战斗力和发展能力,从根本上解决村级集体经济发展"智库"人才不足的局限性问题。

二是发展壮大致富能人型党员队伍。采取"致富能人入党""党员创富带富能力培养"等措施,培养致富能人型党员,为壮大村级集体经济提供了人才保障。

三是完善致富能人型党员联带联帮机制。为致富能人型党员安排"一包五"制度,每个致富能人型党员对五户群众家庭进行"传帮带",负责群众的发展规划制定、技术指导、经济互补、思想关心、生活互助等工作。为保证作用发挥,村党支部建立了"联带联帮"奖励机制,把帮带成效作为年底党员先锋指数评定的重要依据，通过组织动员、奖金激励等措施，涌现出了一批先进典型，形成帮带成效明显的队伍。让党员挺直腰杆抬起头，成为农村脱贫致富的带头人，为群众树立了脱贫榜样，成为村级集体经济发展的带动力量。

(二) 村办企业扶持

2016年以来，北行头村主要以集体经营模式带动村民增收致富。村党支部牢牢把握"区分层次、分类指导"的要求，注重区分不同类型党组织的特点，充分发挥组织力量。以群众的钱袋子"鼓起来"作为村级集体经济产业发展行动的关键，村"两委"集体决策，筹资建成了北行头粉制品加工厂村集体企业，以粉皮、粉面加工为主体开展技术指导、信息传递、物资供应、产品加工、市场营销等生产经营服务，以有偿、微利的服务方式增加集体经济收入，同时解决了长期以来发展的"难题"。

一是破解发展资金难题。抓住全国总工会帮扶壶关县扶持食用菌项目的契机，通过土地流转的方式，建设了占地40亩的食用菌大棚30座，形成规模化食用菌种植基地。

二是扩大现有土猪养殖场发展规模。在原产业发展建设的基础上，进一步扩建猪舍1栋，年出栏可达600余头。

三是破解脱贫户就业难题。村"两委"充分发挥桥梁纽带作用和"人清路熟家门近"的优势，除村集体企业用工外，积极在电子商务、中药材加工、餐饮、建筑、蔬菜水果运销等领域找外援，与周边用工企业和个体户建立稳定的劳务输转关系，定期发布用工信息，搭建双向选择服务平台，建立农户技能特长需求信息库和企业用工需求信息库，安排专人负责企业用工联系等工作，进一步拓宽了脱贫户的增收渠道。这些工作的有效开展，增强了村"两委"在村民心中的领导地位，村民有效参与乡村治理的积极性进一步体现，村民自治制度得以进一步创新完善，乡村振兴内生动力得到进一步激活。

(三) 创业辅助培训

积极转变群众思路，想方设法让农户掌握发展门路，把"要我发展"变为"我要发展"。实施了"产业发展创业辅助"行动，分季度举办"农户创业能力提升培训班"，授课教师全部为村党员脱贫先锋、致富能人型党员、创业明星等"农村土根"人员，提高了培训的针对性和实用性，村民通过参加"创业辅助"行动实现了稳定增收。充分激发群众参与产业发展的内生动力，强力提升群众增收的"造血"功能，使创业创新发展成为村集体经济增收的一支重要力量。

三、经验启示

（一）发展壮大村级集体经济，加强组织建设是保障

通过村"两委"干部培训等方式，提升村"两委"干部的工作能力，培养一批在抓发展、抓建设方面有方法、有能力的优秀干部，真正建设一个好班子、带出一支好队伍，不断提高基层党组织的凝聚力和战斗力。

（二）发展壮大村级集体经济，必须坚持因地制宜找好路子

在资源相对匮乏的农村发展壮大村级集体经济，必须因地制宜，深挖潜力，借助外力，坚持走养殖业、种植业、农产品加工业、乡村旅游业等多业态并举的多元化联动发展路子。

（三）发展壮大村级集体经济，必须用好收益发挥作用

解决"有钱办事"的问题，是发展壮大村级集体经济的最终目的。不仅要帮助村"两委"发展集体经济，更要注重和加强后续管理，引导村"两委"班子合理安排和使用村集体经济收益，真正把收益用于为群众办实事、解难事，最大限度地发挥作用，让广大村民真正享受发展成果，提高村级集体经济组织的公信力，密切党群干群关系。

党建引领强治理　产业发展促振兴

——长子县西王内村案例

一、基本情况

西王内村位于山西省长治市长子县宋村镇，全村有452户，1462人，党员30人，耕地面积1900余亩，村内地平水浅，漳河水穿村而过，非常适合农业生产。近年来，西王内村坚持党建引领，创新工作思路，紧抓县委、县政府发展"一县一业"、振兴青椒之乡的政策红利，因地制宜发展青椒种植，有力带动了群众增收致富。特别是近年来，西王内村以抓党建促基层治理能力提升专项行动为抓手，坚持"党支部+农户+合作社"发展模式，进一步壮大村集体经济，切实蹚出了一条富农兴村的新路径。全村共发展蔬菜大棚1100余亩，带动村集体经济年收入超过70万元，村民人均可支配收入超过2.5万元。

二、主要做法和成效

（一）完善基础设施，增强市场竞争力

为实现规模化、专业化种植，西王内村党支部注册成立坤升种植合作社，先后流转土地1000亩发展青椒集中连片种植，并雇用本村群众进行田间务工，实现集体经济发展和村民增收"双赢"。为解决菜贱伤农、有菜无市的问题，支部书记郭晓军带领"两委"干部，深入全国各地跑市场，先后引入了厦门、深圳、汕头等地的蔬菜客商进驻，并投资440万元，建成一座8000立方米冷藏保鲜库和蔬菜交易中心，市场话语权进一步增强。为有效降低育苗成本，2022年又新建了一座3000平方米的现代化育苗连栋大棚，在满足自身种植需求的同时，还拓展了育苗业务，为集体经济增收开辟了新路径。

（二）坚持党建引领，发展现代农业

农村要想富，关键看干部。曾经的西王内村是个名副其实的穷村，道路坑洼不平、水利配套设施不到位、"靠天吃饭"是生产生活常态。为改变这一现状，真正带领群众过上好日子，支部书记带领村"两委"多次深入山东寿光等先进地区参观学习，并立足本村实际，明确了种植以大青椒为主的设施蔬菜发展路径。为

激发群众的积极性,村支书率先垂范,通过抵押自家房屋、向银行贷款、申请相关补助等方式筹措资金110万元,带头建成300余座春秋大棚,种植青椒、西葫芦等蔬菜,当年收益就突破240万元,平均一个春秋大棚收益就超过8000元,比同规模露地种植收益超出一倍以上,稳定可观的收益回报,使全村迅速掀起了种植设施蔬菜的热潮。

(三)紧盯产品质量,打造特色品牌

聚焦农业增效、农民增收,西王内村党支部积极响应县委、县政府重振"中国青椒之乡"的号召,开展"三品一标"认证,先后认证绿色农产品2个,辐射带动农民专业合作社68家、农户3000余户,真正将长子青椒品牌推向了全国。

(四)狠抓"清化收",规范集体经济

西王内村以"清化收"工作为抓手,坚持从不规范合同中挖潜力、在陈年旧账中淘金子、在新增资源中找效益,累计清理合同313份,涉及资金14.1万元,收回并重新规范租用机动地243.3亩,新增河滩、林地等资源收费12万元,村集体经济运行更加规范,村集体收入进一步提高。同时,着眼建章立制,建立健全了村集体资源资产规范管理长效机制和村务公开制度,切实巩固了"清化收"工作成果。

党建引领风帆劲,乡村振兴正当时。西王内村党支部将继续充分发挥基层党组织战斗堡垒作用和党员干部先锋模范作用,在产业发展、壮大集体经济上出真招、求实效,让老百姓的生活越过越红火,越过越有奔头。

栽好楼宇梧桐树　引来商贸金凤凰
——长子县同新村案例

一、基本情况

同新村地处长子县城西北部，是一个典型的城中村，全村429户，1267人，耕地500余亩，党员40名。2020年7月被省精神文明建设指导委员会授予山西省文明村。同新村立足城中村地理位置优越、建材商铺较为集中的特点，将村级发展与县城改造整体规划相结合，积极兴建综合建材市场，通过对外出租商铺，大力发展物业经营，有效增加了村集体收入。2022年同新村集体经济收入480万元，其中经营性收入400万元。在集体经济发展壮大的同时，逐年提高村民福利，增强了村民的获得感和幸福感。

二、主要做法和成效

（一）立足区位优势，开发闲置资源

基于得天独厚的城中村区位优势，同新村聚集了全县大多数建材商铺，但各类商铺分布零散且缺乏统一管理，融合度不高、服务性不强。为发挥集中经营优势，2018年，同新村党支部结合县城改造规划，决定充分利用违建拆除后腾退的52亩集体土地，建设装饰建材综合市场，大力发展物业经济实现强村富民，带动集体经济增收，缓解村民就业压力。

（二）支部牵头引领，促进项目合作

同新村装饰建材综合市场由村集体投资8500余万元，于2018年开工，历时3年建成。建设期间，同新村党支部专门成立了建材市场项目小组，对项目实施阶段的各个环节进行监督，特别是在前期的土地手续办理、各部门对接审批工作中，同新村"两委"成员分工明确、多点配合，确保了项目按期完成，建成了占地3.42万平方米的9栋2层拥有100余间独立商铺的商业楼和2栋6层大型综合楼的建材市场。建成投入使用后，2栋大型综合楼引入钜辉酒店，年租金120余万元，9栋商业楼商铺引入恒洁卫浴、雷士照明、索菲亚木门、CBD家具等60余户品牌商户，年租金280万元。2022年，同新村建材市场入驻商户达100户，商铺租金为村集体

带来400万元收入。同时,建材市场配套储存仓库年租金收入约35万元,加上同新村停车场年租金18万元,以及临街门市商铺年租金27万元,2022年村集体经济收入达480万元。

(三)共享发展成果,提升百姓幸福感

在发展集体经济的同时,同新村党支部坚持"发展成果全民共享"理念,民生福利逐年上升,年终福利每人700元,为60周岁以上同新村老年人每月发放生活补贴300元,70周岁以上每月400元,80周岁以上每月500元,90周岁以上每月1000元,同时还为村民购买了医疗保险及人身意外伤害保险等,极大增强了村民的获得感和幸福感。

同新村将紧扣发展为了人民、发展依靠人民、发展成果由人民共享的理念,推动抱团发展、连片振兴,进一步夯实村集体经济发展基础,提升村党组织公信力,推动集体增收、群众致富同频共振,让同新村成为人民群众安居乐业的家园。

党建引领促发展　凝心聚力谱新篇

——武乡县东胡庄村案例

一、基本情况

东胡庄村位于武乡县贾豁乡东北部，距离武乡县城约36千米，由东胡庄和下寺烟两个自然村组成，全村总面积约8189亩，共有223户，684人，党员41名。近年来，先后获得国家森林乡村、省文明村、省卫生村、全市先进基层党组织、全市百强村民委员会、全县红旗村、全县先进村等荣誉称号。武乡县贾豁乡东胡庄村坚持以习近平新时代中国特色社会主义思想为行动指南，坚决贯彻落实省市县委部署要求，以抓党建促基层治理能力提升为抓手，围绕"弘扬太行精神，共建创新武乡"工作主线，按照乡党委"双十万"工程规划安排，聚焦中心工作、敢于担当作为，解放思想观念、盘活闲置资源，全力履职尽责、提升服务效能，发扬斗争精神、推动乡村治理，以起跑就是冲刺、开局就是决战的奋斗姿态，跑出快节奏，干出加速度，着力推进项目建设、乡村振兴、美丽乡村建设等各项重点工作。

二、主要做法和成效

（一）抓好基层党建，唱响"主旋律"

一是从严落实主题党日、"三会一课"、组织生活会、民主评议党员、"四议两公开"、联系服务群众等制度，修缮整理200平方米的党群服务中心一座，打造集基层党建、文明实践、志愿服务、承诺践诺为一体的村级综合性示范党建阵地，切实提升群众的幸福感与满意度。二是大力实施本土人才回归工程，坚持"内搭平台、外联老乡"，在"引、育、留"上下功夫，从致富能手、种粮大户、回乡大学生中储备后备干部3名，吸收1名"新鲜血液"进入"两委"班子，着力优化班子年龄学历结构，着力增强班子凝聚力和战斗力。三是积极借鉴先进地区的经验做法，按照"一村一亮点、一村一产业、一村一文化"工作思路，结合本村实际实施"党员五包一承诺"（贫困包户、卫生包街、矛盾包组、服务包事、绿化包片），全村党员干部承诺践诺为群众办实事解难题，2022年免费为群众旋耕耕地21户50余亩，上门为弱势群体送药16人次，帮助100余名村民科普下载国家反诈App。

(二)抓牢产业项目,弹好"主题曲"

东胡庄村"两委"从1970年开始植树造林,至今全村有北山集体经济林(梅杏、山楂)1300余亩、南山生态林3200多亩,发展党参、连翘等林下经济作物500余亩。一是利用闲置土地,发展规模种植。全面排查村内闲置土地,通过土地流转、托管等方式,对闲置土地和村民无力耕种的土地进行统一耕种管理;同时,与鼎诚国泰合作社联合经营,共同发展规模化种植、设施农业和休闲农业,在盘活闲置资源的同时,进一步提高农产品的产量和附加值,增加村集体收入。二是建设加工基地,发展小米品牌。结合周边农村谷子种植面积大的特点,村集体通过与健源农业有限开发公司合作,收购本村村民和周边的农村谷子,进行集中加工和销售,最终形成"胡庄小米"品牌,一方面避免健源农业公司的设备闲置,另一方面也能增加村集体和农户的收入。三是利用森林资源,发展绿色经济。依托村内现有的"南山生态林,北山杏树林"资源,对2022年冬季栽种的150亩梅杏对外承包经营,同东胡梅山农业科技有限公司深化合作,探索发展"龙头公司+村委+村民"经营模式,形成春季花海展示、梅杏鲜果销售、杏干杏脯加工、果木托管服务的产业链条,打造"春赏花、夏采摘、秋观叶、冬品雪"的胡庄旅游品牌。

(三)抓细乡村治理,打好"组合拳"

一是加强网格管理,提升治理效能。全村结合实际划分5个基础网格,调动党员干部、退役军人、"两委"干部等进网入格,配备30名兼职网格员。探索建立"全面落实、网格定位、专人负责、督导考核"的工作责任机制,构建"属地成网、网中有格、格中有责、责任到人、管理到位、服务到家"的工作体系,明确工作职责,规范工作制度,提升治理效能。二是夯实主体责任,打造清廉村居。党支部履行全面从严治党主体责任,成立了由支部书记任组长的领导小组,把"清廉村居"建设纳入村内日常管理建设中,对村级大额资金使用、工程项目、重大决策等村务严格执行"四议两公开"制度。同时,打造了宣传长廊,将清廉村居融入百姓日常生活中。三是完善基础设施,强化为民服务。先后投资400万元修建戏台、文化场所、广场,硬化村道、安装路灯;投资110万元打井1眼,修建蓄水池1座;投资30万元修建文化广场与文化长廊,安装各类健身器材,设立图书室、食堂、休息室等多种活动场所。累计开展"道德讲堂"活动30次,举办元宵节、端午节、中秋节、重阳节敬老主题表演4次,不断丰富群众文化生活,持续提高村民幸福指数。

三、问题与建议

存在问题主要有：一是村集体经济整体发展水平不高，经营、投资性收入占比较低，稳定性和持续性较差；二是集体经济产业发展主要靠村"两委"主干及班子成员，村干部受能力水平限制，市场营销理念有待加强。

建议东胡庄村继续践行"绿水青山就是金山银山"理念，强化责任担当，紧盯目标不放松、一任接着一任干，切实走出"党建引领、产业升级、乡风文明、绿色发展"的强村富民新路子。加大对村"两委"干部和党员致富带头人的培训力度，提高市场营销理念，为集体经济发展提供人才支撑。实施农村集体经济带头人培育工程，提升基层干部把握政策、发展经济、创新实践能力，制定科学的本土人才吸引政策，改善回乡人才成长环境，利用思想引领人才、诚意打动人才。

"小梅杏"种出"大品牌"

——武乡县权店村案例

武乡梅杏历史悠久,"权店梅"更是被称为"杏中之王"。"权店梅"的盛产地权店村是武乡县故城镇西部的一个丘陵山村,山大沟深,土薄水少,光照充足,昼夜温差大。该村独特的自然条件使杏风味独特,口感醇正,富含多种有机成分、维生素和无机盐类,平均单颗果重可达90克。作为一项特色种植业,权店梅杏在20世纪90年代就开始种植,并迅速发展壮大,示范效应带动周边多个村庄。武乡现代农业产业示范区成立以来,依托全县"一乡一业、一村一品"的发展战略,推行"合作社+基地+农户"的产业带动模式,在扩基地、强龙头、育中介的基础上,依托当地丰富的杏资源,着力打造杏饮料系列产品深加工基地,形成了集种植、生产、加工梅杏于一体的绿色产业链,梅杏产业走上了快速发展之路,产业化发展辐射效应突显,特色农业产业发展步入良性循环的轨道,权店村也成了远近闻名的"梅杏之乡"。

一、基本情况

权店村位于武乡县西部山区,208国道穿村而过,交通便利,村内山大沟深,光照充足,适宜种植梅杏。全村共175户,540人,党员22名,村"两委"干部7名,目前注册国家商标3个,拥有梅杏园面积(包含连锁园)3000余亩。2021年,权店村集体经济总收入27.5万元,经营性收入15万元,入股分红3万元(入股武乡县源鑫苗木种植合作社),光伏收益2万元,其他收入7.5万元。2018年3月获武乡县委、县政府2017年度红旗村,2018年7月获武乡县委先进党支部。

二、主要做法和成效

权店村围绕"强党建、抓产业,促增收"的发展思路,村"两委"干部凝聚自身力量、吸引在外本土人才回乡创业,打造了集梅杏育苗、梅杏嫁接、杏仁杏脯加工包装销售和梅杏园赏花、采摘为一体的产业链条。同时,多措并举打造黄金名片"武乡梅杏"区域公用品牌,定制了产品的专门包装,借助"互联网+"、电子商务等平台,实现了产地与商家的对接,产地与消费者的直接供销,形成了产、运、销的有机结合、整体运作。

(一)坚持党建引领,吸引人才回归

权店村"两委"干部连任多届,村情稳定。在经多方考察后,结合村内土壤等有利条件,"两委"干部带头试种梅杏,积极联系专业部门给予技术支持,协调银行给予资金支持,为梅杏产业的发展提供了坚强的战斗堡垒作用和组织保障。为持续把权店梅杏产业发展壮大,村"两委"干部发出"致在外人才的一封信",将梅杏发展情况及未来良好前景写入信中,吸引了十余名在外人员返乡创业,如大学毕业生李恒积极响应号召,带头成立了武乡县源鑫苗木种植专业合作社,合作社带领有意愿创业的年轻人调研市场,办理相关手续,目前已注册了国家商标3个,加工单位2个,梅杏连锁山庄3个,吸纳了8位苗木嫁接及杏树修剪技术人员。

(二)坚持规模种植,加大技术支撑

权店村充分发挥梅杏园区的中心作用,扶持、促进周边县、乡、村的梅杏发展,培育更多的农业大户、家庭农场、农民示范合作社等新型经营主体,以点带面、联农带农,推动生产托管,解放劳动力,提高村民收入。权店村"两委"干部将专家"引进来",在村内定期开展农村实用人才带头人培训,邀请专业技术人员到村授课、指导,培育一批有文化、懂技术、善经营、会管理的"土专家",专注梅杏发展。合作社带领村内致富带头人"走出去"学习,赴河南学习先进技术,提高梅杏种植及修剪专业技术。目前,权店村已有4个梅杏专业化管理团队共100余人,梅杏产业带动村级集体经济增收15万元,带动户均增收6000元以上。

(三)坚持宣传推广,扩大知名范围

在村"两委"干部及回乡人才的精心护理下,梅杏发展基本实现了规模化种植、品牌化建设、规范化管理。为进一步拓宽宣传渠道,权店村利用电视、微信、微博、抖音等平台广泛宣传。同时举办多届"赏花节""采摘节",在4月赏花节和7月采摘节上,举办了一系列民俗文艺演出和杏林书画摄影比赛、风光观赏、采摘体验、特色品尝等活动,更多人通过活动了解了"权店梅杏"。同时,通过企业商会带头,发动全省企业及个人通过结对子的形式,采取现场捐赠和认购,对贫困户进行精准帮扶,既扩大了宣传,又以特色农业产业化发展带动了老区农民共同增收致富。

三、问题与建议

权店村坚持规模种植,加大技术支撑,培育一批有文化、懂技术、善经营、会管理的"土专家",破解人才瓶颈制约,专注梅杏发展,推动农村集体经济高质

量、高效益、可持续发展,极大地提升了村级集体经济经营管理水平。但在采摘和后熟技术、产品认知和品牌营销、精深加工等方面仍存在明显短板,建议进一步找准问题,补足短板,增加产业发展充分条件,改善生产必要条件,全产业链谋划发展,引导产业发展形成"以农民为主,企业合作社带动,政府引领,社会参与相结合"的梅杏产业发展格局,同时要创新产业利益联结机制,发展壮大村级集体经济,实现产业发展和村民增收"双赢"。

绿水青山带来金山银山

——沁县石板上村案例

一、基本情况

沁县郭村镇石板上村位于沁县城西10千米处,省道322穿境而过,境内九连山气势磅礴,千女湖旖旎秀丽。全村总面积3000亩,其中耕地面积914.57亩,人口122户,348人,党员28名,村"两委"干部5名。石板上村深入贯彻落实"绿水青山就是金山银山"的发展理念,立足山青水美地肥的生态优势,紧抓绿色发展、体验经济的市场趋势,采取村集体自主经营方式,打造农业园、发展旅游业,私家菜园迎合城市家庭,草莓采摘撬动亲子休闲,"网红"项目适应年轻群体,始终保持着对游客的强大吸引力,形成"农旅双链"融合发展的特色产业体系。

二、主要做法和成效

(一)明确发展路径

针对传统种植效益不高、生态资源开发不够的问题,2017年以来,郭村镇党委多次下沉基层调研,邀请专家实地考察论证,带领干部外出参观学习,组织党员共商发展大计,结合本村绿水青山优势,深入贯彻落实"绿水青山就是金山银山"的生态文明理念,形成了生态农业、乡村旅游"农旅双链推动"的发展共识,明确了建设生态有机农业园,发展有机蔬菜、水果种植观光采摘,开发九连山、千女湖旅游产业的发展路径。

(二)推动农业升级

村党支部书记、村委会主任带头成立沁县千女湖农业发展有限公司,市政协帮助多方争取扶贫资金460万元、领导帮扶资金120万元、集体经济专项资金70万元、社会捐助50万元、村级自筹155万元,累计投入855万元,流转土地63亩,修建占地80亩的立体循环生态产业园,内含一座规模50千瓦的屋顶光伏发电站,一个占地5亩、年出栏2400头的生猪养殖场,15座日光温室大棚,100块私家菜园,着重推行蔬菜经营、水果采摘、养猪场出租、光伏发电等经营项目,打造出一座可循环、原生态的现代化农业产业综合园区。2022年新建2座日光温室大棚、96平方米生鲜恒温库以及120平方米办公用房，拟新建5座智能温控大棚，用于育苗、种植蔬果。

（三）开发生态旅游

石板上村从美丽乡村建设入手，大力开展生态旅游建设。投资274万元修建环湖路、亮化景观墙、种植景观树、打造花草带、建设小游园景点及标志性建筑，打造"花园式"村庄。举办2次乡村旅游推介会，与澳中旅、劲旅、四季枫等10多家旅游公司建立合作关系，每年获得门票收入4万元；投资153万元在千女湖、九连山上马摇摆桥、水上冲关浮桥、七彩旱滑、游船等"网红"娱乐项目，每年娱乐项目收益6万余元。

（四）拓宽农民增收渠道

"千女湖里泛轻舟、九连山上品生态、采摘园中亲农事、网红娱乐燃激情"的旅游特色吸引了八方游客前来体验。村集体积极对接餐饮培训机构，开展烹饪技术、餐饮服务等培训，扶持成立48家"湖畔农家乐"，独具风味的农家菜吸引大批"吃客"前来品尝。设置安全员、环境卫生员、景区管理员等公益性岗位，全村260余名有劳动能力的村民实现"家门口"就业，村民年均增收1万元以上。搭建郭村镇到村任职大学生助农直播间，通过"线上+线下"多元化销售模式，拓宽销售渠道。"印象千女湖"品牌逐步打响，绿水青山真正变成了金山银山。

石板上村从一个集体经济收入薄弱的贫困村，发展成为基础设施逐步完善、村容村貌焕然一新的乡村旅游明星村、示范村，主要是通过发展中药材种植、乡村旅游、生猪养殖、劳务输出、蔬菜大棚育苗基地及光伏发电等六项富民产业，夯实乡村振兴的基石，增加村集体经济收入。在村党支部的带领下，村集体经济收入从2016年的2万元达到2022年的78万元。先后获得"省级美丽宜居示范村""省级旅游示范村""省级园林示范村""省级卫生示范村""全省标杆村党组织""省级民主法治示范村"等荣誉称号。

三、经验启示

（一）不断优化农旅融合模式

鼓励农村根据自身资源禀赋实施乡村产业发展重点项目，提升农村基础设施建设水平。打造"农业科普教育+乡村旅游"振兴模式、"休闲度假+特色种养"振兴模式、"田园观光采摘+大型文旅活动"振兴模式、"休闲农业+特色农产品"振兴模式、"民俗风情+红色文化旅游"振兴模式等五大模式，强化乡村产业发展的软环境。推进乡村传统工艺振兴、乡村文化产业发展、乡村特色农业发展、乡村文化人才培育等富民助推计划,构建惠民富民新格局。

(二)开展农旅融合智力下乡,培育三产融合发展专业人才

注重乡村农旅产业发展的培训,定期组织乡村地区相关从业者开展培训工作,为农民从事农旅融合相关产业进行技术技能的指导。适应发展电子商务、乡村旅游、农产品加工、农村社会服务等新兴产业需要,积极开展网络营销、视频制作、民宿管理、乡村导游、民俗表演、农产品深加工等系列专业技术人才和管理人才培训,推进结合本地优势实现一二三产业融合发展。积极组织相关农旅行业从业者对乡村地区进行对口帮扶,传授相关经验、指导项目实施和工作开展。重点创建乡村旅游发展培训班,从现场授课到组织调研及专家指导,进行全方位的帮扶,助推乡村人才振兴。

(三)优化特色优势产业体系,推进乡村农旅品牌创建

积极融入长治市现代高效特色农业带建设,不断调优农业产业结构,发展高产、优质、高效、生态、安全农业,协调发展设施农业、休闲观光农业和体验式农业,因地制宜发展蔬菜、水果、小米、养殖等特色效益农业。积极推进农产品"一村一品""一镇一品"品牌建设工作,推进农产品"三品一标"示范创建,培育"千女湖"区域公用品牌。

因地制宜发展多元产业　助力集体经济不断增收

——沁县罗卜港村案例

一、基本情况

漳源镇罗卜港村位于沁县西北伏牛山下、漳石线西南与郭村镇交界，距沁县县城约15千米，总面积约9平方千米。现有耕地1890亩，林地5400余亩，荒山、荒坡、荒滩、荒沟共1000余亩，2022年村集体经济收入103.87万元。近年来，罗卜港村"两委"班子充分发挥引领带头作用，拓宽思路、埋头苦干，结合本村实际因地制宜发展多样化产业，引领村级集体经济不断增收。

二、主要做法和成效

（一）重点培植肉牛养殖产业

罗卜港村将肉牛养殖产业作为乡村产业振兴、实现富农增收的重点产业加以培植。依托村内资源，探索产业发展新模式，2017年罗卜港村采取"两委+合作社+贫困户"的方式，成立了沁县北神山畜禽养殖专业合作社，利用村内荒山、荒坡发展规模养殖肉牛，从2019年开始，罗卜港村"两委"班子实施肉牛养殖项目，利用100万元村集体经济专项资金建设牛场、购进母牛。其中，50万元建成了750平方米的肉牛养殖场，包括牛棚、草房、工人宿舍等基础设施，新置了铲车等机械设备；50万元购买35头繁殖母牛。经过先后几年不断投入资金建设场地、购置设施、买进肉牛，肉牛养殖项目不断发展壮大，最终建成3500平方米肉牛养殖场，存栏肉牛100头。2022年，罗卜港村、北安家岭村又以罗卜港肉牛养殖产业为基础，联合成立了山西北神山农业开发有限公司，吸收11个村乡村振兴资金123万元壮大肉牛养殖产业。

（二）探索形成连片轮茬种植模式

罗卜港村因地制宜，多措并举，打破传统的一年一季农作物种植方式，积极推广一年两茬、两年三茬作物种植，轮作倒茬，调整优化种植结构和品种结构，提高土地产出效益，实现"一田两用、一地双收"。2023年，罗卜港村在全镇"三线两区一基地"的整体发展布局下，流转农户土地，高标准连片种植有机沁州黄谷子500亩。谷子收割后将会轮茬种植小麦，再轮茬种植蔬菜400亩，种植土豆、大葱各50亩，与沁润农业公司开展订单合作，种植线椒100亩。

（三）种养循环实现双重效益

经过罗卜港村的不断探索，将养牛项目与种植项目充分结合，以达到相互促进、共同发展的目的，目前已形成了成熟的"农作物秸秆—饲料—养黄牛—牛粪发酵有机肥—农作物"有机种养循环模式。在这种模式下，利用秸秆制作牛饲料，变废为宝的同时有效解决了农村处理秸秆过程带来的污染、火灾隐患等问题，实现了经济与生态双重效益。

（四）全力开展综合治理

如漳源镇"清化收"专项工作开展以来，罗卜港村积极跟进，狠抓落实，利用现有耕地资源，盘活村内集体经济"动力引擎"，为村集体经济开源增收。村委统筹各方力量，按照上级政策，全面清理整治农村集体经济组织不合法、不规范合同，收回了土地100亩，利用新增集体耕地发展有机循环种植产业，调种优种蔬菜，拓宽了村级集体经济增收渠道。

罗卜港村经过几年建设，肉牛养殖项目不断发展壮大，预计肉牛养殖收入达30万元。村集体每年以每亩600元流转农户土地500亩，统一管理、统一耕作，轮茬种植沁州黄小米、土豆、白菜、大葱、胡萝卜等，每亩经济收入可达6000多元，是玉米种植收入的4倍左右，农户还可以通过参与劳动等形式获取再增收，实现了农业机械化、规模化、集约化的高质量发展。

三、经验启示

（一）加强党的领导、实现乡村经济多元化发展

党的领导是实现乡村振兴，促进乡村经济多元化发展的政治保障。将乡村经济融入基层党组织艰巨而重要的政治职责之内，加强乡村党组织的核心指导地位，保证乡村党组织具有为组织、群众提供服务的能力，以及在乡村经济发展过程中解决困难的能力，提升乡村党组织的团结能力，大力发展乡村经济，执行乡村振兴战略方针，引导人民群众共同迈向小康之路。

（二）改变传统的村级治理方式和产业发展模式

一是"两委"班子变被动为主动，积极领办经济实体，在有效壮大集体经济的同时，推动罗卜港村产业多元化、产业化发展。如今的罗卜港产业呈现肉牛养殖繁育、有机蔬菜种植、花生油加工等为一体的"种养加"多元化发展格局。二是由以往的行政化管理向全能服务转变，有效解决了移民搬迁后农户的产业发展问

题,做到了户户有产业,家家能增收,确保了农户稳定增收。

(三)完善基础设施建设

现代社会交通物流行业蓬勃发展,尤其是在互联网经济的带动下,交通物流成为沟通各地区经济、文化,促进各地区协调发展的重要因素。但是,广大农村地区由于客观条件的限制,还没有融入现代交通物流网络内。对此,当地政府应积极推进农村交通物流网络体系的建设,打通农村经济发展的"最后一千米",利用便捷的交通物流,搭建农村经济与现代市场经济沟通的桥梁,支持多元经济的全面发展。

(四)完善农业社会化服务体系

注重农业技术的有效推广,完善配套设施服务模式,将龙头企业的影响力发挥出来,保证公共服务机构发挥出依托作用,大力发展农业产前、产中、产后的全过程服务,保证小农户和现代农业发展有序结合。

实行土地全程托管　蹚出集体经济发展新路
——沁源县东柏子村案例

一、基本情况

东柏子村位于灵空山镇中心区域，辖7个村民小组，共计141户，407人。现有耕地面积557.9亩，林地面积1215亩，牧草地面积1708.5亩，村集体经济收入主要依靠企业，是工业乡镇的一个典型缩影。2021年以来，东柏子村党支部深入开展抓党建促基层治理能力提升专项行动，将农业生产托管服务工作作为重要内容进行落实。在党支部的带领下，以村集体股份经济合作社申报农业生产托管服务主体，统筹周边村农机及耕地资源，联合发展农业生产托管服务，不仅促进了本村集体经济壮大，也为广大群众多渠道就业解除了枷锁，为工业乡镇的农业发展蹚出了一条新路子。

二、主要做法和成效

(一)统筹资源优势，打造高标准服务主体

东柏子村坚持以党建为统领，全面统筹全村各项主要工作。党支部充分发挥战斗堡垒作用，经深入研究后，决定以集体股份经济合作社为依托，打造一流的农业生产托管服务主体。购置大型农业生产机械设备3台，联合周边村大型机械5台，可用大型农业生产机械共计8台，相关配套设备22部；专职农机操作手4人，合作农机手4人，共计8人；农业生产托管服务范畴含东柏子、柏子、西务、北沟、畅村、郡家沟6村，签约农户538户，服务面积2600余亩，生产托管服务范围涵盖耕、种、防、收四个环节。

(二)统一服务标准，促进农业高质量发展

东柏子村在股份经济合作社基础上成立了专门的土地托管服务合作社，建立了统一服务标准，全面负责服务范围内农业生产相关事宜。种子、化肥统一购买，种、收、耕三个环节统一调配农机作业，防治环节统一使用无人机作业模式，粮食统一收购销售。统一的服务标准和机械化作业模式，打破了单户种植人力作业的桎梏，有效降低了生产成本，提高了农机作业效率，为服务主体降低了经营

风险,同时有力提升了农业生产质量。

在农业生产托管服务的示范引领下,东柏子村再接再厉,谋划实施了黑山羊养殖项目,同时与下兴居村合作开展了日光温室大棚建设项目,为本村农业发展注入了新活力。

(三)注重实际效果,带动增收发展势头好

一是增加了农民收入。实施农业生产托管的地块,每亩生产成本降低100余元,平均亩产提升15%,亩均增收200余元。以前农户流转耕地,流转费最高每亩只有300元,实行托管后,平均每亩收益能达到700元。农户无须为农事奔波,解放了劳动力,打破了一家一户分散种植、耗工费时作业方式的桎梏,有效降低了生产成本,提高了农业生产效率。农民还可以通过其他方式就业,拓宽了增收渠道。特别是解决了采煤扰动区搬迁群众种地"两头跑"问题,让群众吃了一颗"定心丸",为4村搬迁治理作出了积极贡献。

二是壮大了集体经济。通过农业生产托管,村股份经济合作社有了稳定收入,扣除经营成本,加上上级财政给予托管经营的每亩88元政策性补助,2022年村集体农业生产托管经营纯收益达到24万元。同时也让更多的村对农业生产有了信心,仅东柏子、北沟、郡家沟3村就拓展弃耕撂荒地600余亩,既增加了可用耕地面积,又为村集体增收拓宽了新渠道。集体收入来源除了生产托管服务收入外,还有租赁给附近煤矿企业的村集体建设用地和闲置用房等租赁收入,2022年全村集体经济租赁等其他收入达49万元。

三是带动了农业高质量发展。实行生产托管以前,农户一般将土地流转出去,但经营者多采取掠夺经营方式,不养地,造成土壤肥力下降等,因此有的农户干脆直接撂荒。农业生产托管服务的兴起,推动了农业生产机械化发展,专业农机作业和无人机作业模式普遍采用,并实施秸秆粉碎还田、深耕、旋耕等作业手段,既解决了护林防火方面的隐患,也提升了耕地地力。现代农业模式也在普遍兴起,大棚蔬菜种植、大棚食用菌种植、大豆玉米套种模式遍地"开花",为全镇农业发展注入新元素。

下一步,东柏子村将继续加大工作力度,以农业生产托管作为主导产业,持续提高群众参与度,为扩大种植规模创造良好氛围,进一步提升服务能力,扎实搞好农业生产托管服务,继续在农业的节本增效、农民增收上下功夫。同时,继续盘活村集体闲置资产,通过引进新项目,寻求集体经济发展新的增长点,通过多元化方式进一步发展壮大村集体经济。

把握机遇搞产业　创新机制谋共富
——沁源县中峪村案例

一、基本情况

中峪乡中峪村位于沁源县城西南20余千米处,是中峪乡人民政府所在地。全村506户,1295人,总面积18.43平方千米,其中耕地面积2381亩,森林面积24204亩。全村有3个自然村,9个村民小组。村"两委"共有9人,党员61名。中峪村在乡村振兴中充分利用区位优势,适时把握霍州煤电中峪煤矿基建阶段的重要发展机遇,多方聚力发展商砼搅拌站项目,为煤矿提供基建配套服务,走出了一条发展壮大村级集体经济的有效路径,为带动全村群众共同致富开了个好头。

二、主要做法和成效

(一) 抓住机遇求发展

2021年4月,霍州煤电集团有限责任公司中峪煤矿注册成立,厂址选在中峪村。中峪煤矿在建设期每年混凝土需求量在15万立方米,建成后每年混凝土需求量也达到10万立方米。中峪村党支部充分认识到在乡村振兴新形势下以产业发展带动集体经济发展的重要性和紧迫性,结合村情,多次组织召开村"两委"班子会、党员大会、村民代表会等,经村民代表大会研究,决定围绕霍州煤电中峪煤矿基建窗口期,以村股份经济联合社为平台,创办村企,并先后到周边5个县市考察项目。村"两委"干部经过多方考察和商议,并召开了三次股份合作社社员代表会议,决定成立合作社的全资子公司沁源县泰鼎达商贸有限公司,主要经营商砼搅拌站项目,为中峪煤矿提供长期基建服务。2021年8月开始筹建该项目,2022年4月投产运营,实现了当年投产当年见效。

(二) 村民参股筹资金

为解决兴办村企的资金来源问题,中峪村党支部以党建凝心聚力,决定通过班子成员和全体党员共同号召群众集资兴办集体企业,鼓励村民主动注资参股。全村508户村民有303户参股,累计筹资2020万元注入泰鼎达商贸有限公司。村集体除了提供厂房和场地外,后续还利用征地提留款注资500万元,进一步壮大资金规模。

(三) 联营合作谋共赢

企业要运营,光有资金远远不够,还需要有专业的运营团队、技术人员和专业设备等,但这些条件村里都不具备。为此,村里决定与另外一个专业经营商砼搅拌站项目的企业合作,由对方提供专业技术和人员,并出资100多万元购买了搅拌车辆等设备。经商定,年收入400万元以内的收益归对方,超过400万元以上的收益归村办企业。据村干部介绍,项目达产后村集体年收入可达900万元。

(四) 按股分红奔共富

由于村办企业所有权归村集体经济合作社,因此,企业所获利润分配方式体现了多元化方式,兼顾了筹资股民、村集体、所有集体成员等各方利益。企业利润按规定的比例提取留存收益。剩余收益年底分红时,将其中的70%分配给303户参股股民,按筹资金额平均分配;其余的30%在村集体和全体村民之间进行分配(收益的1/4留给村集体,其余3/4在全村经济股份合作社社员之间按股分红)。全村股份经济合作社共设13000股,其中3000多股为脱贫巩固股,这些脱贫巩固股的分红用于村内公益性事业和基础设施维护;其余9000多股为全体村民参与股份合作社的社员股,按每户持有的股份数量进行分配。截至目前,公司已生产2万立方米混凝土,产生利润120余万元。预计达产后,可增加村集体经营性收入130余万元,303户参股股民预计户均增收2.1万元,人均增收6000余元,实现村民筹资、人人入股、收益分红、全村受益的村集体经济发展目标。

中峪村将在发展壮大现有产业的基础上,进一步盘活闲置资源,优化产业布局,积极发展农民参与度较高的农业产业项目,致力于辐射带动周边群众共同致富。

二、主要创新做法

为破解"农民融资无抵押、机构放贷无保障"难题,温江区自2008年起率先在成都市探索以"还权赋能"为核心的农村产权制度改革,2015年成为全国农村承包土地经营权抵押贷款试点区县,此后在农村产权金融改革上大胆创新,形成了农村金融服务"1234"温江模式。

(一)打造一个闭环:全链条全要素的金融服务循环圈

为破解农村产权抵押融资信息渠道不畅通、产品价值认定不科学、金融机构放贷信心不足等问题,温江区创新"八步法",探索"政府+市场"运行机制,逐步实现农村金融服务由政府主导型向市场需求型转变。"八步法"具体内容如下:一是借款主体向金融机构发出贷款申请;二是农村产权交易所为借款主体办理土地经营权交易鉴证;三是农业农村、林业等主管部门为借款主体办理他项权证;四是借款主体、村委会成员、专家库成员、金融机构、处置企业依次对土地经营权及地上附着物进行价值认定;五是借款主体办理抵押登记;六是金融机构和处置企业签订抵押资产市场化处置"两方协议",然后加入借款主体并签订"三方协议",约定各方权责利;七是金融机构向农村产权交易所办理抵押资产备案;八是借款主体出现本金或利息逾期时,启动抵押资产处置程序,抵押资产处置资金按约定优先序使用。经过多部门协作、多主体参与,形成了"贷款申请—交易鉴证—价值认定—权证办理—抵押办理—贷款发放—资产备案—资产处置"的金融服务闭环体系,实现了农村产权"活化"和金融风险可控。

(二)搭建两大平台:产权交易平台和金融服务平台

乡村有大量资源资产,但多处于利用不足或"沉睡"状态,亟须探索释放乡村资源资产潜能的有效方式。温江区在开展以"还权赋能"为核心、"确权颁证"为基础、"两股一改"为平台、产权流转为主的农村产权制度改革基础上,建立起产权交易分中心、收储公司等多层次产权市场平台和"农贷通"农村金融综合服务平台,还成立了农村产权维护法律援助中心和城乡房屋租赁公共服务管理中心,形成"两平台三中心"格局,搭建区、镇(街)、村(社区)三级金融服务站,支撑两个平台无缝对接。一方面激活了农村产权财产属性,使农村产权抵押融资、资产变资本、资本变资金有了载体;另一方面打通了农村产权和金融要素相互对接的堵点,使农村金融服务延伸到"最后一千米"。2018年,温江区推动农村金融服务市场化改革,引入了四川两湖绿谷现代农业服务有限公司,探索第三方市场化运营农村金融服务站,致力解决农村金融服务政策、产品、市场脱节问题。截至2022年6月,温江区已建成镇(街)农村金融综合服务中心9个,村级服务站50个,基本覆盖了所有农村人口。

(三)创新三大机制:价值评估、风险缓释和资产处置机制

除了基于"农贷通"平台的农村产权融资服务机制外,温江区还创新了三个机制。一是建立"五方价值认定"评估机制。在贷款的评估发放阶段,由金融机构、处置企业、借款主体、专家库成员和当地村委会推荐成员组成抵押资产价值认定小组,分别对借款主体的土地经营权及地上附着物进行价值认定,价值认定结果有效期为一年,期满后重新认定。二是建立"银政企担"市场化融资风险缓释机制。区政府投入500万元设立农村产权抵押融资风险基金,承担抵押资产处置后净损失的80%,金融机构承担20%,实现由传统的"债务收购—抵押物处置—净值分配"向"市场化处置—差额补偿"转变。同时,引入四川省农业担保公司构建"区内银行+政府+省农担公司"(比例为3:3:4)产业发展融资风险分担机制,财政投入风险补偿金1500万元,发挥"杠杆"效应放大金融资本20倍授信规模,形成3亿元融资贷款资金池。三是建立抵押资产市场化处置机制。引入处置企业和收储联盟全程参与抵押物的价值认定、资产监管和风险处置,从事前、事中、事后三个环节协助金融机构控制抵押资产风险。启动处置程序时,抵押资产通过农村产权交易服务中心进入市场,确保价值公允、程序规范、交易公开,可有效保障金融机构、借款主体和处置企业三方利益。截至2022年6月,温江区没有出现1起抵押资产处置纠纷,"市场化零处置"极大地提升了各类市场主体的诚信意识。

(四)聚焦四类权利:围绕农村产权开发金融产品

温江区针对农村承包土地经营权、集体经营性建设用地使用权、集体资产股权、农业生产设施所有权等四类农村产权,先后推出了"花木仓单""花木贷""应收账款""土地经营权直接抵押贷款""惠农e贷""领头贷"等十余种特色信贷产品,率先在全省探索集体资产股权质押融资模式,创新了集体经济"强村贷"。例如2021年6月,寿安镇岷江村以集体资产股权提供反担保,获得农业银行温江支行"强村贷"200万元;同年7月,四川禾晟德进出口贸易有限公司通过"土地经营权+农业生产设施所有权"获得成都农商银行温江支行贷款400万元。开展"银行+整村"的农村金融综合服务,为幸福村、先锋村、天星村、天源村等综合授信"两权"抵押贷款6000万元,实现融资4000万元。截至2022年6月,全区累计投放农村产权抵押贷款27.1122亿元,其中农村承包土地经营权抵押贷款23.85亿元(占87.97%)、集体经营性建设用地使用权抵押贷款3.17亿元、集体资

产股权抵押贷款522万元、农业生产设施所有权抵押贷款400万元，农村产权抵押贷款数居全省前列。

三、面临的现实挑战

调研时，受访者反映农村产权金融改革仍面临一些现实挑战，应当引起关注。

一是部分金融机构参与"两权"抵押贷款时"只出管理办法，不出匹配产品"。2015年，国务院出台"两权"抵押贷款试点指导意见，2016年3月，中国人民银行联合多部委印发了"两权"抵押贷款试点暂行办法，随后温江区多家金融机构相继出台了管理办法，但匹配的相应金融产品却不多。当前与温江区农村金融综合服务中心站合作的8家金融机构中，"两权"抵押贷款主要是成都银行和成都农商银行这两家地方法人金融机构在办理，中国农业银行近两年才匹配了"强村贷"和"种植贷"产品，其他合作银行并未匹配相应金融产品，参与积极性不高，依然呈等待观望之势。

二是规模经营主体流转获得的农村土地经营权抵押仍然受限。中国人民银行等五部门联合印发的《农村承包土地的经营权抵押贷款试点暂行办法》第七条规定，"通过合法流转方式获得承包土地的经营权的农业经营主体申请贷款的"，在应同时符合的条件中包括"承包方同意承包土地的经营权可用于抵押及合法再流转"。实际上，规模经营主体并不容易满足这一条件，连片流转土地后，只要其中1户承包方不同意，规模经营主体就无法将流转获得的土地经营权用于抵押贷款。

三是集体经营性建设用地的"抵押融资"，因金融机构认知不足而导致抵押权难以实现。《土地管理法》第六十三条第三款规定，"通过出让等方式取得的集体经营性建设用地使用权可以转让、互换、出资、赠与或者抵押"，但与此相衔接关于不动产登记的行政法规、地方性法规、操作政策等尚未出台，大多数金融机构认为不好操作。目前，仅有成都农商银行在办理为数不多的集体经营性建设用地使用权抵押融资业务。另一种情况是，土地和房屋的所有权分属不同主体，金融机构不予认定为有效抵押物。例如，岷江村以集体经营性建设用地作价入股村企合作项目，企业出资兴建共享农庄和游客接待中心，但当企业以该项目的土地房产去申请抵押贷款时却不能获批。

四是农村集体资产股权质押融资不易被集体组织成员所理解，群众心存顾虑致使创新探索推广不易。"强村贷"虽是温江区农村产权抵押融资的又一次创新探索，但从岷江村实践看，该村以村集体股份经济合作社名义获得200万元集体资产股权贷款，前提条件是需要经过集体经济组织成员5000多人全部签字同意，单是成员签字程序就要花3~5个月的时间。部分集体组织成员担心，村集体的产业项目经营不善而导致个人背负债务，因而不同意村里申请"强村贷"。对一些村干部威信不够强的村而言，征得全体成员授权同意的要求是十分困难和苛刻的。从这个角度看，岷江村获得"强村贷"的可复制性就会打折扣。

四、有关建议

一是多措并举激励金融机构提供更多农村产权金融服务。加快推进"信用户""信用村""信用乡（镇）"建设评定，强化农村信用体系建设，为金融机构开展农村产权金融服务营造良好的信用环境。依托区域性农村产权交易平台，建立健全农村产权交易信息共享机制，将农村产权交易市场和农村金融服务市场相对接，降低金融机构信息搜寻成本。对提供农村产权金融服务较为积极、新增贷款较多、风险控制较好的金融机构，给予财政和税收激励。将农村产权金融服务纳入金融机构绩效考核范围，增加考核权重，推动农村金融回归本源。

二是适当调整有关法律法规对土地经营权抵押的限制性规定。土地经营权流转应同时保障流出户和流入户的合法权益，承包地"三权"分置后，如能明确土地经营权抵押期限仅为已支付流转费的期限，则不会影响村集体的所有权和农户的承包权。实践中，不少地方都要求规模经营主体在种植期开始之前就向农户支付土地流转费，个别地方还要求规模经营主体向专门账户多预交1年流转费作为保证金，以延长土地经营权再流转的期限，保障承包户利益。对此，在承包户利益得到保障的情形下，建议回避土地经营权抵押须经承包户同意的提法，提倡在已支付流转费期限内经营主体同步获得土地经营权及其抵押权。

三是进一步完善农村集体经营性建设用地抵押融资权能。建议明确经依法取得的农村集体经营性建设用地使用权和地上建筑物所有权，可以设置抵押权、担保权、质押权等他项权，丰富并赋予其更多、更灵活的权能，既让金融资本为乡村振兴注入更多活力，也更有利于孵化扶持中小型企业和乡村文旅创业企业等。

四是稳慎探索激活农村集体资产的金融价值。涉及农村集体产权的改革要坚守两条底线，既不能把集体经济改弱了、改小了、改垮了，也不能把农民的财产权利改虚了、改少了、改没了。围绕如何增加农村集体资产股权质押成功交易的可能性，建议从国家层面完善法律法规，做好相关法律法规有效衔接，加强政策指导和试点经验总结，以便更好适应新形势下农村集体经济发展及融资需要。

壮大农村集体经济须在
生态产品价值实现上下功夫

秦光远　何安华

壮大农村集体经济是引领农民实现共同富裕的重要途径。不少村庄富集各类生态资源，有学者更是提出要激活乡村数百万亿元"生态资源价值"。但从发展情况来看，2019年全国55.44万个行政村中，当年无经营收益的村有16.0万个，有经营收益但在5万元以下的有16.01万个，即57.74%的村的经营收益低于5万元。一些村庄生态资源优势突出，但村级集体经济实力单薄。发展村级集体经济要以资源资产化利用为基础，以产品市场需求为导向。在全面振兴乡村的热潮中，探索多种形式推进乡村生态产品价值实现，可为壮大农村集体经济蹚出一条生态经济路子。

一、村庄生态产品价值实现的主要做法

第一，核算生态产品价值并与企业开展合作。生态产品供给源于生态资源。2019年浙江丽水市启动了生态产品价值实现机制试点工作，试点地为景宁畲族自治县大均乡，在全乡范围内量化"绿水青山"，核算出可供产业发展利用和综合保护开发的生态产品总价值4503万元，并将其作为生产要素跟企业开展合作，参与企业利润分配。伏叶村某村干部激动地说："我们村集体不用出资，好山好水和好空气就是我们的最大资产！我们把这些生态资源保护好了，就可以持续享受'生态红利'。"当前，丽水市区域公用品牌"丽水山耕"整合了629家优质农产品生产主体，323个生态农产品效益凸显，年销售额达108亿元，产品平均溢价30%，最高溢价达到10倍。"丽水山居"因"小而美""小而精""小而特"而成为民宿产业的新标杆，其推行"生态价"，"明码标价"生态产品，不仅卖民宿服务，还卖好山好水好空气，累计培育民宿3380家，近三年年均接待游客超2500万人次，累计营收超90亿元。

第二，积极建设美丽乡村催生"美丽经济"。海南省儋州市以村庄规划为引领，促进资源要素有序流动，在利用村庄特色资源上做足文章，重点整治村庄生态环境和人居环境，大力建设美丽乡村，做强美丽经济。石屋村编制《儋州市那

大镇石屋村村庄规划（2019—2035）》，引领村庄的产业发展、要素流动、规范建设。该村党支部书记说："优化升级产业特色，利用闲置农业用地，村里发展起九品莲花、相思茶、山茶油、小龙虾等特色产业。"依据规划，石屋村和海南甘田生态农业有限公司联合创办合作社，一期种植500亩相思茶树，5年扩大到2000亩，每年仅管理费就可为村集体增加收入20万元以上。浙江宁波市江北区毛岙、南联等一批偏远山村盘活村级闲置资源，建成了生态公园、环村登山步道、环湖自行车道等，建设精品民宿，点亮生态乡村"美丽经济"，以农文旅融合引领村级集体经济发展。

第三，以"围村林"模式盘活村庄林业资源。河南省上蔡县将国土绿化提速行动与生态扶贫、壮大农村集体经济有机结合，采取"合作社+农户"模式，在全县433个行政村建设"围村林"，形成"区域增绿，集体增强，农民增收"多重效应。各乡镇（街道）把每村不少于100亩的"围村林"作为村级集体经济项目，形成"一村一品、一村一景、一村一韵"的林业产业发展新格局，创新构建"一林三收"利益联结机制，即农户发展林下经济获得收益、安排生态公益性岗位赚取工资、村集体获得林木生态资产和财政补贴收入。截至2020年底，上蔡县共建设5.3万亩"围村林"，发展各类林下经济3万多亩，选聘871名贫困家庭劳动力从事生态护林员公益性岗位，带动2.4万户农户实现稳定增收。

第四，招才引智专业化经营乡村生态资源。壮大农村集体经济需要人才支撑，特别是专业化的各类人才。浙江省的一些村庄面向全国招才引智开发利用乡村生态资源，用"产品思维"为村级集体经济发展赋能。2019年3月，淳安县下姜村招聘乡村振兴职业经理人，开启了农村职业经理人打理村级集体经济的新探索。随后，绍兴市发出"乡村振兴先行村""村庄运营团队"招募公告，计划在2021—2023年，每年将集中力量、集中资源重点打造一批有绍兴辨识度、有发展增收能力、有引领带动作用的"乡村振兴先行村"，2021年面向社会招募首批13个培育村的"村庄运营团队"和"村庄运营师"。运营团队依托村庄生态资源去打造旅游产品和开展市场营销，本质上是将村庄整体作为一个系统化产品来运营，为村级集体经济发展注入了新动能。

二、村庄生态产品价值实现存在的问题及建议

第一，对通过生态产品价值实现去壮大村级集体经济的认识还不够充分，生态产品价值核算仍存在分歧，生态产品的补偿机制和交易制度有待完善。有些农村带头人没有充分认识到生态资源价值，忽视了生态资源中蕴含的经济价值和

社会价值,缺乏价值转化思维。农村提供生态产品获得生态补偿的来源单一、方式单一、资金不足,大部分生态产品的供给并未纳入生态补偿体系之内。生态产品的交易市场和交易制度还不完善,多数生态产品存在"难度量、难抵押、难交易、难变现"问题,直接影响了生态产品的市场化交易。建议加强宣传培训,分批分类为乡村干部、集体经济组织带头人等主体提供生态产品价值实现方式培训。鼓励以村庄为单位开展生态资源价值评估,摸清各村的生态资源"家底"。探索根据村庄的生态产品供给水平,为村级集体经济发展项目提供金融支持。根据生态产品属性分类开发,以直接产品带动间接服务,撬动整个村庄的生态产品价值实现。

第二,部分村庄缺少"绿水青山"向"金山银山"转化的生态资源价值实现总体设计和路径策略,对壮大村级集体经济尚未形成有效的理念支撑。因受资金约束,有的村庄还没有开展村庄规划编制,有的村庄规划的针对性、有效性和落地性不强,还有一些村庄规划侧重有形物质产品设计,对生态资源、生态产品考量较少,"绿水青山就是金山银山"在部分村庄的转化机制和渠道相对单一。建议市县有关部门加强指导村庄编制规划,支持科研院所和村庄开展校地合作,从规划层面指导生态资源价值实现探索。选择生态资源富集的村庄,由市县政府和村庄签订生态产品采购协议,鼓励村庄大胆创新生态产品价值实现形式和路径。建立村庄生态资源价值实现奖励机制,对示范村实施末位淘汰制和进入申请审核制,保持村庄探索生态资源价值实现的活力和可持续性。

第三,生态产品价值实现的产业链条短,生态产品开发的深度有待延伸、广度尚需拓展,产业形态多元化需进一步探索。以"围村林"开发利用为例,不少村庄主要停留在"围村林"的林木种植、林间林下复合种养等产业链前端,对生态产品的加工、储藏、运输、销售、品牌建设等附加值高的环节参与较少,其原因一方面是村集体经济实力不够强大,另一方面是村干部对生态产业链的认识仍较局限。在生态资源开发上,农村集体经济组织和其他市场主体偏重有形物质产品供给,忽视了服务类生态产品开发。建议支持村集体经济组织与社会资本开展多种形式的合作经营,复合开发生态资源,延伸产业链条,探索将生态资源价值增值的主要环节留在村内,实现外部利润内部化和增加集体经济收入。大力推进以林业产业为基础的一二三产业融合发展,改善生态环境,增加生态产品供给,重点支持生态旅游、森林康养、农耕文化、农事体验等新兴业态。推动乡村生态从平面资源开发向空间资源立体开发转变,通过"生态产业化和产业生态化"重构新型农村集体经济。

第四，多数村庄的集体经济实力不强，难以引进和留住生态产品价值实现的专业化职业化人才，人才支撑面临较大挑战。当前，农村集体经济发展呈现出强者愈强、弱者愈弱的现象：集体经济较强的村庄，能以优厚待遇吸引到更多管理和技术人才，进一步壮大集体经济；集体经济较弱的村庄，不仅较难吸引优秀人才加盟，还面临本村人才流失，发展壮大集体经济极为困难。但是，很多集体经济薄弱村有着丰富的生态资源，它们的生态产品价值实现潜力巨大。建议加强生态产品价值实现的理论和实践研究，开展生态产品价值实现职业人才培训，建立职业人才培养本地化机制，为富集生态资源的穷村弱村借助生态产品价值实现"弯道超车"提供人才支撑。对生态产品价值实现的职业人才探索"县（市）聘、乡（镇）管、村用"模式，充分授权，鼓励团队化运作。选择条件成熟的村庄先行试点，明确政府、村庄和经营团队的责任清单、权力清单和收益分享机制，力促生态产品价值实现早见实效。

发展农村集体经济要"强内治、展业态、重合作"

何安华　倪坤晓　张哲晰

江苏省的农村集体经济起步早、发展快、总量大。截至2018年底，江苏全省农村集体经营性收入325亿元，村均184万元，都位居全国前列。如何发展壮大农村集体经济？江苏省进行了许多探索，可总结为三大做法：集体资源资产增量提质、因村制宜发展多种业态和创新合作经营方式。

一、强内治：集体资源资产增量提质

一是综合治理"做多"集体资源。主要做法是：①探索农户宅基地自愿有偿退出。宅基地复垦后纳入村集体资产。如盱眙县霍山村650户农户自愿有偿退出宅基地，复垦耕地1100亩，每年土地租赁收入70万元以上。②规范村集体资源发包。清查资源承包合同，取消不规范或低价交易合同，通过农村产权交易平台进行公开透明化交易，实现资源溢价。如灌南县堆沟港镇五队社区公开发包村集体资源，溢价增收28.8万元。③连片流转农户承包地。村集体统一流转整理农户的承包地，将田埂、机耕路、小型灌溉沟渠等改造成耕地，新增耕地作为集体资源，一般可溢出土地5%~10%。④治理公共空间盘活荒地。结合村庄环境整治，重点盘活河道、道路控制区和"四旁四荒"地。如邳州市治理公共空间共梳理出集体土地18万亩，各村集体年均可增收18.1万元。

二是高效利用集体资源资产。主要做法是：①推进高标准农田建设。村集体统一经营新增土地、统一运营配套生产设施、统一管理项目补助资金，全方位拓宽增收渠道。2016—2019年，南通市的土地租金亩均增加150元，农业生产设施出租等资产性收入增加1065万元，各村年稳定增收20万元以上。②升级改造存量资产。如丰县中阳里汇丰社区2018年投入200余万元升级改造集体所有的美食城，建成面积1500平方米的蔬菜交易市场，带动200多人就业，预计每年增加集体收入40多万元。③招商引资活化废旧厂房场地。如南京市江宁区牛首社区将58亩废旧厂区出租给浙江大学网新公司，打造秣陵九车间文化创意园，已入驻60多家高新技术企业，社区集体每年固定获得800万元租金。

三是多种方式新增集体资产。通过本地新建、收购或发展飞地经济的方式增加集体资产。主要做法是：①支持村集体购买经营性资产。2016—2018年，宿迁市市级以上专项扶贫资金中有3.07亿元用于支持省定经济薄弱村购买或建设门面房、厂房等，村均增加固定资产约163.5万元。②为集中居住区配套集体资产。在集中居住区规划配套商业街、标准厂房、专业市场等，由村集体统一经营或租赁经营，增加村集体经营性收入。③发展"飞地经济"破瓶颈。苏州市吴中区高新区的25个村（社区）参与"抱团飞地"项目，跨出高新区范围收购优质资产53万多平方米、811亩土地，物业载体面积达77.7万平方米，预计每年带来1.49亿元租金收入。

二、展业态：因村制宜发展多种业态

一是发展资源资产租赁产业。有的村（社区）对外发包未承包到户的集体土地、四荒地、山林等资源，或者受农户委托流转土地赚取服务费。如南京市浦口区后圩村发包养殖水面和农户委托流转土地超过1万亩，村级发包收入约561万元，占村级总收入的82%。有的村（社区）投资建设或购买后出租标准厂房、商铺、办公楼宇等，发展楼宇经济物业经济。如南京市江宁区骆村社区有工业园、经济楼宇及门面房等8万平方米，集体资产达3.3亿元，其中经营性资产2.84亿元。城郊型村庄发展楼宇经济物业经济的比较优势明显。

二是发展乡村休闲产业。有的村（社区）把农户的承包地流转到村集体，统一经营发展高效特色农业、休闲观光农业等。例如，南京市江北新区落桥社区发展葡萄产业，江宁区石塘社区、彭福社区发展"金花村"休闲旅游产业，浦口区前陈庄村发展温泉民宿，溧水区傅家边社区发展草莓蓝莓采摘产业，等等。

三是发展服务输出产业。有的村（社区）利用靠近开发区、农业园区、大型居住区的优势，成立服务团队或公司，为企业、园区、居民小区提供各种生产生活有偿服务。例如，南京市江宁区泉水社区组建拆迁公司服务园区，六合区竹墩社区成立专业绿化养护团队承接政府和企业的绿化养护业务，溧水区石湫镇社东村组建劳务公司服务园区企业，高淳区桠溪镇瑶宕社区组建劳务公司服务国际慢城等。

四是发展集团化综合产业。有的大村强村采取集团化经营方式发展集体经济，将集体收入和集团效益挂钩，推动村庄向中小型城镇演进。如南京市高淳区古柏镇武家嘴村由村集体出资成立南京武家嘴集团，集团经营范围覆盖内河沿海运输、船舶制造与维修、生态休闲农业、地产商贸、酒店金融、文化教育、养老医疗、油气经营等多个领域，2019年村级集体经济总收入6424万元。

三、重合作：探索创新合作经营方式

一是开展农地股份合作。该经营方式可缓解"谁来种地"困境，实现农民土地财产权益和增加村集体经营性收入。例如，泗阳县鼓励村集体以集体机动地或资金入股领办村级土地股份合作社，农户以承包地入股，探索聘请职业经理人经营、委托大户经营、村干部分包经营模式，累计建成土地股份合作社47家，村居覆盖率达40%。该种合作经营方式多适用于农业型村庄。

二是开展全产业链服务。有的村（社区）将服务内容向农业生产的前端和后端延伸，提供农业全产业链服务而增加集体收入。例如，淮安市淮安区丰年村在依托合作社开展农业规模经营外，还建设粮食烘干中心、高标准工厂化育秧中心等服务中心，增加现代农业服务收入。苏州市南丰镇永联村除建设现代农场、农耕文化园外，还兴建粮食加工厂，合资组建物流配送公司，将粮食、蔬菜等配送给周边工厂、学校、餐馆，延长产业链服务环节，实现经营收益内部化。

三是生产要素入股分红。有的村（社区）整合土地、资金、厂房设备等要素，对外投资入股获取稳定收益。例如，铜山区张集镇孙湾村盘活集体预留地、四荒地和失去耕种价值的废地，以土地作价入股企业，村集体每年获得分红收入30多万元。还有一些村（社区）将财政帮扶资金入股企业获取分红收益。

四是众村抱团联合经营。为打破资源、空间发展瓶颈，区镇范围内的村（社区）探索出抱团发展集体经济的新路子，主要包括突破村域界限配置共享优质资源、众村联合兴建物业载体和兴办集体股份制企业等形式。较典型的如昆山市张浦镇22个村社共同投资成立昆山市乐浦强村投资发展有限公司，采取"强村公司+德国工业园"发展模式，投资运作商业资产和开发运作工业资产，各村社投资但不参与经营，入股资金的年均分红率不低于8%。众村抱团合作既有"强强联合"又有"强弱联合"还有"弱弱联合"。

用好"地水房景钱业人" 挖掘集体经济发展潜力

何安华 倪坤晓 庞洁

我国农村情况千差万别,集体经济发展很不平衡,尤其是脱贫地区,集体经济基础非常薄弱。四川省资阳市村级建制调整前有1988个村,2019年全市农村集体经济总收入2.79亿元,村均14万元,有经营收益的村693个,占34.86%,没有经营收益或经营收益在5万元以下的"空壳村"1948个,占97.99%。总体上,资阳市村级集体经济发展滞后,谁来发展、怎么发展、如何激活等问题亟待破解。如果照搬其他地区发展集体经济的常规模式或路径,不仅无法规避同质化严重的竞争局面,难以实现"弯道超车",还可能滑入"贫者越弱"的陷阱。正因如此,集体经济基础薄弱地区必须立足本地资源禀赋,开阔思路,另辟蹊径,方可闯出既适应市场需求又符合群众利益的集体经济发展路子。

一、需关注的问题

一是发展村级集体经济的启动资金"缺"。一些村受资源禀赋、地理区位、交通条件等影响,可供开发利用的资源少,引进社会资本较为困难,加之金融机构对村股份经济合作社的金融支持探索相对滞后,村社发展集体经济的资金制约非常突出。石羊镇西坝村想在果园地上建一个养猪场,因缺少资金而一直未能启动项目。船形村创办建筑公司的启动资金是50万元,约定村集体出资30%、村民集资70%,但村集体没有资金,最后由27名村干部凑齐50万元并从中借给村集体15万元。调研时,雁江区某干部反映,有些薄弱村既缺少集体资源资产又没有区位优势,但"最大的问题是没有启动资金"。

二是资产收益项目资金到期后回收"难"。一些村将项目资金投资到各类市场主体,获取固定收益,在项目到期后想收回本金用于自主发展集体经济,却发现收回本金面临很大困难。石羊镇西坝村于2016年将10.13万元投资给葡萄园种植户,年固定收益5800元,5年期限,今年到期,因种植户已长期不在村,留在村里的房子又不值10万元,收回本金的机会渺茫;2020年,该村将29.9万元产业扶持资金投资到某中药材合作社,年固定收益1.8万元,2年期限,计划到期后收回本金但难度很大,只能延续原合同。

三是村社干部发展集体经济的思想"僵"。个别乡镇、村干部对发展集体经济工作有畏难情绪，认识上有偏差，没有集体经济发展规划。有的村干部年龄过大、文化知识少、思想保守，缺少发展村集体经济的新思路、新举措。有的存在"小富即安"思想，满足于"守住家业"。某贫困村2017年获得集体经济产业扶持资金20万元，村干部不仅没有"雪中送炭"的兴奋，反而陷入"左右为难"的苦恼，不知怎么用，截至2020年11月，该笔资金仍摆在账上"睡大觉"。有的村干部认为项目扶持资金的使用限制较多，宁愿吸引社会资本也不想使用项目扶持资金。

四是发展村级集体经济的各类人才"少"。在新型城镇化和工业化快速推进的大潮下，有文化、有闯劲、懂经营、会管理的农村人才大多外出就业、自主创业，留守劳动力多为文化程度不高、见识不广、能力不强，出现"精兵强将走四方，老弱病残务农忙"现象。人才之"少"，一方面是"领头羊"少，过于依赖村干部；另一方面是"服务员"少，乡镇农经站撤销后，兼职的农经工作人员与日益繁重的农村集体经济发展指导监管任务不相适应。另外，这些地区的新型农业经营主体数量偏少，能有效运行的就更少，如丹山镇142个农民专业合作社中正常运行的有88个，125个家庭农场中正常运行的有89个。由于农业经营主体少，一些村庄即便有闲置农地也难以流转出去而形成集体收益。

五是非脱贫村集体经济基础总体偏"弱"。脱贫攻坚阶段，资阳市有不少贫困村获得发展集体经济的专项扶持资金，少的有几十万元，多的有数百万元，导致贫困村与非贫困村在发展集体经济时也出现了"悬崖效应"。当前，脱贫村的集体经济总体上要比其他村更有基础。以雁江区丹山镇为例，该镇辖41个行政村，截至2021年7月，有23个村已发展集体经济，其中脱贫村占13个。这13个脱贫村基本有发展集体经济的专项扶持资金，多数在2017年开始发展集体经济。余下10个已发展集体经济的村中，有3个村是到2021年才开始发展集体经济。

二、有关积极探索

一是围绕"地"，多元化经营农地或收取管理服务费用。农地是村社发展村级集体经济的主要资源，利用集体机动地、从农户手中流转承包地并经整理后再利用、提供农地经营权流转有偿服务等，都是在"地"上做文章为村集体增加收入的举措。大佛镇大堰社区、观音寺村计划争取土地整理项目，由村集体代耕代种村民的撂荒地，集体和土地承包户按约定方式分享种植收入。高寺镇清水村流转农户55亩地，用项目扶持资金兴建设施大棚并出租，流转费归农户，村集体每年收取大棚租金3.5万元。丹山镇胡家祠村自2017年起使用扶贫项目资金，按每亩每年400元流转本村农户242亩农地种植藤椒，2021年预计为村集体创收7万元。另外，该村协助种植大户流转约900亩农地，每亩每年收取10元管理服务费。

二是围绕"水"，清淤堰塘释放水产养殖和供水效能。资阳市以丘陵地貌为主，河流小溪水网密布，堰塘资源丰富。有的村社因区位优势不明显，不宜集中建设集体经济项目，也难以有效盘活闲置宅基地和农房，其发展集体经济可在堰塘资源上下功夫。大佛镇罗汉寺村有集体堰塘10个，总面积约50亩，计划对堰塘进行掏淤、塘埂硬化和引水改造提升，养殖鱼类、螃蟹、小龙虾等，发展水产养殖业壮大集体经济。观音寺村有堰塘30余亩、3个提灌站，计划通过清淤提高堰塘蓄水能力并为周边群众有偿供水。大堰社区拟投资维修垮塌的水渠，通过村集体提灌站为距离河流较远的11个村社提供农业生产用水，收取水费纳入集体经济收入。

三是围绕"房"，盘活闲置农房和宅基地服务农旅产业。农民市民化和外出务工长期化导致农村的闲置农房日益增多。丹山镇大佛村有宅基地2463处，其中长期无人居住房屋344处、季节性居住房屋265处、无人户遗留住房57处、宅基地废弃及垮塌房屋370处，分别占宅基地总数的13.97%、10.76%、2.31%和15.02%。盘活闲置农房和宅基地为发展村级集体经济提供了可能。大佛村股份经济联合社投资3万元修缮2户农户的闲置住宅，发展石里小酌餐饮项目，村集体每年保底分红2000元。丰裕镇高洞村的村级集体经济组织和国有平台公司、社会资本组建运营公司，分别占股50%、40%和10%，收储农户闲置农房和宅基地13处，发展餐饮、民宿、超市等业态，服务乡村旅游业。

四是围绕"景"，挖掘景观和文史资源开发旅游经济。有些村社拥有优美的田园风光、自然景观，有些则有着厚重的历史文化、民俗文化资源，它们通过领办创办村级乡村旅游经济实体或引进社会资本联合开发乡村旅游项目，增加集体经济收入。石佛镇荣家沟村确定"湖畔云家，康养水乡"发展目标，打造乡村旅游示范点，成立旅游公司并购置20余艘游船，发展以湖区景观为核心的康养旅游产业。大佛镇二龙村计划以大烂泥沟4~7组的李子园为观赏点，打造李花观赏节，通过投资完善便民步道、公共厕所等基础设施，开办集住宿、餐饮、娱乐于一体的集体所有农家乐。保和镇晏家坝村综合盘活闲置村小校舍和18户农户的共有祠堂，打造乡创学校、三崇堂历史文化博物馆等农旅结合项目。

五是围绕"钱"，努力开拓现金回流快的生产生活服务。有的村社积极探索发展服务型经济,为各类市场主体提供加工、流通、仓储、劳务等有偿服务,有些服务还延伸到生活领域。忠义镇元坝村为木桐蔬菜专业合作社和化肥公司搭建化肥供销桥梁并收取服务费。大佛镇二龙村拟对全村200亩李子、50余亩魔芋统一包装和网上销售,从销售收入中抽取适当比例的服务费作为集体经济收入。丹山镇大佛村在2021年组建农机合作社,以项目资金80万元购置了16台农机,主要服务周边农业经营大户,规模在100亩以上的按80元/亩收费,低于100亩的按90元/亩收费,2021年3—7月服务面积超过1000亩,营业收入约9万元,盈利约4万元。有的村紧盯现金回流快的服务,如岳阳镇船形村瞄准乡村振兴出现的大量基建需求,创办建筑公司为农户建造房屋、蔬菜大棚等,农户表达需求和提供资料,公司代办相关手续,仅1个多月就为村集体创收5万余元。此外,该村还谋划发展户外教育活动基地、乡村婚庆项目等。

六是围绕"业",选准联建项目聚合多村抱团发展。抱团式发展既有邻近村社的"小联合"也有区域内全部村社的"大联合",是区域内资金、土地、人才、市场等要素在更高层级的配置。大佛镇双堰塘村和红鞍村各以集体经济发展扶持资金100万元入股,吕河坝村以13亩土地入股,联合建设年加工玉米秸秆饲料5000吨的青储饲料加工仓储中心,预计年纯利润达50万元。2019年大佛镇全镇35个村社中,原铁牛湾、滚龙坡、东禅寺3个贫困村各投入项目扶持资金36万元,原响滩子村投入102万元,其余31个村和部分贫困户投入132万元,吸纳社会资金74万元,共计416万元,多方联合共建众联畜牧养殖小区并出租给正邦集团发展生猪养殖,年租金81万元,其中归属村集体经济收入37万元,各村按股分红。镇域内村社聚合起来共建产业项目共享发展收益,不失为解决全镇集体经济薄弱问题的一种探索。

七是围绕"人",制定考核机制力促村社干部谋思良策。有的村社干部将主要精力放在应付乡镇(街道)布置的日常工作和个人家庭经济发展上,对壮大集体经济思考不够多,缺少思路和办法。为激励村社干部发展壮大集体经济,大佛镇制定了专项考核办法,以村社"两委"干部为考核对象,考核村级集体经济发展成效及档案资料完善情况,有具体的集体经济创收方案得5分,档案资料完善和账目清楚得5分,集体经济组织运行顺畅和管理到位得10分,视情况扣减分数;人均集体经济净收入达到6元及以上得基础分80分,每超过1元加1分,未完成的每少1元扣2分。同时建立奖惩机制,将考核结果和村社干部的年终目标绩效相挂钩,集体经济净收入超过3万元、4万元、5万元的分别给予600元、800元和1000元奖励,但对未完成目标任务的村社干部,按相应分数扣减目标绩效并被约谈及取消评先评优资格。

三、有关建议

从资阳的发展情况来看，发展村级集体经济既要引导各村因地制宜拓宽发展路径，形成资源经济、物业经济、产业经济、服务经济、旅游经济等多元化经济类型，更要以资金、人才、项目为着力点，提升政策支持效率。

第一，着力畅顺"活"资金供给通道。缓解资金难题，要加大财政投入、优化金融供给、撬动社会资本和育强集体积累相结合，用好四类资金。继续加大对壮大村级集体经济的财政资金投入力度，市级、县级政府在每年的土地出让收入中，按一定比例安排用于支持村级集体经济发展的专项资金，建立完善村级集体经济发展专项资金管理办法。建立村级集体经济信用体系，支持涉农金融机构对符合条件的村级集体经济组织降低贷款门槛，增加信贷额度，实行优惠利率，扩大有效担保物范围。鼓励社会资本和村级集体经济组织合作经营，社会资本发挥资金优势，村集体以资源资产折价入股，规范合作方式，保障各方合理权益。强化项目资金退出纠纷仲裁，将无故拖欠村集体到期项目投资本金的市场主体纳入失信"黑名单"。鼓励各村积极探索资产收益项目资金回收的实现方式，推进资产管理向资本运营转变。

第二，抓紧构筑"大"人才支撑体系。缓解人才难题，要培育和引进发展村级集体经济的经营型人才、管理型人才和服务型人才，用好三类人才。要增加人才向农村流动的政策倾斜，以薪资、福利待遇为突破点，在农村内部大力培养村级集体经济组织致富带头人，引进一批高学历、高能力人才回乡创新创业，领办创办村集体经营实体。探索建立职业经理人制度，公开聘请高技能人才担任村级集体经济组织的"CEO"。培育村级集体经济管理型人才，加大对村社"两委"干部的培训力度，破除干部等靠要思想。建强村社党支部，选拔一批年轻化、能力强的党支部书记，注重后备干部培养储备，确保每村有1~2名后备干部，建设好人才梯队。探索建立村级集体经济发展激励机制，将集体收入或利润按一定比例奖励给经营型人才和管理型人才。做好基层农经机构建设的顶层设计，对机构设置、人员配备等提出明确的刚性要求，充实人员力量。

第三，适时营造"优"项目政策环境。创设政策环境，要充分发挥财政资金在村级集体经济发展保障型项目和竞争型项目中的不同作用，用好两类项目。村级集体经济需要在市场竞争环境中发展，同时又部分地承担了村社保运转支出，兼具经济功能和部分政治功能。建议将支持村级集体经济发展资金分设为保障型项目资金和竞争型项目资金，在发展初期应以保障型项目资金为主，发展壮大到一定程度后，调整为以竞争型项目资金为主。保障型项目发挥兜底支持作用，主要面向没有经营收益或经营收益在5万元以下的"空壳村"，优先支持尚未发展集体经济的"零"收入村。竞争型项目发挥示范引领作用，由符合条件的村社竞争申报，结合区域产业发展规划和乡村振兴战略实施需要去择优支持。绿化造林、生态保护、乡村基础设施建设管护等政府投资项目，在政策允许范围内，优先安排村级集体经济组织实施。

村级联合发展集体经济可实现抱团共赢

何安华 高 鸣 倪坤晓

自2007年实施富民强村工程以来，江苏省昆山市的村级集体经济得到了快速发展。截至2018年底，昆山市166个行政村（涉农社区）村级集体资产总额84.6亿元，村级集体经济总收入12.55亿元，村均756万元，其中村级集体经济稳定性收入9.7亿元，村均585万元；农村居民人均可支配收入3.29万元；村级集体经济总收入超1000万元的村达到37个。多年来，昆山市以增加村级集体经济收入为核心，以促进农民增收为目标，以村级集体经济转型发展为重点，走出了一条具有昆山特色的村级联合发展的强村新路。

一、昆山市村级联合发展的背景

一是村社单打独斗发展面临的资源环境约束日益趋紧。经历市场经济转轨期后，昆山市大部分有经营头脑的村办企业骨干转型为民营企业老板，政府对土地保护、生态环境、城乡规划等要求也越来越严。在激烈的市场竞争中，村社各自为政、单打独斗的发展方式日益受到人才、资金、资源、环境等多种要素的严重制约。面对新形势，发展村级集体经济由原先的一村独自发展向多村抱团发展转变，各村的生产要素由村内配置转向村际配置，寻求更高层级、更有效率的要素配置成为缓解资源环境约束的重要探索。

二是简单的资源资产租赁难以实现村级集体经济持续快速增长。乡镇企业改制后，昆山市的村级集体经济由企业经营收入为主转向以物业租赁收入为主。物业租赁收入虽然经营风险小且稳定，但投资回报率偏低，难以实现持续增长。而园区化成规模的物业楼宇建设投资又大，单个村社往往难以承担，这促使多个村社组建新的联合经营主体，以公司化方式投资建设并出租管理厂房、商铺等，将楼宇建设和管理环节的利润都留在联合经营主体内部，实现外部利润内部化，为村级集体经济发展培育新的持续增长点。

三是缓解村际发展不平衡问题需要多村联合抱团共赢。由于各村社的资源禀赋不同，村级集体经济发展差别较大，如不打破已有的发展"惯性"，发展好的村越来越好，发展差的村越来越差，村际发展不平衡问题将会加剧。要解决这一问题，需要各村社形成合作共赢的共识，变单打独斗为合作经营，变单一的物业经营为资产资本经营并举，在更大范围内实现资源资产优化组合，走村级联合、集中资源、集约发展的创新之路，让众村共享发展红利。

二、村级联合发展的主要形式

经过十多年的发展，昆山市探索出三种较具代表性的村级联合发展集体经济形式。

一是**突破村域界限配置共享优质资源**。这是指区镇政府为辖区内的村社统筹配置优质资源供各村分享发展红利。陆家镇全镇8个村有的在工业园区内或临近园区，有的紧邻高速公路，有的在基本农田保护区内，有的交通不便。为了促进这8个村发展村级集体经济，陆家镇实行"一盘棋"统一配置资源，各村入股共同开发白杨湾物流中心，包装开发经营高速公路和国道路边广告牌，建设合丰综合市场和社区服务用房等物业载体。不管是道路广告牌还是物业载体用地，这些由镇政府配置的准公共资源的受益权都不归属于单一村社，而是由8个村共用共享。

二是**多村联合兴建经营性物业载体**。这是指多个村社组建联合经营体，共同投资建设经营性物业载体，收益按各自股份比例分配。花桥经济开发区的15个村开展合作，在顺杨与星浜原创基地、邻里中心和星光创业园建造43幢打工楼、62幢标准厂房，共34万平方米，由村级集体资产经营管理办公室负责出租和经营管理，使80%的村年均可支配收入超过300万元。锦溪镇将21个经济薄弱村的扶持资金投向锦溪镇生态产业园，建造了16幢标准厂房、21幢打工楼、公寓房及商业用房，由锦溪镇富民物业管理有限公司统一经营管理，经营收益由21个村按各村扶持资金比例分享。

三是**多村联合兴办集体股份制企业**。这是指多个村社以各村股份经济合作社作为股东共同投资组建强村公司（强村联合发展主体），由强村公司经营各类项目，各村不参与具体经营，只按股受益。2011年10月，张浦镇22个村社共同投资成立了昆山市乐浦强村投资发展有限公司，采取"强村公司+德国工业园"发展模式。一方面投资运作商业资产，包括6862平方米人才公寓、17805平方米商业店面房、28700平方米张浦生活广场的建设和资产管理；另一方面开发运作工业资产，配合德国工业园招商引资，投资建设厂房66480平方米，承接政府委托管理厂房22046平方米。各村入股资金的年均分红率不低于8%，如张浦镇金华村入股2000多万元，2019年分红169万元。

到2014年底,昆山市3个区8个镇全部完成了区镇村级联合经济实体注册登记,全面进入转变村级经济发展新模式,全市村级联合经济实体资产总额达37.36亿元,占村级全部集体资产总量的57.5%。到2017年底,昆山市强村公司资产总额增加至61.42亿元,总收入2.19亿元,村级投资收益1.4亿元。

三、村级联合发展的基本经验

一是保持政策措施的稳定性和连续性。为扶持村级集体经济发展,昆山市在2013年出台了《关于扶持村级联合发展促进强村富民的意见(试行)》,引导村级经济走联合发展、抱团发展、集约发展之路。2015年出台了《关于扶持村(社区)集体经济组织"一村二楼宇"建设的实施意见》,允许土地使用权等价置换到合适区域进行异地建设和多村联合建设。2016年出台了《关于深入推进富村迈上新台阶的若干政策意见》,从收费减免、建设用地利用、项目优先安排、贷款贴息等方面扶持村级联合发展实体。2018年出台了《昆山市农村集体资产分类处置管理工作实施意见(试行)》,鼓励支持村集体或强村公司采取多种方式参与经营性项目。这些政策措施目标聚焦,既"解渴"又兼具连续性和针对性。

二是因地制宜探索多元化村级联合方式。合作领域方面,有现代农业型的,如建设集体经营的特色农产品种植基地、农业休闲观光、乡村旅游等;有资源开发型的,如建设标准厂房、农贸市场、商业用房、集宿楼等;有资产管理型的,如承接政府委托管理厂房;有项目经营型的,如保洁、绿化养护、广告业务等。运作模式方面,有委托有资质的公司或机构管理、联合组建平台公司运营、聘请职业经理人等。合作要素方面,各村以股份制形式联合投资,资本金可以是货币资金出资或者经营性资产作价出资。采用哪种联合合作方式完全由各村根据实际情况灵活变通。

三是建立扶持集体经济薄弱村发展制度。2016年,昆山市由市、区镇两级财政对全市40个集体经济薄弱村给予每村100万元资金补助,用于富民强村载体项目建设。鼓励薄弱村以组团合作方式参与加油加气站点经营。为切实降低薄弱村的经济负担,薄弱村享受的公共服务开支补贴是非薄弱村的1.5~2倍,如户籍人口在1000人以下的村补贴20万元,但列入经济薄弱村的补贴40万元。针对苏州市级经济薄弱村,落实"经济薄弱村第一书记"制度,帮助制定发展规划、提供政策技术指导和协调解决实际困难。2018年,昆山市最低村级稳定性收入比2014年增长70%,薄弱村的集体经济发展水平不断提高。

四、村级联合发展的下一步思考

为进一步释放村级联合发展集体经济的能效，推动昆山市农村集体经济迈上新台阶，笔者有如下思考。

其一，在更广的业务领域开展合作。一是试点2.0版本的集体新型合作农场，发挥东临上海西接苏州的市场优势，以"互联网+农业"模式发展订单农业、认养农业，增加集体直接经营性收入。二是发展集体农文旅新业态，充分利用闲置宅基地、农房和"三优三保"土地，探索"集体+旅游"模式，联合建设一批精品民宿、田庄等乡村旅游配套设施。三是尝试开展城市休闲"夜间经济"项目，改造近郊区集体商业店面和闲置用地，试点村级联合投资建设深夜食堂、24小时经营店等高品质夜间经济示范街区或站点。四是积极探索村级抱团"飞地经济"，整合各村闲散资金"走出去"开展异地收购、入股，投资兴建一批项目载体，破解资源瓶颈，拓宽发展空间。

其二，在更多的要素层面开展合作。充分调动社会各界力量开展多元化的要素合作。一是推动多种要素合作，除资金外，应扩大可用于作价入股的资源性资产、经营性资产的范围，有条件的村级联合发展实体应考虑将企业家才能、技术、劳动力、无形资产等生产要素折股量化，拓宽要素合作类型。二是推动各类资本合作，除各村社的资本外，应在防止外部资本侵占集体利益的前提下，推广村级联合发展实体和社会资本合作，撬动工商资本、民间资本更多参与村级集体经济发展。三是健全要素合作利益分配机制，合理评估各类要素价格，按要素贡献分配村级集体经济收益，保护要素拥有者的合法权益，增强要素合作"黏性"。

其三，在更高的区域层级开展合作。现阶段昆山市村级联合发展集体经济是区镇范围内的抱团合作，相应的生产要素合作尚未突破区镇层级，发展面临的要素制约可能不太突显。但当村级集体经济进入更高的发展阶段后，区镇层级要素合作的约束将会显化和趋紧。对此，应提前谋划比区镇层级更高的区域合作方案，如昆山市层级的要素合作，构建市县负责统筹、区镇负责协调、村社具体执行的市县、区镇、村社三级合作机制，在更大空间范围内实现要素有效配置，增强村级集体经济发展动能。当然，未来可能还要在比昆山市更高的层级探索开展合作，将合作边界调整到和村级集体经济量能相适应的水平。

附录：中共长治市委办公室 长治市人民政府办公室关于印发《长治市发展壮大新型村级集体经济专项规划》《长治市村级集体经济提质增效三年行动方案》的通知

中共长治市委办公室
长治市人民政府办公室
关于印发《长治市发展壮大新型村级集体经济专项规划》《长治市村级集体经济提质增效三年行动方案》的通知

各县、区委，各县、区人民政府，市直各有关单位：

  《长治市发展壮大新型村级集体经济专项规划》《长治市村级集体经济提质增效三年行动方案》已经市委、市政府同意，现印发给你们，请结合实际认真贯彻落实。

中共长治市委办公室
长治市人民政府办公室
2022年12月27日

长治市发展壮大新型村级集体经济专项规划

目 录

前　言
第一章　规划背景
　　第一节　基础与环境
　　第二节　问题与挑战
　　第三节　态势与机遇
第二章　总体要求
　　第一节　指导思想
　　第二节　基本原则
　　第三节　主要任务
　　第四节　发展目标
第三章　构建发展壮大新型村级集体经济新格局
　　第一节　坚持一个中心
　　第二节　组建两大机构
　　第三节　搭建三个平台
　　第四节　夯实四个支撑
　　第五节　创新五大机制
　　第六节　推广六种模式
第四章　拓宽发展壮大新型村级集体经济新路径
　　第一节　盘活资源发展壮大集体经济
　　第二节　因地制宜发展壮大集体经济
　　第三节　分类施策发展壮大集体经济
　　第四节　创办企业发展壮大集体经济
　　第五节　开发新能源发展壮大集体经济
　　第六节　培育服务新形式发展壮大集体经济
　　第七节　项目撬动发展壮大集体经济

第五章　创新发展壮大新型村级集体经济机制
　　第一节　深化农村集体产权制度改革
　　第二节　健全农村集体经济政策扶持机制
　　第三节　构建农村集体经济多元经营机制
　　第四节　创新农村集体经济人才引育机制
　　第五节　健全农村集体经济规范管理机制
第六章　强化新型村级集体经济发展保障
　　第一节　坚持党的领导
　　第二节　加强部门联动
　　第三节　加强宣传引导
　　第四节　鼓励创新突破
　　第五节　严格督查考核

前　言

习近平总书记指出："要坚持党在农村的基本经济制度和基本政策，把发展壮大村级集体经济作为基层党组织一项重大而紧迫的任务来抓，着力破解村级集体经济发展难题，增强基层党组织的凝聚力，提高村级组织服务群众的能力。"

发展壮大村级集体经济是巩固脱贫攻坚成果、实施乡村振兴战略的重要支撑，是提升农村基层党组织组织力的重要保障，是引领广大农民实现共同富裕的重要途径。

为进一步提升农村基层党组织引领农村经济社会发展的能力，依据《中共中央组织部、财政部、农业农村部关于坚持和加强农村基层党组织领导扶持壮大村级集体经济的通知》《中共山西省委农村工作领导小组关于实施村级集体经济壮大提质行动的意见》等文件要求，有计划、有目标、有步骤地推动我市农村集体经济快速有序发展，特编制《长治市发展壮大新型村级集体经济专项规划》。

本规划重点聚焦农村集体经济发展中的关键问题，以建立健全管理体制和工作机制、深化农村集体产权制度改革、完善新型集体经营体系、探索多途径集体经济发展路径、构建多元化人才支撑格局、建立多渠道投融资平台等为重点任务，推动落实各项工作举措，确保我市农村集体经济实现"加速跑"。

第一章 规划背景

第一节 基础与环境

一、独特丰富的资源禀赋为村级集体经济发展壮大提供了基础条件

长治市位于山西省东南部，地处晋冀豫三省交界，古称"上党"，始祖炎帝神农氏在这里"尝百草、得五谷、教耕种"，开创了中华农耕文明，抗日战争和新中国建设时期，这里又孕育了伟大的"太行精神"。长治市辖4区8县和1个国家级高新技术开发区、1个经济技术产业开发区，总面积1.39万平方千米，常住人口为315.2万人，其中乡村人口占42.61%。长治市属典型暖温带半湿润大陆性季风气候，光热资源丰富，生态条件优越，全市年平均气温10.8摄氏度，平均降水量为407.5毫米，平均日照时数2177.3小时，平均无霜期180天，人均占水量611立方米，森林覆盖率26.85%，水土光气等生产条件最适宜农作物生长。全市矿产资源较为丰富，全市原煤产量1.3亿吨，已探明的煤层气储量5700多亿立方米，埋层浅，开采条件好。全市还拥有丰富的旅游资源，拥有四级以上的旅游资源18处，全国重点文物保护单位73处，中国传统村落69个，自然资源和历史文化叠加，构成了独特的全域旅游发展模式。为村集体经济用活资源禀赋奠定了基础。

二、经济综合实力稳步提升为村级集体经济发展壮大提供了经济支撑

长治立足新发展阶段、构建新发展格局、树立新发展理念，统筹推进疫情防控和经济社会发展，围绕"建设全国资源型城市转型升级示范区，打造现代化太行山水名城"的发展定位，力求突破，经济发展呈现出稳中向好、稳中趋快的良好态势。2021年全市GDP达2311亿元，全省第二；人均GDP达7.3万元，高于全省平均水平；一般公共预算收入224亿元，全省第三。

三、特色优势产业快速发展为村级集体经济发展壮大提供了动力来源

加快发展特优高效农业、有机旱作农业，大力扶持小杂粮、设施蔬菜、中药材等特色产业，重点打造了中药材、肉制品、粮品、果蔬食品、酿品和功能保健品五大百亿优势特色农产品加工产业集群，培育了上党党参、上党高粱、沁州黄小米、长子大青椒、屯留尖椒、熬脑大葱、壶关旱地西红柿等17个国家地理标志农产品，农业各项主要指标在全省稳居前三，是全国第一个农业综合标准化示范市、全国休闲农业示范市、国家现代农业示范区、全省有机旱作农业示范区，是上党中药材、沁州黄小米中国特色农产品优势区。2021年，农产品精深加工产值完成312亿元，综合排名全省第一。

四、乡村振兴持续推进为村级集体经济发展壮大提供了坚实的物质基础

聚焦巩固拓展脱贫攻坚成果同乡村振兴有效衔接，5个贫困县全部摘帽，933个贫困村全部退出，32.2万贫困人口达到脱贫标准，"十三五"期间建档立卡贫困人口人均纯收入年均增长30.2%，脱贫攻坚任务如期完成。集中支持、统筹推进，持续完善农村水、电、气、暖、通信等基础设施，推进村庄清洁行动、农村"厕所革命"、农村人居环境整治、美丽宜居乡村三级联创、农业面源综合治理等工作，农村人居环境得到极大改善。

五、农村集体产权制度改革为村级集体经济发展壮大提供了制度保证

按照中央、省农村集体产权制度改革安排部署，积极稳妥全面推进农村集体产权制度改革工作，2015年潞城区被确定为全国第一批改革试点县；2017年襄垣县被确定为全国第二批改革试点县，上党区被确定为全省第一批改革试点县；2018年屯留区被确定为全国第三批改革试点县。随后全面铺开农村集体产权制度改革工作，3478个集体经济组织完成清产核资、成员身份界定、股权量化、（股份）经济合作社成立等工作，并在2021年底，通过省农业农村厅评估验收，共核实资产总额399亿元，确认农村集体经济组织成员236.6万人；成立了2843个股份经济合作社和635个经济合作社。2021年底村集体总收入为16.16亿元，村均66万元。其中，500万以上的村32个，收入为4.82亿元，剔除这32个村后，2404个村收入为11.34亿元，村均47万元；100万以上的村240个，收入为8.84亿元，剔除这240个村后，2196个村收入为7.32亿元，村均33万元。各县（区）村集体经济组织收入见下表：

表1　长治市村集体经济组织总收入现状表（2021年）

县（区）	乡（镇、街道）数量	行政村数量	集体经济组织数量	总收入（亿元）
合计	128	2436	3478	16.16
潞州区	16	126	155	4.21
上党区	10	181	254	3.06
屯留区	10	209	294	0.95
潞城区	8	134	204	1.18
襄垣县	9	229	323	1.21
平顺县	11	151	262	0.80
黎城县	8	173	254	0.30
壶关县	10	279	390	0.74

续表

县(区)	乡(镇、街道)数量	行政村数量	集体经济组织数量	总收入(亿元)
长子县	11	286	399	1.13
武乡县	12	269	377	1.33
沁县	11	218	312	0.36
沁源县	12	181	254	0.89

六、强有力的政策导向为村级集体经济发展壮大提供了创业信心

持续加强农村基层党组织建设,选优配强村党组织书记,加大扶持力度,不断丰富村级集体经济模式、拓宽收益渠道。制定出台了《长治市扶持村集体经济发展试点实施方案》《长治市发展壮大村级集体经济专项行动实施方案》《长治市发展壮大村级集体经济若干措施》等支持村级集体经济发展的一系列文件,承担了农村承包地确权登记颁证、农村集体产权制度、农业社会化服务等关键领域的全国改革试点工作,部分经验和做法受到国家部委的肯定并在全国推广。这些政策举措为发展集体经济、干事创业增添了信心。

七、基层组织建设全面加强为村级集体经济发展壮大提供了人才保障

注重农村干部队伍建设,在村级组织换届选举中,把一批有思想、懂经营、有技术、有经营管理能力、乐于奉献的高素质"能人"选配到村级领导岗位上来。充分发挥本地能人、乡贤的作用,通过他们的影响力引进人才回乡创业、引导资本下乡,获取信息、技术等方面的支持。给出优惠政策,动员吸引农村大学毕业生、外出务工优秀人才、转业军人、退休干部回乡发展,带头创办集体企业。采取集中培训、普遍轮训、外出考察等方式,不断提高乡村干部适应市场、发展壮大集体经济的能力,为全市村级集体经济发展壮大夯实了人才基础。

八、干部群众勇于探索和实践为村级集体经济发展壮大提供了丰富经验

广大干部群众积极挖掘内在动力,创新发展模式,拓宽村级集体经济发展新路径,涌现出一批好的经验和做法,如武乡县的六径(光伏产业、物业经济、企业带动、文化旅游、支部能人、依托资源),沁源县的六型("沁才回巢"带动型、产权制度改革激活型、乡村振兴促进型、干部帮扶撬动型、"百企帮村"助推型、支部建设引领型)、屯留区的六动(企业带动、产业推动、人才牵动、实体拉动、信息驱动、政策撬动),潞城区的七法(改革激活法、招商引资法、整合资源法、农业调产法、产业带动法、盘活优势资源法、美丽乡村撬动法),襄垣县的八模式("党支部+国企+合作社"模式、合作社"代工"生产模式、农村电商服务带动模式、企业结对帮扶合作社创收模式、资产租赁增收模式、合作社"入股分红"模式、"合作社+农户"自主发展模式、"乡贤+能人"助力发展模式），这些有益探索和尝试，为村级集体经济发展积累了好的经验。

第二节　问题与挑战

一、村级集体经济发展不平衡

由于地理位置、资源禀赋、区位和历史基础等差异，农村集体经济整体上发展不平衡。一是区域之间的不平衡，全市集体经济总收入最高和最少的县（区），2021年收入绝对值相差3.9亿元，相差近14倍。二是县（区）内城边村与偏远村之间的不平衡，一些示范区的村和城镇区的村，有大量的集体资产和房产，通过对外承包出租，村集体经济收入也相对较高；一些较偏远村，立地条件差，发展村级集体经济路径窄、招商引资难、项目选择难，发展难度较大，村级集体经济收入较低。

二、村级集体经济发展质量不高

村集体经营性收入主要来源于资产资源出租承包费、资源发包费等，这些收入安全性相对较高，但持续增长性不强，没有充分发挥出村级集体资源资产的潜力和效益。

三、村级集体经济市场化程度不高

村级集体经济发展缺乏长远规划布局，村集体经济产品、发展模式同质化问题突出，存在内部不良竞争。农业生产方式主要以种植业养殖业为主，产业发展势头不强，生产经营渠道较窄，土地流转规模不足，生产专业化、标准化、规模化程度低。多数村级集体经济发展局限于自有的资金、资产和资源，没能走出去寻找开发项目，或参股到其他市场主体中进行投资经营，集体经济单兵作战，产业规模较小，缺乏市场竞争能力。

四、村级集体经济经营型人才较少

村集体经济组织的理事长、监事长等同时也兼任村"两委"成员，这些人忙于村级事务，缺乏时间和精力管理经济合作社，同时这些人中懂市场、会经营的管理型人才也少之又少。

第三节　态势与机遇

发展壮大集体经济是党中央基于"三农"发展需求变化，着眼于乡村振兴、城乡发展和农业农村现代化需要而作出的战略部署。2016年12月，中共中央、国务院印发《关于稳步推进农村集体产权制度改革的意见》。2018年2月,中共中央、国务院印发《关于实施乡村振兴战略的意见》。2018年11月,中共中央组织部、财政部、农业农村部印发了《关于坚持和加强农村基层党组织领导扶持壮大村级集体经济的通知》,要求逐步实现村村都有稳定的集体经济收入。2021年2月,中共中央、国务院印发《关于全面推进乡村振兴加快农业农村现代化的意见》。2022年1月,中共中央、国务院印发《关于做好2022年全面推进乡村振兴重点工作的意见》。在中国共产党第二十次全国代表大会上的报告也提出,巩固和完善农村基本经营制度,发展新型农村集体经济,发展新型农业经营主体和社会化服务,发展农业适度规模经营。这些文件的出台为发展村级集体经济提供了政策依据。

我省出台了《山西省扶持村级集体经济发展试点实施方案》(晋财农改〔2017〕5号)、《山西省发展壮大村级集体经济三年行动方案》(晋组通字〔2018〕52号)、《中共山西省委农村工作领导小组关于实施村级集体经济壮大提质行动的意见》(晋农组发〔2022〕11号)等政策性文件,提出要通过资源有效利用、提供服务、物业管理、混合经营等集体经济有效实现形式,提高村集体经济的可持续发展能力。

市委、市政府高度重视集体经济发展,成立了发展壮大村级集体经济工作领导小组,组建了集体经济工作专班,制定了《长治市发展壮大村级集体经济若干措施》(市字〔2020〕43号)、《全市发展壮大新型农村集体经济重点任务清单(2022年)》(市字〔2022〕13号)等政策性文件。挂牌成立长治市农村集体经济发展有限公司和农村集体经济发展协会,开展项目融资、产业投资、资产营运、项目建设等。设立2000万元项目资金、1000万元奖励资金,大力扶持村集体经济发展,同时开展农村集体资产"清化收"工作,健全完善合同管理、大力化解债权债务、细化台账,村集体经济组织运行更加规范,"三资"管理更加规范。

综上所述,村级集体经济迎来了前所未有的重大发展机遇。我们要充分释放各种优势潜力,着力补齐问题短板,推动新型村级集体经济快速发展壮大。

第二章 总体要求

第一节 指导思想

坚持以习近平新时代中国特色社会主义思想为指导,全面贯彻党的二十大精神,深入学习贯彻习近平总书记考察调研山西重要讲话重要指示精神,围绕巩固党在农村执政根基、持续增强村级集体经济发展活力,以深化农村集体产权制度改革为契机,坚持和加强农村基层党组织领导,进一步活化集体资产,强化政策支持,优化要素保障,净化发展环境,多层次、多渠道、多形式促进村级集体经济壮大提质,提升农民群众的幸福感、获得感,夯实农村共同富裕的经济基础、治理基础,为奋力建设现代化太行山水名城奠定坚实基础。

第二节 基本原则

坚持党建引领。发挥农村基层党组织领导作用,推动村党组织书记通过法定程序担任村集体经济组织负责人,突出村集体经济组织特别法人地位,确保村级集体经济发展的正确方向。

坚持市场导向。充分发挥市场在资源配置中的决定性作用,统筹考虑村情民情、功能定位、比较优势、资源禀赋、市场前景,分类确定村级集体经济发展的方向,宜农则农、宜工则工、宜商则商、宜游则游,推动村级集体经济多元发展。

坚持改革创新。探索集体经济在不同资源和市场条件下的实现方式,因地制宜、因村施策,探索适合本地发展的特色之路,实现集体经济发展、农民增收致富、各方互利共赢。

坚持富民增收。坚持以家庭承包经营为基础、统分结合的双层经营体制,充分尊重农民意愿,保障农民合法权益,明确合理的收益分配方式,妥善处理集体与农民的关系,在平等互利的前提下共享集体经济发展成果。

坚持防范风险。严守耕地红线,稳定粮食播种面积,坚决遏制耕地"非农化"、基本农田"非粮化"。坚守法律政策底线,确保集体资产不流失、农民利益不受损,防止集体经济成为干部经济,把实现好、维护好、发展好广大农民的根本利益作为改革的出发点和落脚点。

第三节 主要任务

一、健全经济组织

村(股份)经济合作社要在基层党组织领导下、村民委员会的支持下,依法依规运行。规范村民委员会事务和集体经济事务分离体制,妥善处理好村党组织、村民委员会和村(股份)经济合作社的关系。发挥好村(股份)经济合作社在管理集体资产、开发集体资源、发展集体经济、服务集体成员等方面的功能作用。

二、拓展发展渠道

认真总结新型村级集体经济发展的典型经验,大力推广各地创新实践的成功模式,支持和帮助村集体经济组织通过资源开发利用、产业发展带动、生产生活服务、物业租赁经济、文旅融合引领、联合发展创新等模式,拓宽发展壮大新型村级集体经济多元路径。

三、创新经营机制

鼓励通过入股或者参股农业龙头企业、村与村合作、集体经济组织与农民专业合作社联合共建、异地发展、集聚发展、扶贫开发等多种形式发展集体经济。鼓励有条件的村集体经济组织与其他经济主体发展混合所有制经济项目,利用资源优势、引进资本、引进项目,增强市场适应性和竞争力。

四、加强政策支持

进一步加大对新型村集体经济组织扶持力度,落实好用地政策、金融支持政策、税收优惠政策、简化行政审批手续政策等。

五、加大帮扶力度

党政机关、企事业单位、高等院校要把发展壮大新型村级集体经济作为单位包村干部驻村帮扶工作的重要内容,加大对定点帮扶村发展村级集体经济的帮扶力度。加强城乡之间、区域之间、强村与弱村之间的结对帮扶。

六、培养经营队伍

创新本土人才培育、创新乡村人才引进、发挥好"三支队伍"(包村领导、驻村工作队和第一书记)作用,培养村集体经营队伍。探索实施经营绩效管理和村干部报酬补贴制度。

第四节 发展目标

按照"一年全面突破,二年巩固提升,三年积厚成势,十年建成体系"的思路,2022年,全市行政村村级集体经济收入全部突破10万元;村级集体经济收入30万以上的行政村超过40%,集体经营收入占集体总收入达到50%以上,全市村集体经济组织服务成员和联农带农能力明显提升。

2023年,村级集体经济收入30万元以上的行政村超过60%,集体经营收入占集体总收入达到60%以上,村经营性收入稳步提升;全市村级集体经济增长途径多元,发展动能持续有力,经营机制规范高效。

2024年,村级集体经济收入30万元以上的行政村超过80%,集体经营收入占集体总收入达到70%以上,全市村级集体经济发展动力明显增强,村集体经济组织体系建立健全,治理机制优化完善。

2025年,全市村级集体经济总收入突破20亿元;村级集体经济收入30万元以上的行政村达到100%，基本形成集体产权清晰、资产监管严格、内部治理完善、经营方式多元、收益分配合理、农民群众受益的新型村级集体经济发展格局。

到2030年，全市村级集体经济总收入增速稳定在6%以上，村集体收入构成更加优化，村集体产业更加合理，村集体经济组织更加充满活力，基本形成更高水平开放型村级集体经济新体制。

到2035年，全市村级集体经济总收入再迈上新台阶，村集体产业质量效益明显提升，产业融合发展水平显著提高，建成新型村级集体经济现代化体系，农民生活更加美好，实现共同富裕取得更为明显的实质性进展。

表2 发展壮大新型村级集体经济主要指标表

主要指标	单位	2021年现状值	2022年目标值	2023年目标值	2024年目标值	2025年目标值
1.集体经济总收入	亿元	16.2	>17.0	>18.0	>19.0	>20.0
2.村级集体经济收入10万元以上占比	%	99	100	100	100	100
3.村级集体经济收入30万元以上占比	%	30	40	60	80	100
4.村级集体经济收入50万元以上占比	%	5	15	25	35	45
5.土地适度规模经营比重	%	14.8	21.1	27.4	33.7	40
6.补助性收入/总收入	%	29.7	29.5	29.3	29.1	28.9

第三章 构建发展壮大新型村级集体经济新格局

第一节 坚持一个中心

全面坚持党的领导，切实发挥党建引领作用，抓党建促发展，抓党建促治理。按法定程序落实村党组织书记担任集体经济组织负责人，选优配强集体经济发展"领头雁"。因村制宜，健全完善村集体经济市场主体组织体系，增强政治功能，通过党员积分制管理、党员大户示范带动、组建党员义工服务队等方式，带领村民增收致富、共享发展。

第二节　组建两大机构

组建发展壮大村级集体经济工作领导小组和发展壮大集体经济工作专班，负责发展壮大村级集体经济具体工作。

"领导小组"作为发展壮大村级集体经济的"指挥部"，加强宏观指导，协调各委各部门解决重点、难点问题，为全市发展壮大新型村级集体经济提供指导服务工作。

"工作专班"作为发展壮大村级集体经济的"执行部"，具体指导各县（区）、各乡镇制定发展壮大集体经济专项规划编制，筹办交流会议，开展农村集体资产"清化收"工作，指导村党组织管好用好农村集体"三资"，进一步盘活资产资源，壮大村级集体经济。

第三节　搭建三个平台

成立长治市农村集体经济发展有限公司、长治市农村集体经济发展协会、乡镇村级集体经济发展联合社，为全市发展壮大村级集体经济提供实体支撑。

长治市农村集体经济发展有限公司。由市、县（区）财政采取"投、并、划"等方式，投入资本金组建成立农村集体经济发展有限公司，以股权投资、委托经营等方式，开展项目融资、产业投资、资产运营、项目建设。

长治市农村集体经济发展协会。由政府指导、龙头企业牵头，组织遍布全国的潞商精英、长治优秀民营企业家成立发展协会，建立政府、金融、企业、村集体经济组织等多方沟通桥梁，开展人才引育、信息交流、决策咨询、品牌运营。

长治市乡镇村级集体经济发展联合社。鼓励由乡镇组织，各村（股份）经济合作社组成联合社或平台公司，进行项目对接，推动资源变资产、资产变股权、股权变资金、资金变项目、项目变收益，提高村级集体经济发展水平。

第四节　夯实四个支撑

完善规划和产业布局、加强农业技术服务、强化数字化管理、推进项目建设，为全市发展壮大新型村级集体经济提供产业指导、农业技术、数字管理、项目实施等服务。

完善规划和产业布局。充分与上位规划衔接，编制县（区）新型村级集体经济发展专项规划、乡镇新型村级集体经济发展方案、行政村新型村级集体经济发展项目计划。结合其资源禀赋和产业基础，科学布局村级集体经济产业发展项目,避免同质化竞争。

加强农业技术服务。建立农村集体经济技术服务体系,开展有机旱作、有机肥替代化肥、绿色防控、病虫害防控、农艺节水等技术服务,为新型村级集体经济发展提供全方位的技术保障。

强化数字化管理。建设市级农村集体资产智慧监管平台,推动集体资产数字化管理制度建设,推进数字乡村发展,有序拉动村级集体经济发展壮大。

推进项目建设。以各村集体经济发展项目库为引领,形成项目"清单化"管理、"图表化"推进、"手册化"指导、"模板化"实施的推进体系,从而撬动村级集体经济发展。

第五节　创新五大机制

进一步深化农村集体产权制度改革、健全政策扶持机制、构建多元经营机制、创新人才引育机制、健全管理机制,为全市发展壮大新型村级集体经济释放活力。

深化农村集体产权制度改革。规范村集体经济组织法人治理机制和运行机制,进一步完善新型集体经济运营、管理、监督机制。

健全农村集体经济政策扶持机制。强化财政、土地、税费、金融、科技服务、水电、分类帮扶等政策扶持机制,有力推动村级集体经济快速发展。

构建农村集体经济多元经营机制。规范农村产权流转交易机制、共建联建机制、利益联结机制等,解除集体经济发展的经营机制限制,拓展经营渠道。

创新农村集体经济人才引育机制。创新本土人才培育机制、创新乡村人才引进机制、发挥好"三支队伍"作用,为夯实农村人才引育体系支撑,提供机制支持。

健全农村集体经济规范管理机制。规范村集体经济组织收支管理机制、监管机制、风险防控机制等,为夯实农村集体资产管理体系支撑,提供机制支持。

第六节　推广六种模式

创新推广新型村级集体经济发展路径和模式,转变村级集体经济经营方式,多渠道增加村集体经营收入,壮大集体经济实力,增强村级组织服务功能。

资源开发利用型。各县(区)完成村级集体资产"清化收"工作,开发利用村集体闲置的建设用地、机动地、"四荒"地、宅基地、矿产等村集体资产,以及林地、山岭、草地、荒地、滩涂、水域等资源,通过公开拍卖、租赁、承包经营、股份合作等多种方式进行盘活利用,让"死资源"变成"活资产",实现村级集体经济稳定增长。

产业发展带动型。因地制宜,发展粮食、畜产品、蔬菜、食用菌、干鲜果、中药材、畜牧等特色产业。结合地理环境和气候特点培育特色农产品和地理标志农产品,打造上党党参、上党高粱、上党中药材、沁州黄小米、长子大青椒、屯留尖椒、熬脑大葱、壶关旱地西红柿、沁源马铃薯、武乡梅杏、黎城百万旱鸭等特色农产品,形成"一乡一品、一村一品"的特色产业发展格局。鼓励村集体经济组织依托山西世龙、紫团生物、振东制药、长清生物、沁州黄、郭氏食品等龙头企业,带领农户发展高效特色经济作物和标准化养殖产业,提高农产品经济效益。依托潞城区、上党区、屯留区、长子县、襄垣县5个国家现代农业示范区和沁县、武乡县2个省级现代农业产业示范区,探索多村联合,强村带弱村等形式,促进上下游产业链对接,延长产业链条,发展壮大村级集体经济。

生产生活服务型。鼓励村集体经济组织兴办农民专业合作社,通过托管服务、劳务服务、中介服务、电商服务等多种形式,开展代耕代种代收、统防统治、烘干储藏、集中运输等农业生产综合服务,以承包方式承接社区服务、道路养护、绿化管护、家政服务等劳务服务,促进村级集体经济发展。鼓励村集体利用村级组织活动场所,开展金融便民服务、科技服务、文体活动等,为各类市场主体提供有偿服务。鼓励有条件的村集体成立物业、运输、拆迁、旅游服务等经营性组织,多渠道增加集体收入。鼓励村集体建设电商服务站,推广农产品直播带货新模式,促进本地农产品销售。

物业经济租赁型。区位优势明显的城中村,城郊公路、铁路沿线、工业园区周边村等村利用集体所有的非农建设用地,兴办标准厂房、仓储设施、商业门面房等,通过出租、股份制等形式经营物业,最大限度地增加集体收入。

文旅融合引领型。鼓励村集体充分利用古村落、名镇、名村等人文资源和山、水、峡等自然风光及红色革命资源,并与全市"六新六美"(美丽经济新产业、美丽文化新风尚、美丽生态新保护、美丽古村新蝶变、美丽环境新治理、美丽民宿新旅游)美丽乡村建设相结合,依托优良的生态环境,通过自主开发、合作经营、入股分红等方式,积极发展现代设施农业、林下经济、养生养老、乡村旅游等产业,形成"旅游+""生态+"等发展模式,谋划建设一批文旅小镇、康养小镇、特色小镇、双创基地、田园综合体等,用文旅融合带动集体经济增收。

联合发展创新型。整合各类集体资金、资产、资源,集中力量做大做强集体经济,统筹协调长治市农村集体经济发展有限公司和各类产业协会、县(区)农村集体经济发展有限公司、乡镇集体经济服务公司或联合总社、村级间合作联盟等,通过开展村村联合、村企联合、单位帮扶、企业帮扶等形式,实现帮扶发展、抱团发展、跨区域联合发展,强村带弱村发展。

第四章　拓宽发展壮大新型村级集体经济新路径

第一节　盘活资源发展壮大集体经济

鼓励盘活土地资源获取经营收益或股份分红,鼓励激活存量资源和资产,提高闲置资产利用效率,增加村集体经济收入。

一、盘活土地资源

因地制宜挖掘村集体土地资源潜力,拓展撂荒地、闲置地、零散地等新增地源,采取退出、盘活、调换等措施,最大化发挥村集体土地效应。针对地质地力差的撂荒地、整户消亡弃荒地,由村集体统一收回。同时引导村民有偿退出承包偏远的小块地,作为村集体的新增地源统一经营管理。因地制宜开展高标准农田建设、宜耕后备资源开发、农用地整理、建设用地复垦等各类土地整治项目,增加有效耕地面积,提升耕地质量。鼓励集体经济组织通过多种形式适度规模流转或利用集体土地,由村集体统一经营。积极引导村集体与农户进行地块调换,将村集体的机动地集中连片,提高土地规模化经营。

二、盘活闲置宅基地

整治"空心村"、零星自然村迁并、地质灾害除险安居搬迁。鼓励利用闲置住宅发展符合乡村特点的休闲农业、乡村旅游、餐饮民宿、文化体验、创意办公、电子商务等新产业新业态,以及农产品冷链、初加工、仓储等一二三产业融合发展项目。支持采取整理、复垦、复绿等方式,开展农村闲置宅基地整治,依法依规利用城乡建设用地增减挂钩、集体经营性建设用地入市等政策,为农民建房、乡村建设和产业发展等提供土地等要素保障。在充分保障农民宅基地合法权益的前提下,支持农村集体经济组织及其成员采取自营、出租、入股、合作等多种方式盘活利用农村闲置宅基地和闲置住宅。

三、盘活闲置资产

鼓励村集体经济组织盘活闲置的工矿仓储、学校等建设用地,闲置或低效使用的门面、生产加工场地等集体资产和村集体收储的闲置农房,统一以租赁、合作方式引入社会资本,发展乡村旅游、民宿、文化创意、养老养生、健康休闲等多种业态,增加村集体和农户收入。

四、盘活山林水草资源

对山林水草资源纳入村域内统一管理，重新进行整理规划。通过对山林水草资源集中整治、公开竞标，发展高附加值绿色经济，挖掘村集体经济增收"新潜能"。支持村集体经济组织以集体林地、草地、荒山、滩涂、水域等自然资源性资产经营权，投资入股企业、农民合作社、家庭农场等经营主体，发展乡村旅游业、林业、畜牧业、食用菌、水产养殖、苗木花卉、森林康养、林下经济等，开辟村级集体经济增收"新渠道"。

第二节 因地制宜发展壮大集体经济

根据自然环境、地理地貌、气候特点，结合农业圈层结构理论，按照内圈层、中圈层、外圈层分别发展城郊区、农产品主产区、生态功能区三类村级集体经济。

一、率先推进城郊区集体经济发展

以推进县城城镇化发展为契机，发挥市周边县城、专业功能县城、农产品主产区县城、生态功能区县城等县城定位优势，充分利用县城快速发展特色优势产业、夯实市政设施基础、强化公共服务、加强文化生态保护等优势条件，大力支持村集体经济组织重点发展城郊经济，包括发展城郊花卉产业，推动鲜切花、盆花、特色花卉、景观花卉、观赏苗木等产业发展。发展城郊蔬菜产业，扩大不适宜长途运输的叶菜和鲜特菜种植规模。发展苹果、梨、桃、葡萄、草莓、樱桃等特色鲜果种植，丰富四季水果采摘和供应。发展适度规模的农牧场，解决市民的鲜蛋、鲜奶供应问题。围绕杂粮、干鲜果、蔬菜、畜禽精深加工，重点发展功能食品、方便食品和休闲食品。

二、有序发展农产品主产区集体经济

充分利用我市光热资源丰富，降雨量较多，雨热同期，水热利用率高的农业生产条件，严守耕地红线，稳定粮食播种面积；坚持"一村一策"，选准产业发展项目，因地制宜培育和发展现代特色农业，增加村集体经营性收入。积极发展辣椒、西红柿、大葱等特色蔬菜，推进蔬菜产业区域化、特色化；适度发展苹果、梨等大宗水果，稳步发展杏、葡萄、桃等小杂果和设施水果；因地制宜发展香菇、平菇、猴头菇、金针菇等低温型食用菌。

三、合理开发生态功能区集体经济

山区丘陵地区的村集体经济组织，依据资源优势，把生态与生产有机结合，因地制宜发展特色种养殖产业。充分利用荒山、荒坡、荒沟等集体土地，着力发

展中药材产业,重点建设连翘、党参等道地中药材种植基地。结合饲草和秸秆资源丰富的区域特点,重点发展肉牛、肉羊、肉驴等草食畜牧业。利用适宜的荒山、荒坡,因地制宜发展核桃、花椒等干果种植。依托水库、池塘、河流,发展草青鲢鳙等鱼类养殖。

四、培育未来碳交易区集体经济

围绕"双碳"工作目标,超前谋划,积极融入"双碳"行动计划。树立森林生态服务功能价值观念,增加森林、草地等植被资源总量,巩固和提升生态系统碳汇能力。促进区域碳交易市场发育,实现森林生态价值补偿。宜林地持续开展农村造林绿化行动,对具有所有权的现有林地进行价值赋能和市场化改造,明确森林的延伸产品价值归集体经济组织所有。引导村集体经济组织通过造林和森林经营积累碳资产,形成碳信用指标,为未来村集体经济组织作为市场主体参与碳交易创造条件。

第三节　分类施策发展壮大集体经济

按照区位优势、产业基础和工作实际,坚持"先易后难、分类有序"的原则,强化统筹,分类推进村级集体经济发展壮大。

一、壮大龙头企业发展带动型集体经济

按照"一乡一龙头、一地一特色"的要求,以村集体经济组织为依托,围绕我市特色优势产业,积极发展"龙头企业+村集体"模式,支持加工龙头企业向产地延伸,村集体经济组织充分利用闲置土地、房屋等资产入股、参股,引进先进适用的生产加工设备,建设标准化、清洁化、智能化的加工厂。政府及相关部门要从建设用地、用电用水、融资贷款、品牌创建、产品销售、生产基地建设等多方面予以扶持,围绕粮食、畜产品、蔬菜、食用菌、干鲜果、中药材等特色优势产业,重点打造中药材、粮食、蔬菜、肉制品、酿品和功能保健品五大万亿产业集群。

二、积极培育工业商贸型集体经济

支持具有资源、交通、区位等优势的村,以村集体闲置资源和资产入股,引入工业资本、外来资本,建设特色农副产业、食品工业、轻工业等产品加工基地。围绕产地农产品集散物流网络,完善农产品产地批发市场,建设冷链集配中心。支持有条件的村建设商贸中心,发展新型乡村便利店,扩大农村电商覆盖面。引导利用村内现有设施,建设村级寄递物流综合服务站,发展专业化农产品寄递服务。

三、推动薄弱村集体经济转型发展

对空壳村、薄弱村，要着力给予资产性扶持，统筹整合资源、资金投向村集体经济项目，大力发展村集体参与的农民合作社，把财政资金支持形成的资产量化一定比例作为村集体资产，增强村集体经济"造血"功能。引导和支持企业特别是涉农企业到"薄弱村"建基地、做品牌、办服务，发展设施农业、林下经济、农产品加工等，把产业链增值收益、就业岗位尽量留给农民。鼓励经济发达村与空壳村、薄弱村结对共建，通过建设产业项目、互派管理人员、劳务输入和投资入股等实现优势互补、互利共赢。

第四节 创办企业发展壮大集体经济

村级集体经济组织主动融入加工业产业链条当中，通过延长加工产业链、集聚联合、跨界参与"飞地经济"等方式，发展壮大集体经济。

一、整体开发，延链打造生产联合体

充分把握当地农产品加工业发展需求，发挥自身优势，采取各种合作方式主动融入产业链，以延长产业链招商建设，构建"村集体经济组织+农业龙头企业"模式，开展小杂粮、薯类、果品、蔬菜、菌类、中药材、干果经济林等主要特色农产品的"生产—加工—仓储—冷链物流—市场营销"过程，通过提高农产品附加值，集体经济分享农产品增值收益。

二、集聚联合，发展特色产业集群

村集体经济组织通过利用集体建设用地建设标准化厂房、改造利用存量闲置房屋等措施开展招商引资，吸引农村深加工制造企业和项目落地。支持工业园区周边村庄对接园区内劳动密集型生产企业开展部分代加工业务；鼓励旅游区范围内村庄依托游客资源组织生产加工具有地方特色的系列旅游产品；引导城镇周边村庄优化营商环境，增强承接城市工业外溢功能；指导其他类型村庄结合自身条件因地制宜开展形式多样的加工制造业，包括板材加工、家具制造、食品加工、智能制造、机械加工、服装加工等。

三、异地联建，发展"飞地经济"

探索跨区域联合发展村级经济的思路，坚持县域统筹、跨村发展、股份经营、保底分红的"飞地"发展模式，整合分散的农村存量建设用地，捆绑村集体闲散资金，采用"土地+资金""经济弱村+经济强村"的联合方式，将低效土地进行整治复垦，腾出用地指标，异地流转到工业园区、经济开发区等优势区域，联合创办实体经济，使"飞地经济""抱团取暖"成为消除薄弱村的有效途径，赋能

集体经济发展。

第五节　开发新能源发展壮大集体经济

能源是人类赖以生存和发展的重要基石，农村集体经济组织要在新能源发展上谋求突破。充分利用长治已经形成的黎城、平顺两个国家级光伏发电技术领跑基地，巩固提升光伏产业成果，继续发挥光伏产业的作用，开展"光伏+农业"行动，开发农光互补（光伏农业）模式。充分把握山西能源革命综合改革试点契机，把农作物秸秆作为生物质资源利用，在适宜农村推广秸秆"打捆直燃集中供暖"模式，推进生物质能开发利用。充分研究城乡生产、生活、经营用能需求，在广大的农村地区，探索推广村集体经济组织参与的"种植养殖+沼气供气供暖+有机肥料+有机农业大棚"的循环农业经济，开辟村级集体经济增收新渠道。

第六节　培育服务新形式发展壮大集体经济

鼓励各村立足区域资源禀赋优势，因地制宜发展生产和生活服务业、物业经济等新型业态，释放区域经济新动能，促进农业农村高质量发展。

一、开拓多形式的生产服务型集体经济

围绕农村产业化经营创办多种形式的村级经营性服务实体，为农户提供生产资料、农业机械、病虫害防治、技术咨询等服务，开展联结龙头企业和农户的中介服务；支持村集体经济组织发展农业生产托管服务，提供市场信息、农技推广、农资供应、统防统治、深松整地、农产品营销等社会化服务。鼓励有地理位置优势的村集体经济组织，建设功能设施齐全的货运仓储集散分拨中心，吸引周边小型物流市场向该市场集聚，促进该区域物流大市场、大流通格局逐步形成，并带动运输、服务等第三产业发展，扩大就业岗位，增加集体经济收入。

二、培育宽领域的生活服务型集体经济

推动餐饮家政服务新转型。鼓励村集体经济组织与餐饮公司合作运营，以农村餐饮作为导入口，成立农村红白理事综合型服务的餐饮文化管理公司，参与经营分红。鼓励村集体经济组织牵头组建劳务合作或劳务中介公司，以劳务承包的方式承接社区服务、安保服务、村级公路养护、绿化管护等工作，增加村集体收入。鼓励开展"村集体+家政服务"发展模式，动员村庄农村妇女、建档立卡户、边缘户等，积极参与劳务服务。村集体做好家政服务岗位信息发布和收集、开展技能培训、维护好家政服务合法权益等，实现村集体和农户收入双增收。

构建物资双向流通新业态。鼓励有条件的村建立电子商务平台，在向农民提供及时、准确、完整的农业资源、市场、生产等多元化信息服务的同时，通过网络、物流，实现对本地生鲜农产品的对外直销。探索"农超对接"模式，鼓励各类专业合作社和商家签订意向性协议书，由合作社向超市、菜市场和便民店直供农产品，为优质农产品直销搭建平台，构建市场经济条件下的产销一体化链条。

发展乡村生态观光旅游。依托太行一号旅游公路、南太行旅游轨道交通等建设项目，鼓励沿线村集体经济组织联合社会资本，建设和完善乡村旅游服务中心、旅游公共交通、房车营地、自驾景观廊道、自行车骑行慢道、步行绿道等旅游"漫游"交通网络。鼓励村集体经济组织联合社会资本共同开发乡村景区、休闲项目、农旅综合体，打造特色村落、创意村落、文化村落。在深度融入中原城市群趋势下，主动对接太原、石家庄等周边城市，并依托《革命老区重点城市对口合作工作方案》，利用北京市与长治市结对关系，共同搭建红色文化和旅游融合发展平台。支持具有红色革命遗址、民俗传统文化、山水自然风光、历史人文资源的村，着眼晋味晋风晋韵，开发旅游项目，统筹农村非遗传承人、工艺美术大师、民间艺人、传统工匠等进行集中展演，走"生态兴村""旅游兴村"道路，增加村集体经济收入。

培育医疗康养经济新价值。依托丰富的自然资源和旅游资源，融合避暑度假、休闲体验、健康养生保健等多种元素，发展凉夏度假养生经济，打造凉夏度假、休闲旅游基地。依托中药材、生态农产品优势，打造中医药养生基地。依托自行车、攀岩、漂流等运动（休闲）形式，打造健身休闲旅游基地。依托常平温泉小镇、黎城壶山温泉等地的自然资源优势，发展温泉康养养生基地。鼓励村集体经济组织在旧村改造、"空心村"整治过程中，针对空巢老人、留守老人的养老需求，利用集体用地或闲置的村办公用房、校舍等场所，发展农村养老事业。

打造集体经济发展新载体。加快培育一批"农字号"特色小镇，在有条件的地区建设培育特色商贸小镇，推行村庄经营模式，推动村集体经济与新型城镇化建设相结合。

三、开拓多类型的物业服务型集体经济

支持村集体经济组织按照土地利用总体规划和城乡建设规划要求，利用集体非农建设用地、村级留用地以及村庄整治、集中居住点建设、宅基地整理复垦节余的土地，建设物业项目，发展物业经济。支持村集体经济组织盘活集体闲置办公用房、学校等不动产，开展租赁经营。鼓励村集体通过出租、股份制等形式经营物业，获得稳定收入。鼓励村集体经济组织利用现有经营性资产，积极发展

二三产业。

四、广泛应用网络技术助推集体经济

以"国家数字乡村发展战略"为契机,推进各村集体经济组织利用宽带通信网、移动互联网、数字电视网和下一代互联网发展,深入实施新一代信息技术与种植业、种业、畜牧业、渔业、农产品加工业全面深度融合应用,打造科技农业、智慧农业、品牌农业;推进"互联网+"农产品出村进城工程,加强农产品加工、包装、冷链、仓储等设施建设;推动互联网与特色农业深度融合,发展创意农业、认养农业、观光农业、都市农业等新业态;改善网络支付、移动支付、网络信贷等普惠金融发展环境,形成数字乡村,有序拉动村级集体经济发展壮大。

第七节 项目撬动发展壮大集体经济

以项目为抓手壮大集体经济实体,引导村集体经营项目向城市周边、特色小镇、优势农业区、农产品加工区以及各类工业、农业园区集中,形成具有优势特色的产业集群。

一、农业农村项目向集体经济倾斜

政府投资的农业产业化经营、山区开发、绿化造林、生态保护、乡村基础设施等项目,要与发展村级集体经济结合起来,在政策允许范围内,重点向村级集体经济项目倾斜,促进村级集体经济发展壮大。

二、支持村集体承建农村中小型项目

除财政资金使用方式有明确规定的支农项目外,其他涉及农村生产生活基础设施建设项目,包括农村土地整治、农业基础设施建设、农村人居环境整治、村组道路建设等,在同等条件下按程序优先安排具备专业条件的村集体经济组织或村集体参股的经济实体实施。

三、设立扶持村集体经济发展专项资金

市、县设立扶持村集体经济发展专项资金,按照村申请、乡推荐、县评审、市批复的程序,优先扶持村集体经济薄弱村加快发展。专项资金重点用于扶持农业产业、农村服务业、物业经济、合作经营等村集体发展项目。

四、创新涉农项目建设管理方式

实行项目建设"清单制"管理、"图表化"推进、"手册化"指导、"模板化"实施,对标谋划项目,落细资金来源,确保项目底数清,进展明。非公益性项目,各级政府部门投入农村用于生产、加工、经营、服务设施建设的项目,建成后可统一交由村集体经济组织持有和管护。农村公益项目,原则上应优先安排村集体经济组织作为建设管护主体。

第五章　创新发展壮大新型村级集体经济机制

第一节　深化农村集体产权制度改革

做好农村集体产权制度改革"后半篇"文章，完善新型村级集体经济运营、管理、监督机制，推动全市新型集体经济高质量发展。

一、规范村集体经济组织法人治理机制

进一步建立健全内部治理结构，明确其代表集体行使所有权和作为村集体资产的管理主体。完善成员（代表）大会、理事会、监事会等内部治理机制，引入现代企业制度规范内部管理。完善村集体（股份）经济合作社相关章程，建立健全资源、资产、资金等一系列配套管理制度，切实做到用制度管事、管权、管人，进一步提升村集体经济与市场化的深度融合。

二、规范村集体经济组织运行机制

村集体经济组织要依法依规依章及相关管理办法，有效承担集体经济经营管理事务。村党组织书记应当通过法定程序担任村集体经济组织负责人，班子成员应当交叉任职。支持集体经济组织通过入股联合、项目开发、委托经营、合资合作等多种方式实现联合发展，探索建立县级或镇级联合发展平台，统筹配置辖区内优质资源要素，形成的产权及收益明晰到各村集体经济组织。支持有条件的村集体经济组织，与工商企业、农民合作社等各类经济主体探索发展混合经营。基础好、实力强、有管理能力的村集体经济组织可探索成立公司，提升市场化运营水平。

第二节　健全农村集体经济政策扶持机制

强化财政、土地、税费、金融、科技服务、水电等各项扶持政策，进一步健全扶持机制。

一、强化财政扶持

各级财政要支持村级集体经济发展，列专项预算资金，用于以奖代补、支持薄弱村集体经济发展。市级设立2000万元发展壮大村级集体经济专项扶持资金和1000万元发展壮大村级集体经济专项奖励资金。各县（区）设立发展壮大村级集体经济专项扶持资金，其中乡村振兴重点帮扶县不少于500万元，先行示范县和整体推进县不少于1000万元。各县（区）都要结合实际，设立专项奖励资金，制定扶持奖励办法。允许县（区）级政府根据村集体产业发展需求，整合性质相同、用途相近的项目资金，集中打造一批辐射带动能力强的集体经济标杆村、示范村。

二、加大税费支持

按照有关政策规定，对农村集体土地所有权、宅基地和集体建设用地使用权及地上房屋确权登记，不征收契税。耕地占补平衡指标交易收益资金按比例返还项目所在村集体经济组织，增减挂钩指标交易收益资金向村集体经济项目倾斜。落实村集体经济组织领办或参股各类经济实体税收优惠政策，依法依规减征免征相关行政事业性收费。村集体经济组织作为农业生产者直接销售自产农产品免征增值税，从事农、林、牧、渔业项目的企业免征或减征企业所得税。落实好村级集体经济组织股份合作制改革有关免征契税政策。对村集体经济组织经营所缴的各项税金，在一定期限内通过以奖代补方式全额补助到村，用于村级集体经济发展再投入。

三、优化金融服务

鼓励金融部门发挥信用引导资金配置的正向激励作用，深入开展"信用村""信用户""信用新型农业主体"评定。鼓励金融机构进一步健全服务体系，支持各级银行监管部门对村集体经济组织信贷实行差异化监管。鼓励金融机构依法扩大有效担保物范围，探索以生产经营设备设施、经营性建设用地使用权、土地经营权、资产资源收益权、应收账款等抵质押物申请贷款。巩固拓展市县融资担保一体化运营改革成果，充分发挥政府性融资担保机构作用，为农业生产经营主体提供融资担保服务。加大对农业政策性保险支持力度，逐步实现灾害险种全覆盖。聚焦村集体发展需求，开发保险新品种。搭建市、县（区）投融资平台，通过政府和社会资本合作、政府购买服务、贷款贴息、财政奖补等有效方式，撬动更多金融和社会资本投向乡村。

四、用活土地政策

通过编制村庄规划，合理配置土地利用结构。各县（区）每年从土地出让收益用于农业农村部分中安排不少于10%的资金发展壮大村集体经济，每年安排不少于5%新增建设用地指标保障乡村重点产业和项目。实施村庄建设用地增减挂钩，土地综合整治项目拆旧复垦腾出的建设用地指标，优先用于满足所在村基础设施和公共服务设施等建设。开展耕地占补平衡指标有偿交易，对村集体经济组织通过农村闲置宅基地整理、土地整治、高标准农田建设等新增耕地进行节余指标交易形成的收益，纳入预算统筹安排，加大对发展壮大村集体经济的支持力度。支持村集体用好国土空间全域综合整治政策，整合归集零散存量建设用地，规划确定为工业、商业等经营性用途并经依法登记的集体经营性用地，纳入集体经营性建设用地入市试点范围的可以直接入市，其余符合条件的可以以入股、联营等方式兴办企业，也可由集体经济组织自主开发利用。鼓励村集体经济组织开发利用和盘活集体建设用地，对村集体经济组织组建的经济实体所需的农业生产和附属设施用地，符合规定的，按设施农用地管理。村集体统一组织对外流转土地的，可依法依规收取适量基础设施使用费和土地流转管理服务费。

五、落实用水用电政策

对村集体兴办的各类经济实体，在确保满足用水用电需求的基础上，发展农业、林业、畜牧业、渔业生产用电，农业灌溉用电，农村饮水安全工程供水用电，以及农业服务业中的农产品初加工用电等农业生产范围内的用电，执行农业生产用电价格。对村集体兴办或参股的光伏、水电站所发电量，在收购时应给予政策倾斜。

六、健全科技服务体系

充分发挥技术服务作用，集成推广应用绿色优质新品种、先进适用技术和现代物质装备，促进服务与科技深度融合，着力解决农业科技落地的"最后一千米"问题。鼓励技术服务主体，利用互联网、大数据、云计算、区块链、人工智能等信息技术和手段，推广应用遥感、航拍、定位系统、视频监控等成熟的智能化设备和数据平台，对农业生产过程、生产环境、服务质量等进行精准监测，提升农业的信息化、智能化水平。鼓励服务主体与高等院校、职业学校、科研院所等加强合作，开展技术服务行业重大关键技术和装备研发，为发展壮大村级集体经济提供技术支持。

七、加强分类帮扶指导

依据自然条件、资源禀赋、产业现状等发展实际，将全市村集体经济组织分为重点帮扶、整体推进、先行示范三个类别，分类统筹村集体经济发展。重点帮扶村重在兜底保障，通过领导包联、技术支持、项目倾斜、资金投入、抱团作业等方式，助力村级集体经济起航。整体推进村重在统筹扩面，通过品牌塑造、机制重构、产业整合、龙头带动等方式，实现创新发展、融合发展、协力发展，夯实发展根基，提升市场竞争力和影响力。先行示范村重在提升引领，每年选树一批先行示范村作为村集体经济提质增效典型案例。总结一批可复制、可借鉴的发展模式，打造一批集体经济发展观摩学习基地，采取随机调研、分片调度、跟班学习等形式，组织学习，相互借鉴，共同提高。同时健全领导干部分片包村制度，班子成员分片全覆盖包村，推行入村帮扶"四个一"包联机制，一村一名大学生、一村一名指导员、一村一个帮扶单位或企业、一乡（镇）一个工作队，负责指导联系村级集体经济发展工作。

第三节 构建农村集体经济多元经营机制

建立健全农村产权流转交易机制、深化共建联建机制、建立完善利益联结机制等措施，解除集体经济发展的经营机制限制，拓展经营渠道。

一、培养壮大农村集体经济组织

鼓励村集体以盘活资源、资产、资金等要素为资本，广泛吸收农民入股，领办创办专业合作社。鼓励村集体在依法、自愿、有偿的前提下，流转农民的承包地成立土地股份合作社。鼓励和支持地域相邻、资源相近、产业相似的行政村跨地域联动发展产业，支持多个合作社共同出资组建经济联合体，抱团发展集体经济。充分发挥党组织的政治优势、组织优势，鼓励党组织领办联合合作社，把农村党员群众组织起来，推动群众致富、集体增收。

开展公司化运营改革。引入现代企业制度开展村级集体经济公司化改革，通过"独立经营""参股经营""租赁经营"等形式，建立"产权清晰、权责明确、政企分开、监管有力"的公司化运营模式，实现自主经营、自负盈亏。

提高村集体经济组织发展能力。鼓励有条件的农村集体经济组织按有关要求组建具备一定资质能力的工程施工队、农业服务队、运输公司、劳务公司等生产经营实体。鼓励村集体经济组织在风险可控的前提下，以资源资产作价入股、资产托管、租赁、承包经营等多种模式与社会资本合作，参股农民专业合作社、农业龙头企业及其他工商企业，共建农业产业园、创新创业园、农业科技园和乡村旅游示范区等。

二、建立健全农村产权流转交易机制

搭建农村产权交易平台。健全完善市、县（区）、乡（镇）、村四级交易市场体系，成立农村产权交易平台，及时发布村集体资产资源流转信息，引导农村产权规范流转和交易，激发农村集体经济发展活力。

推动农村产权入市交易。各涉农产权管理部门积极引导土地经营权、林权、农业生产设施设备、小型水利设施使用权、农村公共基础设施、集体资源资产、农业类知识产权、农村集体经济组织股权、农业农村建设项目招标采购等入场交易，防止集体资产流失、贬值。同时加快农村产权交易市场软硬件提档升级，推

行线上线下交易相结合,推进场所建设和服务流程标准化、工作队伍专业化,定期组织开展市、县、乡三级农村产权交易市场监测评价,提升交易市场服务效率与水平。

完善农村产权交易服务机制。建立部门工作联动机制,组织银行、保险、担保等机构开发与农村产权相匹配的信贷、保险产品。推动建立"政策性担保+农村产权抵押担保"双担保运行模式,完善"交易+担保+补偿+收储"的农村产权融资服务机制,建立健全涵盖确权登记、流转、托管、抵押等业务形态的数据库,为集体资产监管、金融服务三农提供有力支撑。

三、深化共建联建机制

对口共建合作发展。充分利用好革命老区重点城市对口合作的契机,积极引进北京市资本和复制先进经验,开展多层次乡村振兴、经营主体、技术人才等交流培训。推动北京市农业科技成果在我市落地转化,培育更多绿色食品、有机农产品、地理标志农产品。进一步畅通进京渠道,建设绿色农产品供应基地,搭建北京市机关、企业、学校、医院、社区与我市农特产品供需对接平台,建设集体验、加工、配送、批发、冷库储藏于一体的农特产品流通综合体。围绕发展壮大集体经济,组织在外长治籍人员建立信息服务网点和窗口,发挥信息沟通和产品推介作用。鼓励村集体结合自身条件,积极参与承接北京等东部发达城市产业转移项目。

村企帮带融合发展。充分利用乡村振兴驻村帮村扶村工作机制,引入优秀企业、优质产业,整合村级集体经济发展扶持专项资金等,采取产业带动、项目帮扶、资金支持、就业扶贫、消费增收等多种形式促进村企合作,与企业共同出资投入项目建设和生产经营。鼓励非公企业、社会团体等带资金、带技术、带项目与村集体合作开发,引导各类产业发展资金和优势资源向农村流动。

村社联动共同发展。针对农作物种植、畜禽水产养殖等产业具备规模和专业优势的村,鼓励党组织领办创办合作社,推动村集体与产业合作社联结为经济共同体。鼓励村集体采取资金或土地入股的形式,参股农民专业合作社,活用"支部+合作社+农户""支部+合作社+基地+农户"运作机制,因地制宜发展蔬菜、苗木花卉、畜禽水产、特色种养等优势产业,发展农家乐、采摘园、度假村等特色生态文化旅游产业,带动村级集体经济增收。

四、建立完善利益联结机制

建立村级集体经济积累机制,完善村集体公益金、公积金制度,保障村集体正常运转。围绕"多方共赢",建立利益联结,按照"龙头企业+村集体经济组织+

基地+农户""平台公司+村集体经济组织+社会资本"等不同模式，实行保护价收购、返利、按股分红等利益分配方式。在村集体经济组织内部，坚持公平、公正、公开的原则，由村集体经济组织提出分配方案，经村党组织研究讨论，集体经济组织成员大会或成员代表大会形成同意决议后实施。针对村集体经济组织全体成员，采取分红的收益分配方式；针对以资源、资产、资金、技术等入股村集体经济组织经营主体的股东，按照合同约定股份，参与分红；针对村集体经济组织管理人员，按规定领取报酬及奖励；针对独立领办、创办集体经营项目人员，项目实施前与村集体经济组织签订目标责任书，项目实施完成后按照签订目标责任书中约定的奖励分配额度进行分配。村集体经济组织不得以发放福利的形式进行收益分配，不得举债分红，不得举债发放福利。

第四节 创新农村集体经济人才引育机制

通过创新本土人才培育机制、创新乡村人才引进机制，发挥好"三支队伍"作用，建立健全乡村人才引进培育体系。

一、创新本土人才培育机制

实施乡土人才开发计划。开展乡土人才遴选推荐活动，对各类乡土人才数量、专业、特长等状况进行全面摸底，建立乡土人才库。加大教育培训力度，统筹组织培训资源，采取课堂培训、专家讲座、现场指导、远程教育、外出观摩等方式，传授新知识、新科技，促进乡土人才知识结构优化提升，每个乡（镇）精选3~5名政治素质过硬、经营管理能力突出的村干部集中培训，打造出"1+X"人才队伍，提升村级集体经济发展能力。

实施乡村骨干力量培育计划。加强优秀后备人才梯队培养，注重从各类合作社负责人、专业大户、农村实用人才、青年农民、村医村教、致富能手、外出务工经商人员、返乡创业人员、高校毕业生、复转军人、"退居二线"和退休干部等人群中选配党组织书记或村集体经济组织管理层，允许他们参与集体收益分红，享有集体成员权利。落实乡村振兴人才计划，为每村招聘1名大学毕业生；对自愿回村任职的本县籍大学本科及以上学历的党员毕业生，享受事业编制人员基本工资待遇，加强后备干部队伍培养。将发展壮大集体经济课程列入市委、县委党校乡村干部培训必修内容，采取集中授课和外出学习考察的方式，对乡镇班子、村"两委"主干、驻村工作队、第一书记、村集体（股份）经济合作社负责人、农村各类经营人才等集中培训，着力培育一批村级集体经济发展职业经理人，提升村集体经济能力和经营管理水平。

实施农技人才能力提升计划。依托市、县（区）新型农村集体经济技术服务站、基层农技推广补助项目资金，每年组织县（区）乡（镇）两级农技推广机构30%的在编在岗人员开展脱产培训，三年内对在编在岗的基层农技人员全部轮训一遍。每年组织千名科技人员开展"送服务到基层"活动，加大关键时节、关键环节的技术指导。充分利用全国科教云平台、农村远程教育网、农广天地等网络信息化手段，为广大农民和新型农业经营主体提供精准实时的指导服务，培育一批掌握实用技术的"蓝领农民"。

二、创新乡村人才引进机制

实施科技人才引进计划。贯彻落实市委、市政府关于创新人才工作机制和优化人才发展环境的各项优惠政策，围绕现代农业发展需求，研究制定专业技术人才支持政策，加大科技人才引进力度。依托长治市人才集团和长治市人才发展基金会，引进一批村级集体经济发展急需的经营管理技术人才。鼓励支持龙头企业、合作社组建行业协会，创新引才思路、完善引才机制，积极引进急需紧缺人才。鼓励从事科技创新工作的高校、科研院所、事业单位专业技术人员，离岗下乡，以资金和知识产权等要素入股、参股农村集体经济项目或积极领办、创办、兴办集体产业项目，推动人才、技术、资源向农村集聚。

实施在外人才回归计划。实施"守望乡村"农村本土人才回归工程，引导有资金、懂技术、会管理的进城务工农民、大中专毕业生、退役军人返乡创业创新，培养造就一批心怀农业、情系农村、视野宽阔、理念先进的"新农人"，为村级集体经济发展储备力量。动员长治籍在外企业家返乡投资兴业，充分利用家乡特产、人力、文化、地域等方面的比较优势，把适合的产业转移到家乡再创业、再创新、再发展。吸引长治籍高层次人才以项目合作、技术入股、聘任兼职、讲学授课等多种方式柔性回归乡村，将在外专家学者引进到园区企业，为村级集体经济发展贡献力量。

实施乡村人才特聘计划。建立农村集体经济特派员队伍，强化对村级集体经济的管理指导；规范特派员履职管理，每周到村调研走访、现场办公工作不少于一次，着力推动工作力量下沉，形成抓乡促村强大合力。结合省校合作"12大基地"，依托智库基地专家，选聘10名左右农业发展顾问或乡村振兴专家，参与长治村集体经济发展规划设计、决策咨询、技术指导。按照"专班+专项+专家"及"一乡镇一团队、一团队一项目"的思路，建立发展村级集体经济专家服务工作专班，引导人才资源向基层流动。

三、发挥好"三支队伍"作用

把发展壮大村级集体经济工作纳入到农村"三支队伍"工作范围,把发展壮大村级集体经济与巩固拓展脱贫攻坚成果、实施乡村振兴和实现共同富裕紧密结合起来,明确工作思路,制定发展目标,细化工作任务,抓住发展村级集体经济的良好机遇,认真研究有关集体经济各项发展政策措施,协助村集体经济组织将发展壮大集体经济作为强化村级组织建设的重要抓手,并列入主要议事日程,积极谋划项目,争取引进项目资金,推动村级集体经济不断迈上新台阶。

第五节 健全农村集体经济规范管理机制

进一步规范村集体经济组织收支管理机制、监管机制、风险防控机制等,健全村集体经济组织管理,形成农村集体资产管理体系。

一、规范村集体组织收支管理制度

推动村集体经济组织开设独立账户,健全财务管理制度,完善"村账乡代管"会计委托代理制度,探索第三方代理记账机构代理记账、核算。规范村集体经济组织财务收支管理,做到收入应收尽收,支出严格审批,建立村集体经济组织财务收支乡镇备案监督制度。村集体全资领办创办的新型农业经营主体和企业的净收入,村集体投资、入股新型农业经营主体和企业的分红,都要纳入村级集体经济收入。建立村集体经济组织财富积累机制,建立村集体事务和支出清单制度,严禁举债兴办公益事业,坚持量力而行、防止收不抵支。

二、推进集体资产数字化管理制度

拓展农村产权交易信息服务平台功能,形成集农村集体经济组织信息、成员动态管理、股份权益保障、资产管理运营、财务核算监督、产权流转交易等为一体的农村集体资产监督管理服务体系。依托平台探索完善集体资产监管预警功能,根据农村产权交易、经济合同履行等情况划分不同风险等级,实现分级预警。

三、规范农村集体资产监管制度

建立村集体经济组织内部经营管理与监督分离的制约机制,依照村集体经济组织章程规定设立监事会,由村集体经济组织成员代表担任。建立健全村集体经济组织财务管理和会计核算办法,健全完善会计委托代理、村集体经济组织财务公开等制度。村集体经济组织依法依规接受乡镇、农业农村部门的监督和指导,实行村集体经济组织负责人任期离任审计。坚决防止少数人控制和外部资本侵占集体资产、村集体资产流失、村集体利益被侵占等问题发生。

四、健全村集体经济风险防控机制

加强村集体经济项目风险防控,做好项目跟踪支持,指导项目村拓展市场营销、加大保险力度,发挥政策性农业保险对农业生产的保障作用;要加强财务风险防控,做好监督指导,项目村对收益分配和财务管理等重大事项,要实行民主议事、民主决策,定期张榜公布,接受村民监督。扶持资金实行负面清单管理,不得用于扶持村级集体经济发展试点以外的项目配套;不得用于偿还乡村债务;不得用于修建楼堂馆所;不得用于购买通信设备及交通工具(用于生产经营的运输工具除外);不得用于发放个人补贴;不得以任何名义挤占、挪用、套取发展试点资金。

第六章　强化新型村级集体经济发展保障

第一节　坚持党的领导

突出党委的引领作用。全市各级党委(党组)要从持续深化农村改革和全面推进乡村振兴的大局出发,把发展壮大新型村级集体经济作为新时期"三农"工作的一项重要任务,加强统筹谋划、细化工作举措、强化指导监督,切实负起主体责任、抓好贯彻落实。建立市级统筹组织、县(区)级全面负责、乡镇(街道)组织实施、村级具体落实、部门协调推进的领导体制和工作机制。加强村党组织及其领导的村级组织自身建设,组织群众、宣传群众、凝聚群众、服务群众;实行村民自治,维护村民群众合法权益,开展村级社会治理。按照精简、统一、效能原则,规范整合党政群机构设立的各类村级工作机制,统筹开展村级党的建设、乡村治理和群众工作。

第二节　加强部门联动

推进多部门协作机制。组织部门要发挥好牵头抓总作用,加强指导协调,重点落实村级党组织建设、村"两委"干部、党员能力提升培训等工作;农业农村部门负责指导农业产业发展、农技培训、生产托管服务、土地流转、产销对接、农村"三资"管理,开展农村集体资产"清化收"等工作;财政部门负责落实扶持资金;规划和自然资源部门做好村级集体经济项目用地指标安排;发改、住建、工信、教育、文旅、科技、人社、水利、税务、乡村振兴等部门要结合各自职能,各负其责、密切协作,共同做好村级集体经济发展工作。

第三节　加强宣传引导

加大宣传力度。各级宣传部门要加大对村级集体经济发展的宣传和引导，总结推广各村在发展村级集体经济中资产管理、资源开发、内部治理等方面的特色做法，在全市范围内定期认定星级（股份）经济合作社，组织推介村集体经济组织理事长先进典型，营造比学赶超良好氛围。

提升基层群众的认识。要充分利用网络电视、农村广播、村宣传栏、张贴横幅标语等形式，对村级集体经济发展政策的细节、合同要求等进行宣传解读，提升基层群众对发展村级集体经济的认识，提高基层群众投身建设村级集体经济的积极性，充分发挥基层群众主体作用，形成人人支持、人人参与村级集体经济发展的良好氛围。

第四节　鼓励创新突破

鼓励先进。研究制定《关于进一步激励村干部干事创业的实施方案》，对村级集体经济收入增长较快、发展成效明显的村，村党组织书记优先纳入乡镇领导班子推荐人选，特别优秀的，经市委研究同意，参照事业编制享受待遇。并按照不超过当年村级集体经济经营性收入新增部分一定比例提取村干部奖励资金。鼓励各级财政每年安排专项资金，分别用于奖励集体经济发展好的"十强村"、进步快的"十快村"。

包容创新。对于村干部出现的一些无心之失，要理解和宽容。客观看待和正确处理他们在推进村级集体经济发展过程中的问题，"既鼓励创新、表扬先进，也允许试错、宽容失败"，形成党员干部想创新、敢创新、善创新的良好风尚。

第五节　严格督查考核

建立发展壮大村级集体经济工作目标责任制。研究制定《长治市发展壮大村级集体经济扶持奖励办法（试行）》、《长治市发展壮大村级集体经济考核办法》等。将发展壮大村级集体经济情况与县（区）级领导年终考核挂钩、与乡（镇）党委书记述职评议挂钩、与村党组织书记绩效报酬挂钩，进一步压实工作责任，不断推动村级集体经济壮大提质。

长治市村级集体经济提质增效三年行动方案

为进一步发展壮大村级集体经济，着力提高农村基层党组织引领农村经济社会发展的能力，增强凝聚服务群众的物质基础，推进乡村全面振兴。根据《中共中央组织部、财政部、农业农村部关于坚持和加强农村基层党组织领导扶持壮大村级集体经济的通知》（中组发〔2018〕18号）、《中共山西省委农村工作领导小组关于实施村级集体经济壮大提质行动的意见》（晋农组发〔2022〕11号）等有关文件精神，结合我市实际，制定以下行动方案。

一、总体要求

以习近平新时代中国特色社会主义思想为指导，全面贯彻党的二十大精神，牢固树立新发展理念，落实高质量发展要求，以发展新型农村集体经济、实现农民共同富裕为目标，坚持党建引领，县域统筹，市场运作，以农村集体资源、资产、资金等生产要素有效利用为关键，强化政策引导，创新发展模式，完善经营机制，构建"政府+协会+平台+合作社+农户"的工作框架，多层次、多途径、多形式提高村级集体经济收入，促进全市农业全面发展、农村全面进步、农民全面富裕。

二、明确目标任务

按照"一年全面突破，二年巩固提升，三年积厚成势"的思路，2022年，全力消除10万元以下的集体经济"薄弱村"，集体经济年收入30万元以上的村达到40%以上，集体经营收入占集体总收入达到50%以上；2023年，集体经济年收入30万元以上的村达到60%以上，集体经营收入占集体总收入达到60%以上，村经营性收入稳步提升；2024年，集体经济年收入30万元以上的村达到80%以上，集体经营收入占集体总收入达到70%以上，村经营性收入显著提升；每县不少于40%的村成为产业特色鲜明、辐射带动作用强劲的集体经济示范村，全市村级集体经济发展动力明显增强，村集体经济组织体系更加健全，治理机制更加完善，整体工作坚实稳固，处于全省第一方阵。

三、拓宽发展路径

各县（区）要结合自身的资源禀赋和区位优势，宜工则工、宜农则农、宜商则商、宜游则游，因地制宜探索发展壮大新型村级集体经济的实现形式。

（一）盘活利用闲置资产。鼓励村集体通过规范开发利用村集体闲置的建设用地、机动地、"四荒"地、宅基地，盘活村集体闲置资产（办公用房、仓库、会堂、厂房、学校等设施），通过公开拍卖、租赁、承包经营、股份合作等多种方式进行盘活利用，让"死资源"变成"活资产"，实现村级集体经济稳定增长。

（二）发展特色优势产业。对于资源禀赋一般的纯农业村，围绕上党中药材、沁州黄小米、壶关旱地西红柿、潞城大葱、平顺花椒、长子大青椒、沁源马铃薯等特色农产品，建设一批规模特色农产品基地；围绕好乐草莓、云海外贸肉兔等十大"圳品"和长清生物蛋白粉、浩润脱水蔬菜、沁县芦笋等十大出口农产品，以销售和品牌运营为突破口，推行订单生产，建设一批"供深"优质农产品及出口基地；大力发展保鲜、贮藏、分级、包装等产地初加工，深度参与国家特色农产品优势区、省级现代农业产业示范区和全市中药材、粮品、果蔬、肉制品、酿品和功能保健品五大百亿产业集群建设，建设一批集生产、加工、科技、销售为一体的现代农业产业园区，在促进产业发展中增加村级集体经济收入。

（三）推进一二三产业融合发展。对于乡镇所在地村、城郊接合部村及工矿村，充分利用人口产业集聚优势，加强规划设计，支持发展农产品精深加工和综合利用加工，推进农产品加工产能向中心村镇集中集聚，建设上党中药材、武乡梅杏、黎城百万旱鸭等一批农产品加工园区。鼓励村集体创办领办机械加工、服装加工等加工类劳动密集型产业项目，通过集体自办、招商引资、合资合作、投资入股等方式建设冷链配送、物流汽贸等各类产业园区，整合盘活各类资产资源，进一步延伸产业链条，形成一二三产业融合发展，增加村级集体经济收入。

（四）大力发展服务经济。鼓励村集体经济组织兴办各类生产性服务和生活性服务公司，开展代耕代种代收、统防统治、烘干储藏、集中运输等农业生产综合服务，以劳务承包方式承接社区服务、道路养护、绿化管护、家政服务等劳务服务，促进村级集体经济发展。鼓励有条件的村集体成立物业、运输、拆迁、旅游服务等经营性组织，发展壮大村级集体经济。鼓励村集体建设电商服务站，推广农产品直播带货新模式，多渠道促进本地农产品销售。

（五）积极发展物业经济。区位优势明显的城中村、城郊公路、铁路沿线、工业园区周边等村利用集体所有的非农建设用地，兴办标准厂房、仓储设施、商业门面等，通过物业租赁经营等方式，最大限度地增加村级集体经济收入。

（六）推进农文旅融合发展。对于人文资源和山、水、峡等自然风光及红色革命资源丰富的传统古村落、名镇、名村等，鼓励村集体充分整合利用生态环境、历史人文等资源，通过自主开发、合作经营、入股分红等方式，积极发展现代设施农业、林下经济、养生养老、乡村旅游等产业，创办资源开采、加工等经济实体，通过集体资源流转、承包经营、合资合作等方式，发展民宿、康养、度假、体验等农文旅融合产业，增加村级集体经济收入。

四、突出工作重点

2022年，市县两级成立发展壮大村级集体经济工作领导小组，组建工作专班，理顺工作职责，建立完善工作机制。按照《长治市发展壮大新型村级集体经济专项规划》，构建起"政府+协会+平台+合作社+农户"的发展模式，进行总体部署。组建成立长治市农村集体经济发展有限公司，以股权投资、委托经营等方式，开展项目融资、产业投资、资产运营、项目建设。成立"长治市农村集体经济发展协会"，提供人才引育、信息交流、品牌运营等服务。全市集中开展以农村集体经济合同专项清理、村级债权债务化解、新增地源收费为内容的"清化收"工作。以村为单位建立债权债务台账和债权债务数据库，实行动态管理，县（区）要统一制定集体土地等资源收费标准指导价，承包费实行专户管理。在潞城区开展农村产权交易平台运行试点，在黎城县开展农村集体资产监管平台运行试点，逐步健全完善农村产权交易和农村集体资产监管信息化建设。分类筛选确定30个集体经济示范村，典型示范。2023年，全市全面推广农村产权交易和农村集体资产监管平台，推进村集体资产保值增值。进一步强化村社事务分离、资产分管、核算分设，进一步推进股份经济合作社实际运作，规范村社内部往来核算。市县两级分类指导村级制定集体经济发展项目，建立项目库，实现行政村集体经济发展项目全覆盖。指导市农村集体经济发展公司和协会完善运营机制，帮助开展建设一批村级集体经济发展项目，培训一批懂经营、会管理、熟悉市场经济的村集体经济组织带头人，50%的行政村从全市发展特优产业中获得收益。2024年，健全以财政投入为主的村级组织运转经费保障机制，建立健全以村党组织为领导核心，村民委员会为主体，村务监督委员会、村集体股份经济合作社等共同参与的农村基层治理体系。全面规范村集体股份经济合作社运行机制、利益分配制度，实现农村"三资"规范管理，不同类型村庄多元发展集体经济的经验得到有效推广。着力推进村级集体经济产业经营性发展，90%的行政村形成村有产业、集体有经营性收入的发展格局，村集体经济组织自我保障、服务群众、推动发展的能力基本形成。全面开展新型村级集体经济发展总结，领导小组各成员单位和各县（区）全面总结提炼不同类型发展壮大村级集体经济的路径和方法，形成持续壮大村级集体经济的有效机制。

五、强化政策扶持

聚焦财税、用地、项目、人才等关键环节，大力培育扶持集体经济发展的市场主体，推动新型村级集体经济提质增效。

（一）加大财税支持力度。市级设立2000万元发展壮大村级集体经济专项扶持资金和1000万元发展壮大村级集体经济专项奖励资金。各县（区）设立发展壮大村级集体经济专项扶持资金，其中乡村振兴重点帮扶县不少于500万元，先行示范县和整体推进县不少于1000万元。各县（区）都要结合实际，设立专项奖励资金，制定扶持奖励办法。对村集体经济组织通过农村闲置宅基地整理、土地整治、高标准农田建设等新增耕地进行城乡建设用地增减挂钩节余指标交易的，其产生的收益由各地按照一定比例划归村集体经济组织所有。金融机构对纳入财政扶持并符合贷款准入条件的村集体经营性、服务类项目，要给予信贷优先支持，简化贷款手续并实行优惠利率。落实村集体经济组织领办或参股各类经济实体税收优惠政策，依法依规减征免征相关行政事业性收费。村集体经济组织作为农业生产者直接销售自产农产品免征增值税，从事农、林、牧、渔业项目的企业免征或减征企业所得税。落实好村集体经济组织股份合作制改革有关免征契税政策。对村集体经济组织经营所缴的各项税金，在一定期限内通过以奖代补方式全额补助到村，用于村级集体经济发展再投入。

（二）落实土地用电政策。各县（区）每年从土地出让收益用于农业农村部分中安排不少于10%的资金发展壮大村级集体经济，每年安排不少于5%新增建设用地指标保障乡村重点产业和项目。鼓励村集体经济组织开发利用和盘活集体建设用地，对村集体经济组织组建的经济实体所需的农业生产和附属设施用地，符合规定的，按设施农用地管理。支持村集体经济组织组建或合建农宅合作社，通过自营或联合经营等方式开办特色民宿，盘活农民闲置房屋。保障村集体经济组织兴办的实体在农业生产范围内的用电，执行农业生产用电价格。

（三）加大项目扶持力度。支持村集体经济组织参与实施乡村振兴战略相关项目建设，除中央对财政资金使用方式有明确规定的外，对于农村土地整治、农业基础设施、农村人居环境、村组道路等农村生产生活基础设施建设和农村社会化服务、农村养老等社会民生类项目建设，在同等条件下优先安排符合条件的村集体经济组织或村集体经济组织参股的经济实体实施。将政府投资形成的农村供水、小型灌溉、垃圾处理、文化娱乐、房产物业等资产，交由村集体经济组织持有、管护和经营。对脱贫攻坚以来使用各级财政资金、社会捐助和对口帮扶等投入形成的扶贫项目资产，按照有关程序对属于村集体的资产整体划给村集体经济组织统一经营管理，收益的分配管理由村集体负责。对村企合作开发、投资兴建的项目，优先列入规划，安排道路、供水、供电等基础设施建设，并在支农项目安排上给予倾斜。支持村集体经济组织组建专业服务组织或施工队伍，承担或参与本地植树造林、美丽乡村等项目建设。对村集体领办、创办的各类经营性项目，采取以奖代补、先建后补等方式予以扶持。鼓励村集体参与实施现代农业产业园、全产业链重点链项目、产业集群、产业强镇等项目，实现集体收入增长。

（四）加强分类帮扶指导。依据自然条件、资源禀赋、产业现状等发展实际，将全市村集体经济组织分为重点帮扶、整体推进、先行示范三个类别，分类统筹村级集体经济发展。重点帮扶村重在兜底保障，通过领导包联、技术支持、项目倾斜、资金投入、抱团合作等方式，助力村级集体经济起航。整体推进村重在统筹扩面，通过品牌塑造、机制重构、产业整合、龙头带动等方式，实现创新发展、融合发展、协力发展，夯实发展根基，提升市场竞争力和影响力。先行示范村重在提升引领，每年选树一批先行示范村作为村级集体经济提质增效典型案例。总结一批可复制、可借鉴的发展模式，打造一批集体经济发展观摩学习基地，采取随机调研、分片调度、跟班学习等形式，组织学习，相互借鉴，共同提高。

六、构建发展机制

坚持目标导向、问题导向、效果导向，围绕工作推动、人才引育、规范管理、利益分配等方面，建立健全长效机制，推动村级集体经济壮大提质。

（一）构建四级联动机制。建立市级统筹组织、县级全面负责、乡镇具体实施、村级具体落实的市县乡村联动工作机制。市级科学确定发展定位，统筹产业布局、制定年度重点任务清单，搭建投融资平台，制定考核奖励办法，建立观摩制度，统筹推进村级集体经济发展。县级全面负责，制定县级发展壮大村级集体经济规划，成立工作专班，实行县领导包项目制度，指导乡镇制定发展计划、选准发展项目，开展集体经济项目评审，推动项目落地。乡镇制定发展壮大村级集体经济规划实施方案，有条件的成立村集体经济合作联合社，统筹配置辖区内集体资产、土地、项目、财政扶持资金等各类资源要素，抓好村级集体经济项目的申报、实施、运营、监管等工作。村集体制定项目计划，具体实施项目，形成可持续的村级经济圈，带动农户增收。

（二）构建多元发展机制。多元主体共建，鼓励支持农村集体经济组织通过领办创办专业合作社、集体发展公司等新型经营主体；以股份合作为纽带，吸纳联合企业、家庭农场、专业合作社等主体共同参与，形成"村集体经济组织+各类新型经营主体+农户"等组织形式，实现优势互补、共同发展；探索"联村党建"等模式，鼓励村村联合、村企联合、村社联合，做大资本底盘，提高信用等级，整合各类集体资源、资产、资金，集中力量做大做强村级集体经济。多元方式经营，以市场需求为导向，根据自身资产规模、类型、风险承受能力等具体条件，灵活选用入股参股、项目开发、委托经营、园区共建、劳务提供等多种经营方式，提升集体经济适应市场能力。多元服务创收，发挥自身特点和区位优势，创办农业生产托管合作社、物管公司、家政服务公司、保洁公司、劳务合作社或劳务中介机构等，承接涉农项目建设、政府购买服务等，既解决农民就业，又壮大村级集体经济。

（三）构建人才引育机制。在确保集体所有制不改变、成员利益不受损的前提下，大胆出台各类奖励激励政策，吸引支持各类人才参与村级集体经济发展。依托长治市人才集团和长治市人才发展基金会，围绕产业按需招聘一批村级集体经济发展急需的经营管理技术人才；充分利用长治市农村集体经济发展协会，开展人才需求调研，围绕研发、技术、管理、市场等关键环节，沟通协调国内各大商会、相关高校、科研院所等，帮助村集体经济组织引进人才，让"专业的人干专业的事"。每个乡镇精选3~5名政治素质过硬、经营管理能力突出的村干部，采取集中培训、到先进地区学习等方式，提升村级集体经济发展能力；鼓励本村退休人员、返乡创业人员、退伍军人、企业家、大学生等，允许他们参与集体收益分红，享有集体成员权利，吸引汇聚优秀人才为集体经济发展提供智力支持。支持村集体通过以土地、固定资产等集体资产入股的形式，与在外优秀人才、经营能人合作创办公司、合作社，在互融共建中利用人才优势、产业优势、市场优势发展集体经济。

（四）构建利益分配机制。围绕"多方共赢"，建立利益联结，按照"龙头企业+村集体经济组织+基地+农户""平台公司+村集体经济组织+社会资本"等不同模式，实行保护价收购、返利、按股分红等利益分配方式。对村集体经济组织内部，坚持公平、公正、公开的原则，由村集体经济组织提出分配方案，经村党组织研究讨论，集体经济组织成员大会或成员代表大会形成同意决议后实施。针对村集体经济组织全体成员，采取分红的收益分配方式；针对以资源、资产、资金、技术等入股村集体经济组织经营主体的股东，按照合同约定股份，参与村集体经济组织分红；针对村集体经济组织管理人员，按要求领取报酬及奖励；针对独立领办、创办集体经营项目人员，在项目实施前与村集体经济组织签订目标责任书，项目实施完成后按照签订目标责任书中约定的奖励分配额度进行利益分配。

（五）建立规范管理机制。村集体经济组织与村民委员会要厘清职责、各司其职，有效承担集体经济经营管理事务和村民自治事务。村集体经济组织和村民委员会账户要分设，通过事务分离、账户分设、资产分管、核算分立，实现村集体经济组织与村民委员会会计核算分账管理。同时，健全以财政投入为主的村级组织运转经费保障机制，切实为集体经济组织减轻负担。加强村集体经济组织运营的规范管理，完善集体经济组织成员（代表）大会、理事会、监事会等内部治理结构，建立健全财务预决算、开支审批、收益分配、内部控制等配套管理制度。规范集体资产管理，每年开展一次集体资产清查，摸清查实资产存量及变动情况；规范收益分配，严禁私分集体资产，严禁举债分配、亏空分配、清空分配，规范提取公积金、公益金。强化部门监督，建立健全集体经济组织审计监督制度，常态化开展集体经济组织审计工作，将新增债务作为重点审计事项，切实发挥好审计监督职能，规范集体经济组织财务行为，坚决防止少数人控制和外部资本侵占集体资产、资产流失、相关各方利益被侵占等问题发生。

七、强化组织保障

（一）坚持党建引领。要在村级集体经济发展中坚定地发挥基层党组织的领导核心作用，抓党建促发展，抓党建促治理。要推动落实村党组织书记通过法定程序担任村集体经济组织负责人，选优配强村级集体经济发展"领头雁"。要因村制宜，创新形式，健全完善村集体经济市场主体党组织体系，增强政治功能，通过党员积分制管理、党员大户示范带动、组建党员义工服务队等方式，带领村民增收致富、共享发展。

（二）加强组织领导。市级成立领导小组，定期召开调度分析会，每年召开全市新型村级集体经济提质增效现场观摩会，集中宣传推广一批可复制、可推广、可借鉴的先进典型。县（区）委书记是本县（区）村级集体经济提质增效第一责任人，每月研究一次集体经济重大事项。乡镇书记是具体施工队长，要认真研究工作措施，抓好组织谋划和管理协调。村"两委"要支持村集体经济组织抓好具体实施。组织部门要发挥牵头抓总作用，加强指导和协调工作；农业农村部门要切实履行村级集体经济项目管理、指导、监督责任；财政部门要加大资金扶持力度，确保扶持资金落实到位；其他有关部门要结合各自职能，出台相关政策支持村级集体经济发展。

（三）开展结对帮扶。建立健全县（区）领导班子成员结对集体经济薄弱村制度，由1名县级领导、1名乡镇领导、1个县直单位、1名技术专家结对包联，在项目规划、生产经营、产品销售等环节提供全程服务。对难度大、任务重的重点攻坚村，由县（区）四套班子主要领导直接包干。建立机关部门挂钩帮扶集体经济薄弱村制度，每个市、县（区）部门联系1个薄弱村。向每个集体经济薄弱村选派"第一书记"和"农村工作指导员"，重点从市、县（区）优秀后备干部、"老乡镇"、国有企事业单位优秀人才中进行选派，做到薄弱村不消除不脱钩。

（四）强化督查考核。定期对各县（区）发展壮大村级集体经济情况进行通报，强化日常工作调度。将发展壮大村级集体经济情况纳入市对县（区）年度目标责任专项考核和县乡党委书记抓基层党建工作述职评议考核的重要内容，对工作不力、成效不明显的县乡党委书记实行"一票否优"。